人力资本视角下欠发达地区农村劳动力非农就业研究

本书为湖南省高校创新平台开放基金项目"人力资本视角下欠发达地区农村劳动力非农就业研究"（12K128）研究成果。

本书从人力资本的视角，深入研究目前欠发达地区农村人力资本投入状况、非农就业现状及特征，深刻揭示欠发达地区农村人力资本投资和非农就业存在的问题，并在欠发达地区人力资本与非农就业理论及实证研究的基础上，针对欠发达地区农村人力资本投资和非农就业问题，科学借鉴国外农村劳动力人力资本投资和非农就业发展经验，提出了基于人力资本的欠发达地区农村劳动力非农就业对策与建议，构筑了人力资本视角下欠发达地区农村劳动力非农就业发展的机制与路径，对促进欠发达地区农村劳动力非农就业具有重要的指导作用。

王周火 著

西南财经大学出版社
Southwestern University of Finance & Economics Press
中国·成都

图书在版编目(CIP)数据

人力资本视角下欠发达地区农村劳动力非农就业研究/王周火著.—成都:西南财经大学出版社,2016.12
ISBN 978-7-5504-2800-3

Ⅰ.①人… Ⅱ.①王… Ⅲ.①农村劳动力—劳动就业—研究—中国 Ⅳ.①F323.6

中国版本图书馆 CIP 数据核字(2016)第 313358 号

人力资本视角下欠发达地区农村劳动力非农就业研究
王周火 著

责任编辑:李晓嵩
封面设计:何东琳设计工作室　张姗姗
责任印制:封俊川

出版发行	西南财经大学出版社(四川省成都市光华村街 55 号)
网　　址	http://www.bookcj.com
电子邮件	bookcj@foxmail.com
邮政编码	610074
电　　话	028-87353785　87352368
照　　排	四川胜翔数码印务设计有限公司
印　　刷	四川五洲彩印有限责任公司
成品尺寸	170mm×240mm
印　　张	12.25
字　　数	230 千字
版　　次	2016 年 12 月第 1 版
印　　次	2016 年 12 月第 1 次印刷
书　　号	ISBN 978-7-5504-2800-3
定　　价	88.00 元

1. 版权所有,翻印必究。
2. 如有印刷、装订等差错,可向本社营销部调换。

序　言

就业是民生之本。市场经济条件下，农民生存和发展的根本途径是市场化就业。我国欠发达地区农村人多地少，人地矛盾突出，农业吸纳就业能力有限。改变欠发达地区农民就业结构，促进农村剩余劳动力从农业领域转移，大力实施非农化就业，是推动欠发达地区农村经济发展、农民收入增长和实现城乡统筹、区域经济协调发展的重要举措。近年来，我国欠发达地区农村劳动力非农就业虽然获得了较快发展，呈现出良好的发展势头，但就业形势依然严峻：农村剩余劳动力数量庞大，非农就业率低。当然，影响欠发达地区农村劳动力非农就业的因素很多，但最根本、最内在的原因是农村劳动力人力资本投资积累不足，劳动素质和能力低下，不适应非农就业发展的要求。而随着新时期各项改革的深入，未来制约非农就业的"有形制度门槛"将逐步拆除，农民将最终面临来自于"无形门槛"——非农就业市场对农民自身能力素质水平要求的制约，而后者归根结底将最终取决于农民人力资本状况。

鉴于此，本书从人力资本的视角，深入研究目前欠发达地区农村人力资本投入状况、非农就业现状及特征，深刻揭示欠发达地区农村人力资本投资和非农就业存在的问题，并在欠发达地区人力资本与非农就业理论及实证研究的基础上，针对欠发达地区农村人力资本投资和非农就业问题，科学借鉴国外农村劳动力人力资本投资和非农就业发展经验，提出了基于人力资本的欠发达地区农村劳动力非农就业对策与建议，构筑了人力资本视角下欠发达地区农村劳动力非农就业发展的机制与路径，对促进欠发达地区农村劳动力非农就业具有重要的指导作用。

当然，我国欠发达地区分布区域还比较广泛，各个地区实际情况也不完全相同，因此各欠发达地区农村劳动力人力资本投资和非农就业也存在一定的差异。本书以典型的欠发达地区湘西南地区为研究对象，系统分析其农村人力资本投资和非农就业现状、问题，并在此基础上形成了人力资本视角下欠发达地区农村劳动力非农就业的对策与建议,以期为我国其他欠发达地区农村人力资本投资和非农就业发展提供参考。

本书得到了湖南省高校创新平台开放基金项目"人力资本视角下欠发达地区农村劳动力非农就业研究"的重点资助。本书在写作过程中得到了邵阳学院经济与管理系领导的大力支持,得到了湖南省区域经济研究中心同事们的大力帮助,正是有了这些支持和帮助,才使得本书得以顺利完成,在本书出版之际,真诚地向他们说声谢谢。

在本书的写作过程中,笔者借鉴和吸收了诸多专家学者的学术观点和研究成果,在此表示感谢。

囿于笔者学术水平所限,加之时间仓促,书中欠妥之处在所难免,诚挚地希望各位同仁和读者朋友们予以批评指正!

王周火

于邵阳学院七里坪

2016 年 12 月

目 录

1 绪 论 / 1
  1.1 选题背景 / 1
  1.2 国内外文献综述 / 3
    1.2.1 国外文献综述 / 3
    1.2.2 国内文献综述 / 6
  1.3 研究内容与方法 / 12
    1.3.1 研究内容 / 12
    1.3.2 研究方法 / 14
  1.4 相关概念界定 / 14
    1.4.1 人力资本 / 14
    1.4.2 农村劳动力 / 16
    1.4.3 农村劳动力农业就业 / 17
    1.4.4 农村劳动力非农就业 / 17
    1.4.5 欠发达地区 / 18

2 人力资本与非农就业相关理论 / 19
  2.1 人力资本理论 / 19
    2.1.1 人力资本理论的起源 / 19
    2.1.2 现代人力资本理论的发展 / 19
  2.2 一般就业理论 / 22
    2.2.1 传统经济学的就业理论 / 22
    2.2.2 理性预期学派的就业理论 / 23

            2.2.3　二元结构转变的就业理论 / 23
            2.2.4　凯恩斯的就业理论 / 24
            2.2.5　后凯恩斯主义的就业理论 / 25
    2.3　非农就业理论 / 26
            2.3.1　刘易斯模型 / 26
            2.3.2　拉尼斯—费景汉模型 / 28
            2.3.3　乔根森模型 / 29
            2.3.4　托达罗模型 / 29
            2.3.5　新迁移理论 / 31
            2.3.6　推拉理论 / 32
    2.4　产业结构理论 / 33
    2.5　成本—收益理论 / 34

3　人力资本影响非农就业的机理分析 / 35
    3.1　人力资本影响非农就业的宏观机理分析 / 35
            3.1.1　人力资本对就业量的影响效应 / 35
            3.1.2　人力资本对就业结构的影响效应 / 37
    3.2　人力资本影响非农就业的微观机理分析 / 39
            3.2.1　人力资本与就业能力的传导机制 / 39
            3.2.2　人力资本影响非农就业的内在机理分析 / 40

4　欠发达地区农村劳动力非农就业现状与特征分析 / 48
    4.1　欠发达地区农村劳动力非农就业发展历程 / 48
            4.1.1　农村劳动力非农就业的起步与发展阶段 / 48
            4.1.2　农村劳动力非农就业的三年徘徊期 / 50
            4.1.3　农村劳动力非农就业的大发展时期 / 51
            4.1.4　农村劳动力非农就业全面有序发展的新阶段 / 52
    4.2　欠发达地区农村劳动力非农就业现状 / 54
            4.2.1　湘西南区域农村劳动力资源情况 / 54
            4.2.2　湘西南区域农村劳动力外出就业情况 / 58
    4.3　欠发达地区农村劳动力非农就业特征 / 63

        4.3.1 非农就业比重不断上升 / 63
        4.3.2 农村劳动力素质偏低 / 64
        4.3.3 外出劳动力以青壮年男性劳动力为主 / 64
        4.3.4 非农就业区域以省内为主 / 64
        4.3.5 非农就业行业以劳动密集型行业为主 / 65
        4.3.6 非农就业方式具有兼业性质 / 65
        4.3.7 就业服务上组织化程度不高 / 66
        4.3.8 就业的稳定性有所增强 / 67

5 欠发达地区农村人力资本投入现状与问题分析 / 68
    5.1 湘西南区域农村教育投入现状与问题 / 68
        5.1.1 湘西南区域农村居民受教育程度及教育支出状况 / 68
        5.1.2 湘西南区域农村义务教育状况 / 71
        5.1.3 湘西南区域农村职业教育发展状况 / 74
        5.1.4 湘西南区域农村教育发展的制约因素 / 75
        5.1.5 湘西南区域农村教育存在的主要问题 / 77
    5.2 湘西南区域农村劳动力培训现状与问题 / 80
        5.2.1 国家层面的农村劳动力培训工程 / 80
        5.2.2 湖南省级层面的农村劳动力培训工程 / 82
        5.2.3 湘西南区域农村劳动力自身培训投入及接受培训状况 / 84
        5.2.4 湘西南区域农村劳动力培训与省内发达地区比较 / 84
        5.2.5 湘西南区域农村劳动力转移培训的制约因素 / 85
        5.2.6 湘西南区域农村劳动力转移培训存在的主要问题 / 86
    5.3 湘西南区域农村医疗（农民健康）投入现状与问题 / 89
        5.3.1 湘西南区域农村医疗（农民健康）发展现状 / 89
        5.3.2 湘西南区域农村居民健康投资状况 / 92
        5.3.3 湘西南区域农村医疗（农民健康）存在的主要问题 / 94
    5.4 湘西南区域农村迁移投资现状与问题 / 98
        5.4.1 湘西南区域农村迁移投资现状 / 98
        5.4.2 湘西南区域农村迁移投资存在的问题 / 99

6 欠发达地区农村人力资本投资影响农村非农就业的实证分析 / 101

6.1 农村人力资本投资的指标构成和数据说明 / 101
6.1.1 指标构成 / 101
6.1.2 数据说明 / 102

6.2 人力资本投资对农村非农就业规模影响的实证分析 / 102
6.2.1 变量选择与模型构建 / 102
6.2.2 单位根检验和协整检验 / 103
6.2.3 VECM 模型及其诊断检验 / 105
6.2.4 Granger 因果检验 / 105
6.2.5 脉冲响应分析 / 106
6.2.6 方差分析 / 108
6.2.7 计量结果分析 / 109

6.3 人力资本投资对农村非农就业结构影响的实证分析 / 109
6.3.1 变量选择与模型构建 / 110
6.3.2 单位根检验和协整检验 / 110
6.3.3 VECM 模型及其诊断检验 / 112
6.3.4 Granger 因果检验 / 113
6.3.5 脉冲响应分析 / 114
6.3.6 方差分析 / 115
6.3.7 计量结果分析 / 116

6.4 实证分析总结 / 117

7 国外农村人力资本发展经验及启示 / 119

7.1 国外农村义务教育财政投入经验及启示 / 119
7.1.1 美国农村义务教育财政投入经验分析 / 119
7.1.2 日本农村义务教育财政投入经验分析 / 121
7.1.3 美、日义务教育经验对欠发达地区的启示 / 123

7.2 国外农村职业教育发展经验分析 / 124
7.2.1 国外农村职业教育发展模式 / 124

        7.2.2 国外农村职业教育成功的做法 / 126
        7.2.3 国外农村职业教育发展对欠发达地区的启示 / 129
    7.3 国外农村劳动力转移培训投资机制经验及启示 / 131
        7.3.1 企业培训投资的促进政策 / 131
        7.3.2 政府促进社会公平的培训政策 / 133
        7.3.3 国外农村劳动转移培训投资机制经验对欠发达地区的启示 / 139
    7.4 国外农村医疗保障制度经验及启示 / 140
        7.4.1 国外农村医疗保障制度经验分析 / 140
        7.4.2 国外农村医疗保障制度对欠发达地区的启示 / 144

8 国外农村劳动力转移和非农就业的经验借鉴 / 146
    8.1 国外农村劳动力转移过程及政策 / 146
        8.1.1 英国农村劳动力转移过程及政策 / 146
        8.1.2 日本农村劳动力转移过程及政策 / 149
        8.1.3 韩国农村劳动力转移过程及政策 / 150
        8.1.4 巴西农村劳动力转移过程及政策 / 153
    8.2 国外农村劳动力非农就业的经验分析 / 155
        8.2.1 英国农村劳动力非农就业的经验分析 / 155
        8.2.2 美国农村劳动力非农就业的经验分析 / 156
        8.2.3 日本农村劳动力非农就业的经验分析 / 157
        8.2.4 印度农村劳动力非农就业的经验分析 / 159
        8.2.5 韩国的农村劳动力非农就业的经验分析 / 160
    8.3 国外农村劳动力非农就业的经验借鉴 / 161
        8.3.1 工业化和城市化是非农就业的推动力 / 161
        8.3.2 第三产业发展拓展了非农就业的空间 / 162
        8.3.3 提高农民素质是实现非农就业的重要前提 / 163
        8.3.4 政府主导是农村劳动力顺利就业的保证 / 163
        8.3.5 农业生产力的发展是实现非农就业的基础 / 164
        8.3.6 国外非农就业经验给欠发达地区的启示 / 164

9 人力资本视角下欠发达地区农村劳动力非农就业对策与建议 / 166

9.1 农村教育相关对策与建议 / 166
9.1.1 加大对农村教育事业的投入 / 166
9.1.2 加强教师队伍建设和管理 / 167
9.1.3 改革现有教育体制和教学内容 / 167
9.1.4 提高农民教育投资的收益 / 168
9.1.5 建立和完善农村义务教育保障体系 / 168

9.2 农村劳动力培训的对策与建议 / 169
9.2.1 加大政府投入力度 / 169
9.2.2 建立高效的管理体制 / 170
9.2.3 提高农村劳动力对参加培训的重视程度 / 170
9.2.4 采取多元化培训模式 / 171
9.2.5 加强培训立法工作 / 172

9.3 农村劳动力转移的对策与建议 / 172
9.3.1 加快农村城市化、农业产业化和工业化进程 / 172
9.3.2 根据实际情况选择合适的转移模式 / 173
9.3.3 构建就业信息网络服务体系 / 173
9.3.4 制定引导有序转移的政策保障体系 / 173

9.4 农村医疗的对策与建议 / 174
9.4.1 加强完善农村医疗卫生体系建设 / 174
9.4.2 稳步推进新型农村合作医疗工作 / 175
9.4.3 建立健全农村医疗救助制度 / 176
9.4.4 鼓励商业医疗保险在农村发展 / 176
9.4.5 加大政府作为的力度 / 176

参考文献 / 178

1 绪 论

1.1 选题背景

长期以来,"三农"问题一直是我国,特别是欠发达地区统筹城乡发展、推进现代化进程和社会经济协调发展中的突出制约因素。虽然"三农"问题涉及农业、农村和农民三大系统,涉及若干复杂规律,但解决"三农"问题的切入点和核心点在于农民。基于理论维度,在"三农"结构中,农民居于核心位置,是"三农"的能动主体,是农业与农村发展的主要实践者,也是最终发展成果的承受者,解决农村剩余劳动力问题成为传统发展理论关注的焦点。基于现实维度,我国,特别是欠发达地区人口较多而资源却相对稀缺,在庞大的人口结构中,农村人口所占比重较大,在一些欠发达地区,农村人口所占比重已超过 2/3,农村拥有大量的剩余劳动力。数量庞大的剩余劳动力留在农业和农村,不仅会进一步降低农业劳动生产率,制约农业先进组织方式和农业科技的推广运用,导致农业比较利益低下,同时也造成了严重的农村隐性和显性的失业现象,降低了农民收入水平,扩大了城乡发展差距,给农村社会稳定和发展带来了障碍,制约了城乡二元结构向一元结构、农民向市民的转变。显然,解决欠发达地区庞大的农村人口的生存和发展问题不仅仅是"三农"领域关注的议题,也是关系到整个国民经济和社会和谐发展的重大问题。有学者指出,"三农"问题的实质就是农民的发展问题。

就业是民生之本,市场经济条件下,农民生存和发展的最终有效途径是通过市场化就业获得相应的收入,满足自身需求。众所周知,我国是世界上人地矛盾非常突出的国家之一,而且在欠发达地区表现得尤为突出。以欠发达地区湘西南地区为例,统计资料显示,截至 2015 年年底,湘西南地区从事农、林、牧、渔业人员数量仍高达 1 300 万人(湘西南地区总人口约 1 900 万人),其中剩余劳动力约占35%，人均拥有可耕地面积不足1亩（1亩=666.67平方米，下同），农业吸纳就业能力极其有限。当前，解决欠发达地区农民就业问题的核心，就是要改变农民的就业结构，大力实施非农就业，积极引导农村剩余劳动力向非农产业转移。

从20世纪80年代中前期至20世纪90年代中期，伴随着国家和地方一系列市场化改革政策的出台和农村非农产业（主要是乡镇企业）、城镇化以及城市非公有制经济的快速发展，我国，特别是欠发达地区农民非农就业曾先后经历了两次良好的发展势头，创造出"离土不离乡"在本地乡镇企业就业和"离土又离乡"在城镇打工两种就业模式，大量农村剩余劳动力被成功转移出来，进入非农领域就业，就业领域广泛分布于工业制造业、建筑业、批发零售流通业和生活服务业等多个行业，非农收入增长对农民收入贡献率也越来越大，农民的非农就业对推动欠发达地区农村经济发展和农民收入增长发挥了极其重要的作用。

然而，从20世纪90年代中后期开始，我国农民，特别是欠发达地区农民非农就业发展呈现明显下滑态势，面临一系列问题，如农民非农就业能力不强、农民工求职困难、就业层次低、条件差、职业缺乏稳定性、工资报酬微薄，许多非农就业农民回流农业和农村。仔细分析农民非农就业困境的原因，固然有许多外部客观因素，如消费需求不足导致企业用工减少，加入世界贸易组织背景下就业竞争激烈等，但笔者认为，最根本、最内在的原因是农民人力资本投资积累不足，导致自身素质和能力的低下，进而不适应非农就业发展的要求。

马克思认为，劳动作为所有生产要素中最活跃的要素，具有某种能动性和创造性，而正是源于这种能动性，决定了劳动是一切价值创造的源泉。舒尔茨在他的人力资本理论里更加详细地阐述了人的经济价值。他认为，人的重要经济价值在于能够追求环境的改善，而人力资本能提高人们处理经济条件变化的能力，是形成人的经济价值的基础；人类的未来不是预先由空间、能源和耕地来决定，而是由人类的知识发展来决定；土地本身并不是使人贫困的主要原因，人的能力和素质才是决定贫富的关键。这里的能力和素质即为人的人力资本，人力资本高，则能力与素质就高，劳动者的个人竞争能力和收益水平也相应较高，人力资本是个人与社会长期递增收益的源泉。

值得注意的是，近年来，随着国家提出科学发展观、社会主义和谐社会和新农村建设等一系列重大发展战略，社会各界对"三农"问题更加关注和重视。一些原先构成对农民非农就业严重制约的制度壁垒正不断通过深入改革而逐步被打破，其制度影响效应也正在削弱，城乡分割的二元户籍制度逐渐被城乡一体化的一元户籍制度代替，城乡分割的劳动市场体制和不合理的就业歧视政策也逐步被统一的劳动力市场和市场化就业机制代替，城乡统一的社会保障制度也呼之欲出。也就是说，未来制约非农就业的"有形门槛"将逐步拆除。无疑，这为我国，特别是欠发达地区农民发展带来了巨大的历史发展机遇，为农村劳动力向非农产业转移创造了极其有利的条件。未来，欠发达地区农村剩余劳动力能否向非农领域有效转移、成功实现非农就业，起决定性作用的不再是"有形门槛"，而是取决于"无形门槛"——非农就业市场对农民自身能力素质水平要求的制约，即取决于农民人力资本状况。因此，选择基于人力资本视角，研究欠发达地区人力资本与非农就业之间的内在理论关系，从实证角度研究人力资本投资对欠发达地区农民非农就业发展的影响，进而探讨新时期下促进农村，特别是欠发达地区农村非农就业，实现从外生政策导向型向内生人力资本导向型发展模式转型的基本路径和公共政策，具有重要的理论价值和现实意义。

1.2 国内外文献综述

1.2.1 国外文献综述

国外对人力资本与农村劳动力非农就业研究较早，产生了许多理论和实践研究成果。归纳起来，国外学者对人力资本与农村劳动力非农就业方面的研究主要包括两个大的方面：一是关于农村劳动力转移就业方面的研究；二是关于人力资本投资对农村劳动力非农就业的影响研究。

1.2.1.1 关于农村劳动力转移就业方面的研究

国外学者关于农村劳动力转移就业方面的研究主要从宏观和微观两方面来展开。

宏观方面，一是从产业结构的视角，阐述产业结构与就业结构的关系。1940年，克拉克在其巨著《经济进步的条件》中，通过整理、分析一些国家的时间序列资料，进一步概括并指出了经济发展过程中劳动力就业结构变动的规律。20世纪60年代以来，一些经济学家对经济增长与结构演变进行了更加深入的研究。其中，美国经济学家霍利斯·钱纳里和赛尔昆的"标准结构"（又称多国模型）最具影响。钱纳里和塞昆通过对101个国家和地区1950—1970年的有关数据进行回归分析，得出了部门产出结构与就业结构之间数量关系的劳动力配置模型。钱纳里认为，在经济发展的不同阶段，有着不同的经济结构与之相对应。随着经济的不断发展，产业结构呈现出有规律的变化，如当人均国民收入由 400 美元飞跃到 1 000 美元时，农业的就业份额下降到25.2%，工业的就业份额上升至32.5%，服务业的就业份额上升至42.3%。这为分析和评价不同国家或地区在经济发展过程中产业结构是否"正常"提供了参照的规范，同时也为不同国家或地区根据经济发展目标制定产业结构转移政策提供了理论依据。二是从经济理论层面阐述劳动力流动行为。20 世纪 50 年代中期，刘易斯（1954）提出了第一个人口流动模型。他认为，发展中国家普遍存在"二元经济结构"，即一个是劳动生产率和工资较高的现代工业部门，一个是劳动生产率极低的传统农业部门。刘易斯将发展中国家的经济发展划分为两个阶段：第一个阶段为劳动力无限供给阶段，在这个阶段农业部门可以为现代工业部门的扩张提供无限丰富的劳动力，直至现代工业部门全部吸纳完毕传统农业部门的剩余劳动力，这时进入到第二阶段。由于农村剩余劳动力转移完毕，农业生产率得到提高，收入水平也相应得到提高。在这种条件下，现代工业部门要想雇佣农村劳动力就必须与农业部门竞争并提高工资水平，农业部门逐渐实现了现代化，发展中国家从二元经济变成了一元经济。拉尼斯和费景汉（1961）在接受了刘易斯的劳动力无限供给这个假设的基础上，发展了刘易斯理论，认为农业劳动力向工业转移的先决条件是农业劳动生产率的提高和人口增长率、农业的技术进步率和工业部门资本存量的增长。乔根森（1961）认为，农村剩余劳动力转移的前提条件是农业剩余。

  微观方面，研究者对农村劳动力转移的影响因素做出了相关研究。托达罗（1969）发展了二元经济配置的理论，认为迁移决策取决于潜在的迁移者对预期城乡收入差距的估计，这种估计同时依赖于当前城市工资水平和劳动力进入现代部门就业的概率，后者假设由城市失业率决定。新劳动迁移经济学认为，个人是出于增加家庭收入和规避市场不完备造成的风险的目的进行迁移决策的。斯塔克（1991）等人还用"相对贫困"这个概念来解释劳动力转移问题，他们认为，当劳动力家庭感到其收入与其他农户相比有差距时，也就是相对经济地位较低时会有迁移的动机。此外，有学者从促进和阻碍劳动力迁移的因素的角度来研究，如推拉理论。唐纳德·博格（1959）提出了推拉理论，该理论指出，原住地的推力对迁移决策产生的影响比外界拉力对迁移决策产生的影响小，当只有强烈推力而无强烈拉力时，迁移选择性最小。美国经济学家西奥多·威廉·舒尔茨（1965）把迁移行为作为个人的一种经济投资过程。贝克尔（1965）、哈夫曼（1980）等人认为，作为既是消费单位又是生产单位的农户家庭，他们的消费和生产行为都是理性的，目的都是追求效用最大化。在研究农户非农业劳动供给行为时，可以将农户家庭时间划分为消费时间闲暇、农业劳动时间和非农业劳动时间三个部分，当非农业劳动的边际净收入与农业劳动的边际净收入至少相等时，农户家庭才会在农业和非农业之间进行劳动时间分配。

1.2.1.2 关于人力资本投资对农村劳动力非农就业的影响研究

美国经济学家雅各布·明瑟（1955）首次将人力资本理论应用到了劳动经济学领域，他认为人力资本理论研究对劳动经济学的主要贡献在于两个方面：一方面，人力资本理论研究将传统的劳动的均质性假设转移到劳动的异质性假设上来；另一方面，人力资本理论研究从劳动短期的工资、就业决策转移到了长期的投资决策上。1958年，明瑟发表了题为《人力资本投资与个人收入分配》的文章，首次建立了可以解释个人收入分配与其接受的培训量之间关系的经济数学模型，第一次站在人力资本投资的角度对个人收入分配进行了定量化研究。其得出的主要结论为在自由选择的条件下，理性的劳动力个体在基于收入最大化的考虑下将会针对人力资本投资做出不同的决策，而这正是决定劳动者个体之间收入分配格局的关键所在。随后，明瑟在1974年的著作《学校教育、经验与收入》中创建了基于劳动力生命周期理论的人力资本积累的收入模型，研究表明在个体劳动者的生命周期中，随着年龄的增加，其总体收入是呈现一种凸型的轨迹而不断上升的。同时，明瑟的研究也涉及了在职培训（包括参加明确的项目培训及实践当中所获得的经验）对劳动力收入的影响。明瑟在以后的研究中将其最初的理论建树和研究成果不断拓展，分别在劳动者收入分配、劳动力市场和家庭就业决策等领域，进行了一系列人力资本的相关探索，极大地推动了现代人力资本理论的发展。萨姆纳（1981）利用危地马拉的相关数据，考察了人力资本对非农就业选择的影响，他指出教育程度的高低影响了农民获得就业转移的机会。舒尔茨之后的研究论证了一个很重要的观点：教育可以帮助提高劳动者的生产能力及配置能力。其中，配置能力是指个体发现和把握机会，以最优化原则配置资源和处理各类生产信息从而使得产出增加的能力以及个人适应社会经济条件变化重新配置其个人资源的能力。舒尔茨认为，教育可使人提高认识能力和信息获取与处理能力，增强人对周围环境变化的适应能力，在某种意义上，教育的配置功能比生产功能对劳动者的就业能力和收入状况影响程度更大。有研究者（Knight & Song, 1999）通过研究进一步强调了教育对获得非农就业机会的影响重大，他们用二元选择的Logistic模型分析了教育在劳动者外出就业决策中所起的作用，结果表明高中和中专文化程度对外出打工的概率有正向影响。他们通过实证分析表明，如果家庭成员中有技术工或学徒工，这会使得其成员外出务工或整个家庭从事非农工作的可能性大大增加。D. G. 约翰逊（D.Gale.Johnson，2001）通过研究指出，要真正长期有效地增加农民收入，唯一的途径就是提高农村居民的教育水平和质量，同时大幅增加非农就业机会从而减少农业人口。布劳等（Brauw等，2002）在针对中国浙江、湖北、河北、四川、辽宁、山西6个省份的农民的抽样调查数据的基础上，进行了实证分析，结果表明人力资本对农民非农就业的转移起着关键性作用，并且教育程度也在很大程度上影响农民获取非农就业机会以及非农就业转移的实现。

1.2.2 国内文献综述

20世纪90年代以来，伴随我国农村劳动力流动和非农就业的迅猛发展，涌现出大量针对我国农村劳动力转移和非农就业的相关研究文献，研究视角和领域也极为广泛。考虑到本书的研究的需要，这里主要侧重从农村劳动力流动与非农就业动因、人力资本对非农就业影响、农村人力资本和人力资本投资以及人力资本与农民工返乡创业四个方面综述国内的一些相关研究成果。

1.2.2.1 关于农村劳动力流动与非农就业动因的实证研究

胡斌（1996）研究认为，农村劳动力流动实质是农村劳动力在追求家庭收入最大化的动机驱使下采取的一种家庭就业资源最优配置行为。在当地就业资源可能存在垄断性和劳动力外出打工具有集体性特点下，即使存在外出与不外出打工劳动力收入逆差，外出就业仍可能发生。胡斌推翻了传统的以收入差距作为非农就业主要动因的观点。杜鹰等人（1997）认为，农业资源缺乏是农村劳动力转移流动的主要因素。蔡昉（2001）研究认为，农户所在社区人均耕地资源较少和缺乏非农业就业机会是农村劳动力外出流动的主要推动力，而劳动力是否流动以及流动方式的选择取决于农户及其家庭对流动成本（包括机会成本、心理成本、物质成本）和收益的评价。蔡昉（2003）的另一项研究证明，城乡收入差距是农村劳动力向城市迁移的持续动力，但不是唯一的动力，农村内部收入差距的扩大导致的农户相对经济地位的变化也是促使农村劳动力流动的重要原因。都阳（2001）通过对我国甘肃等省份贫困县农户劳动配置机制的调查研究认为，农户家庭劳动供给的多样化不仅是为了实现劳动力资源的最优利用，而且还是为了分散收入波动风险。因此，非农就业的动因更多是应对收入波动风险。毛学峰（2005）研究认为，贸易自由化条件能增加非农就业机会和非农预期收入，因此贸易市场化程度能从一定程度上解释东西部农村非农就业发展差距的原因。程名望（2006）等则运用动态递归方法构建了基于推拉理论的实证分析模型，认为城镇工业技术进步带来的城镇经济发展构成了农村劳动力流动的主要拉力，而农民工受教育程度将显著影响其身份转变和非农择业等意愿倾向，因而构成了重要的内在推力。程名望从一定程度上揭示了个体的人力资本状况也是就业流动的重要推拉因素。

1.2.2.2 关于人力资本对非农就业影响的研究

一些学者对人力资本与非农就业机会和非农就业模式关系进行了实证研究，证实了人力资本对促进非农就业具有积极意义。周其仁（1997）研究认为，农民的素质决定了他们抓住非农就业机会的能力，而其中人力资本状况对抓住非农就业机会方面发挥了重要作用。刘文（2004）论述了农村劳动力流动与人力资本之间存在某种螺旋式相互促进的效应机制。姚先国（2006）研究发现，农民非农就业的职业选择和职业层次也显著受制于其自身人力资本水平的约束。

除了对人力资本一般层面的研究之外，众多学者还围绕人力资本构成的结构维度，如教育、培训、健康等方面深入探讨人力资本对非农就业的影响。

一是教育对非农就业的影响。赵耀辉（1997）通过对四川省农户调查资料分析研究决定农村劳动力转移的主要因素，发现教育对农村劳动力从农业部门转移到非农部门就业的作用显著。其中，教育程度对本地非农就业的促进要比对外出就业的促进更为明显，教育程度较高的劳动力倾向于首先选择进入农村本地非农产业就业，其次才是外出就业。张林秀（2000）通过计量模型分析了经济波动中的农户劳动力供给行为特征，发现教育不仅影响农村劳动力能否获得非农机会，而且也决定了劳动力非农就业的稳定性，在经济萧条时期，受教育程度高的农村转移劳动力能够较好地避免被解雇的风险。都阳（2001）运用风险分散模型分析了贫困地区农户家庭非农劳动供给决策，认为家庭抵御风险能力越强，则非农劳动供给时间越多，教育对于劳动供给在农业活动和非农活动之间的配置起了很重要的作用，他运用数据加以了验证。李实（2001）对农村女性劳动者的外出打工行为进行了实证分析，结果表明，较高的文化程度有助于增加她们的外出就业机会。苏群（2005）运用江苏省3个地区12个城镇的农村女性非农就业和迁移意愿的实地调查数据分析，发现越是教育程度高、非农工资高、非农工作年限长、未婚的年轻女性，其迁居城镇的意愿越强。白菊红（2004）研究了户主文化程度对家庭非农就业决策的影响，结果表明户主受教育程度越高，家庭成员从事非农产业的可能性越大。

二是培训对非农就业的影响。任国强（2005）认为，专业技术培训和文化程度在对劳动力非农就业参与的作用方面存在着某种程度的替代关系，一个劳动力尽管文化程度较低，但通过专业技术培训，掌握某种职业技能后，也能大大提高其非农就业的机会。蔡荣生（2009）等也指出，受过培训的农村劳动力在城市中获得工作的机会明显较高。刘吉元（2010）的调查显示，异地转移对劳动力的生产技能要求更高且接受过非农生产技术培训的农民其常年转移的比重较高，反之则较低。张照新和宋洪远（2007）对国家统计局抽样调查数据的分析表明，受过专业培训的劳动力回流农业比例低于未受过专业培训的劳动力回流比例，这意味着接受过专门培训对于农村劳动力长期在外就业有重要的影响。由此可见，受过专业培训的劳动力在非农就业过程中就业更为稳定。

三是健康对非农就业的影响。许多研究结论都有力地支持了健康对就业的正向影响。魏众（2004）利用1993年中国健康和营养调查（CHNS）的横截面数据，衡量健康状况的指标为健康自评、劳动受限的天数等。他通过制定健康因子的方法来综合度量，计量模型使用赫克曼（Heckman）两阶段法进行估计。其实证结果表明，健康对于从事种植业的参与不显著，但对于非农就业参与则有显著的影响。刘生龙（2008）使用同样的数据，以个人健康自评作为健康衡量指标，包括教育、年龄、婚姻状态等变量。其研究结论表明：健康状况对中国农村居民的劳动力参与有显著的影响。王一兵（2009）以是否患有高血压、糖尿病以及体重不足为健康变量，使用面板数据建立 Probit 回归模型。其计量回归结果表明，由于健康状况的不确定性，我国农村劳动力非农就业存在预防性的供给情况，如果有相应的医疗保险就可能会有效地减少这种预防性的供给。曹乾和杜雯雯（2010）通过构建自评健康状况的二维变量，研究认为健康作为人力资本的重要组成部分，健康与就业之间存在显著的正相关关系。崔智敏和宁泽逵（2010）使用2004年陕西省农户微观调查数据，用健康状况的好坏作为衡量健康人力资本好坏的标准，而健康状况的好坏又使用了健康自评。他们认为，健康状况好的农民更容易实现外出就业，这与健康状况不佳的农民形成鲜明的对比。同时，好的健康状况可以减弱其他因素对于农户外出就业的影响，如受教育程度、年龄等因素的影响。

1.2.2.3 关于农村人力资本和人力资本投资的研究

目前，国内学者关于农村人力资本和人力资本投资的研究主要体现在以下四个方面：

一是农村人力资本的基本特征分析。刘文（2004）分析了我国农村人力资本的基本特征，提出由于农村人口众多、农民收入增长缓慢、教育经费投入不足等原因，人力资本存量不足已经成为我国农业经济发展的严重障碍。由此他认为，加大农村人力资本的投资，建立合理的投资机制将对促进农村经济以及整个国民经济的发展起到重要的作用。

二是利用统计数据描述分析农村人力资本积累和人力资本投资状况。钱雪亚和张小蒂（2000）研究了农村人力资本积累及其收益特征。他们根据农业普查情况并结合农村住户资料分析，认为农村从业人员文化素质绝对水平低，相对水平更低。他们的研究表明，农村人力资本积累的宏观收益不显著，表现为从业人员文化水平与经济发展的相关性小，农村人力资本积累的个人收益以迁移收益为主，教育投入的直接收益率偏低。他们的研究还表明，1996年全国农村从业者中5.8%的高文化水平从业者对农村经济的发展有着低文化水平的人员所没有的特殊作用。魏下海（2007）利用统计数据描述分析了中国农村人力资本投资状况。他认为，农村劳动力转移成为中国经济发展过程中的严重制约因素，而制约转移的根本因素在于农村人力资本投资滞后导致的劳动力素质低下。目前中国农村人力资本投资少、机会不均等，可以从四个方面进行改进，即增加农村教育的投资力度、对农民进行职业技术培训、加大农村卫生投资以及破除就业迁移制度性壁垒。

三是从理论上阐释并分析我国农村人力资本投资存在的问题、原因及对策。谭俊华、李寒、刘海雁（2004）认为，我国农村之所以存在大量剩余劳动力，一个重要原因就是因为农村人力资本投资严重不足，农业劳动力素质低下，农村人力资本跟不上经济发展的需要。他们提出，我国农村人力资本投资的主要途径有：加强基础教育改革，稳步推广九年制义务教育；加强农村职业教育和培训的发展；大力促进农村网络教育和远程教育的发展；改善农村的营养结构和医疗卫生条件。旷爱萍（2005）也从相似的视角对我国农村人力资本投资存在的问题、原因以及对策进行了分析。李德孝（2007）重点从剩余劳动力转移的视角分析了农村人力资本投资的现状与对策。

四是农村人力资本收益率分析。侯风云（2004）依据"中国人力资本投资与城乡就业相关性研究"课题组在2002年7月至2003年1月对全国15个省、市、区进行的问卷调查，使用计量经济学的相关模型估计了中国农村不同形式人力资本收益率。其研究表明：外出农村劳动力对城市劳动力的就业替代率很小，农村劳动力进入城市并不会对城市劳动力就业造成威胁；教育收益率严重偏低，表明农村劳动力的就业环境相当恶劣；培训对收入的影响高于教育对收入的影响；外出就业相对于其他形式的人力资本投资能有更高的收益。

五是农村教育与农民收入差异的实证分析。邹薇和张芬（2006）利用人力资本因素解释了我国农村的地区收入差异问题。他们按照收入来源对农村各地区之间的收入差异进行了具体分解和计量研究。研究表明，农村各地区之间收入差异的扩大主要来自农村地区间工资性收入的差异，而农村工资性收入水平又主要与各地农民的受教育程度相关。他们通过对卢卡斯（Lucas，1988）模型的扩展，分析了农村的教育水平对收入差异的影响，指出应该通过加强农村教育来缩小农村各地区间的收入差距。郭剑雄（2005）借鉴内生增长理论的相关文献，并运用实证分析的方法，试图将人力资本、生育率以及两者的互动影响作为观察和分析中国城乡收入差距的基本变量。郭剑雄认为，相对城市来说，农村地区的高生育率和低人力资本积累率导致的马尔萨斯稳态，是农民收入增长困难的根本原因；而城市部门已经进入低生育率、高人力资本存量和积累率共同推动的持续增长均衡阶段。城乡收入差距调节政策的主要着眼点，应是提高农村居民的人力资本水平和降低其生育率。城乡教育结构调整可作为实现这一目标的首选政策，同时与城市化推进政策相配套。高梦滔和姚洋（2006）利用我国8个省份、1 320个农户、跨度为15年的微观数据，进行计量分析，结果发现教育和在职培训体现出的人力资本是拉大农户收入差距的主要原因。包括土地在内的物质资本对于农户收入的差距没有显著影响。在不同的收入组别上，人力资本的回报都显著高于物质资本的回报。靳卫东（2007）通过模型分析了农民人力资本投资与收入差距的相互影响，提出收入差距会影响到人力资本投资，同时人力资本投资也会影响到收入差距的变化。在长期内，考虑到最低消费约束与投资成本，我国农民的人力资本投资存在着两个稳定均衡和一个非稳定均衡，这使得农民的人力资本差距和收入差距逐渐增大。由于收入差距对人力资本投资的影响，公共财政支出的增加不一定能消除贫困，使所有农民的人力资本投资都超过"最小临界门槛"才是最终解决贫困和收入分配问题的根本途径。郭志仪和常晔（2007）通过时间系列数据实证分析农户人力资本投资与农民收入增长之间的相互关系和影响。他们运用1983—2005年的数据，实证研究了不同类型农户人力资本投资之间及其与农户收入之间的相互关系和影响。其结果表明：农户健康投资抑制了农民收入的增长及农户教育、迁移投资水平的提高，并且目前的农户健康投资水平还远不能满足农民的正常需求；农户迁移投资不仅显著促进了农民收入增长，还有助于提高教育和健康投资水平，但迁移投资的影响有一定的滞后性；农户教育投资对农民增收的正影响最大，并能降低农户的迁移成本，但降低幅度很小，说明它在解释农户迁移投资变动中所起的作用并不大。

六是城乡二元结构格局下的农村人力资本投资分析。杨国勇（2007）认为，我国农村地区经济发展滞后与农民收入水平低下的根本原因可以归纳为农村人力资本投资不足、人力资本存量水平过低。提升农村人力资本投资的政策取向应是加大对农村的教育投入，创造有利于农村剩余劳动力向城市和非农产业转移的条件和环境，建立健全农村社会保障体系，特别关注弱势群体和最不发达地区。陈玉宇和邢春冰（2004）研究了人力资本在农村劳动力市场中的角色及其与农村工业化的关系。其研究表明，我国农村劳动力市场从多个渠道给教育带来了回报。他们用 Heckman 模型估计教育的工资回报在 1991—1997 年为 0~5%，而且不显著，但是教育显著提高了人们到工业部门工作的机会，由此带来的回报为 5%~7%。教育还提高了人们到高工资部门工作的机会，改善了人们的工作方式。程伟（2006）利用 2004—2005 年我国农民工流动就业的调研数据，分析了我国农村人力资本投资现状对农业剩余劳动力转移的影响，认为制约农业剩余劳动力转移的根本原因在于农村教育的滞后导致劳动力的素质低下。程伟从三个角度提出改进措施，即农村教育的投资力度和合理使用、农村教育改革和当今社会发展的实际需要相配合、人力资本投资的配套措施改革。

七是影响农村居民人力资本投资能力的相关制度和规则分析。李文星和何代忠（2007）通过运用吉登斯的结构化理论对 1985—2004 年 20 年间影响农村居民人力资本投资能力相关规则的实证分析，发现制约我国农村居民人力资本投资能力提高的制度性因素主要有现行土地制度、依附于该制度上的其他相关制度以及以户籍制度为核心的劳动就业制度和财权、事权高度不对称的财政制度。这些规则直接导致了农村居民人力资本投资能力的持续弱化，调整这些规则以确保其公正性正是我国新农村建设与和谐社会建设的价值选择和有效途径。陈正（2007）对我国农村人力资本投资与社会保障之间的关系进行了研究，认为农村人力资本投资对社会保障的影响表现为宏观和微观两个方面，农村社会保障制度对人力资本投资的影响也是多方面的。陈正提出要以提高农村人口素质为出发点，加强教育培训，提高农民收入，健全保障制度管理体系。廖小官和陈东红（2007）对农民人力资本投资收益的特征与收益实现的制约因素进行了分析。他们认为，加强对农民人力资本投资是农民增收的主要对策之一，但农民的人力资本投资的收益不容乐观。单向外溢性、非对称性、高风险、低回报是农民人力资本投资收益的主要特征，投入资金少、水平低是当前农民人力资本投资的选择。这种人力资本投资与农民增收的矛盾，源于农民人力资本投资收益的实现受多种因素的制约。农民人力资本的水平和种类、相匹配的物质资本、资源和专业化人力资本、相关的制度和体制、政府与非政府性垄断力量、生产生活的交易成本等多方面的因素制约着农民人力资本收益的实现。

1.2.2.4 关于人力资本与农民工返乡创业的研究

自20世纪90年代末期开始，一大批农民工离开打工多年的城市和经济发达地区，回到了自己的家乡，开始一种新的事业——返乡自主创业。这种新经济现象被描述成从"打工潮"到"创业潮"，从"打工经济"到"创业经济"等。农民工创业不仅为自身创造了财富，而且带动了当地就业，增加了所在地区的财税收入。在研究农民工创业的动机和条件时，专家学者们开始关注农民工的人力资本状况，普遍认为打工属于农村劳动力转移活动的一种。在转移的过程中，伴随着"干中学"、在职培训等相关的活动的同时作用下，人力资本得到了提升。根据研究，多数专家学者认为因为农民工外出打工才产生了创业的动机。"农民流动与乡村发展"课题组（1999）开展的调研显示，461位回乡农民工的回答表明：流动就业增加人力资本，对回乡农民工成功创业作用最大。外出经历对办企业的帮助，涉及资金、技术、信息、市场经济头脑和经营管理等方面。除了资金，后几项都属于人力资本的范畴。打工为创业提供了包括技术知识、市场信息和管理经验等的人力资本积累以及创业资金等的积累（林斐，2004）。打工的过程是人力资本投资与积累的过程，直接结果是促进了人力资本的提高。研究表明，农民工创业和打工经历有着密切关系，即打工是创业的前提，没有外出打工就没有回乡（或异地）创业。打工的经历影响着创业行为；而物质资本和人力资本的积累，包括资金、技术、信息、阅历和企业家精神等，则是创业的决定因素。农民工在打工过程中，随着自身人力资本和金融资本的积累，必然会萌发新的冲动，进而创办企业，发展属于自己的事业（王西玉等，2003）。总之，农民工在外通过正规教育、在职培训和"干中学"等途径的人力资本投资掌握了一定知识和技能、开阔了眼界、增长了才干、积累了一定资金后，开始创建自己的事业。

1.3 研究内容与方法

1.3.1 研究内容

本书以欠发达地区农村劳动力非农就业为研究主题，深刻揭示欠发达地区农村劳动力非农就业现状与特征，从人力资本视角分析影响欠发达地区农村劳动力非农就业的内在根源，从理论上阐述人力资本与非农就业的内在机理，从实证上分析欠发达地区人力资本投资对农村劳动力非农就业的影响，科学借鉴发达国家和地区农村劳动力人力资本投资经验，以此提出人力资本视角下欠发达地区农村劳动力非农就业的相关对策与建议。本书具体的研究内容包括以下九个部分：

第一部分：绪论。本部分主要包括选题背景与研究意义、国内外文献综述、研究内容与方法以及相关概念界定。

第二部分：人力资本与非农就业相关理论。本部分系统阐述了人力资本理论、一般就业理论、非农就业理论、产业结构理论及成本—收益理论等。

第三部分：人力资本影响非农就业的机理分析。本部分主要从理论角度，分别从宏观和微观层面研究人力资本影响农村劳动力非农就业的内在机理，探讨基于人力资本视角的农村劳动力非农就业模型，为人力资本与农村劳动力非农就业关系提供了一个理论分析框架。

第四部分：欠发达地区农村劳动力非农就业现状与特征分析。本部分主要研究欠发达地区农村劳动力非农就业发展历程，准确把握欠发达地区农村劳动力非农就业现状及其特征。

第五部分：欠发达地区农村人力资本投入现状与问题分析。本部分主要从农村教育、农村劳动力培训、农村劳动力转移以及农村医疗等方面深入分析湘西南区域农村人力资本投入现状与存在的问题，全面把握湘西南区域农村人力资本基本状况，为正确制定欠发达地区农村劳动力非农就业政策提供依据。

第六部分：欠发达地区农村人力资本投资影响农村非农就业的实证分析。本部分主要从就业结构和就业规模两个方面来分析欠发达地区农村人力资本投资对农村劳动力非农就业的影响。

第七部分：国外农村人力资本发展经验及启示。本部分主要从国外农村义务教育、农村职业教育、农村劳动力转移培训以及农村医疗保障等方面对国外人力资本发展的经验进行分析，旨在对我国欠发达地区农村人力资本形成和发展方面给予启示，促进欠发达地区农村劳动力非农就业。

第八部分：国外农村劳动力转移和非农就业的经验借鉴。本部分主要选取有代表性的国家和地区，对其农村劳动力转移过程及政策、农村劳动力非农就业经验进行总结分析，旨在为我国欠发达地区农村劳动力非农就业提供借鉴。

第九部分：人力资本视角下欠发达地区农村劳动力非农就业对策与建议。本部分在前面分析的基础上，从教育、医疗保健、培训以及劳动力转移等方面针对欠发达地区农村劳动力非农就业提出相关对策与建议。

1.3.2 研究方法

本书的研究坚持理论研究和实证研究相结合、定量分析与定性分析相结合、整体分析与比较分析相结合、一般分析与案例分析相结合，具体主要涉及以下几种研究方法：

1.3.2.1 理论研究方法

本书在对相关经典非农就业理论和人力资本理论进行回顾分析的基础上，对人力资本与非农就业之间的理论关系进行分析，并尝试把人力资本因素契合进现有非农就业模型，提出一些新的理论含义。

1.3.2.2 比较分析方法

本书在研究欠发达地区农村非农就业总体发展情况和人力资本水平演变状况问题时，运用比较法，对一些基于时间序列发展的统计数据进行总体描述和比较分析。同时，本书对发达国家和地区的农村劳动力人力资本投资经验进行比较分析，吸收有益经验，为欠发达地区农村劳动力人力资本投资提供经验借鉴。

1.3.2.3 实证分析法

本书通过对欠发达地区进行实地调研，深入了解欠发达地区农村劳动力非农就业现状和特征，准确把握欠发达地区农村劳动力人力资本投入状况，并运用向量自回归模型（VaR）对欠发达地区人力资本影响农村劳动力非农就业规模及结构进行实证分析。

1.3.2.4 案例分析法

本书选取一些典型的欠发达地区，如湖南邵阳、永州、怀化等一些地区，深入实地考察，详细掌握欠发达地区一些县（市）农村人力资本和农村劳动力非农就业基本情况。

1.4 相关概念界定

1.4.1 人力资本

1.4.1.1 人力资本的界定

从人力资本思想的萌芽到其发展经历了较长的历程，其含义日渐清晰。不同的研究者从不同的角度对其进行了界定。

第一，形成角度。此角度着重于人力资本的形成和投资组成。例如，舒尔茨（1961）指出，我们称之为消费的东西，就是对人力资本的投资，主要包括直接用于教育、保健以及为了取得良好的就业机会而用于国内移民的费用。贝克尔（1964）认为，人力资本是通过人力投资形成的资本，用于增加人的资源、影响未来的货币和消费能力的投资，这种投资包括正规学校教育、在职培训、医疗保健、迁移以及收集价格和收入的信息等多种形式。李忠民（1999）对人力资本的定义是，所谓人力资本，是指凝结在人体内，能够物化于商品或服务，增加商品或服务的效用，并以此分享收益的价值。蔡昉（2001）也提出，人力资本是对人投资的结果，一般地说，其包括三个组成部分，即教育、健康和营养。从形成角度出发的定义强调了人力资本的投资构成，但忽视了不同行为主体在人力投资方式上的差别。因为现实生活中，不同人力资本投资主体如国家、企业和个人在人力投资方式上存在着较大的差异。

第二，内容角度。此角度着重于人力资本的内涵。人力资本的基本内容包括知识、技能和健康。例如，舒尔茨（1964）认为，人力资本即知识和技能，是人民作为生产者和消费者的能力，是体现在人身体上的知识、能力和健康的总和。贝克尔（1963）也认为，人力资本是指体现在人身上的资本，如劳动者的智力、知识、技能和健康等，即人力资本不仅意味着才干、知识和技能，并且意味着时间、健康和寿命。我国研究者也从这一角度对人力资本进行了定义，刘迎秋（1997）把人力资本定义为凝结在人体中的能够使价值迅速增值的知识、体力和技能的总和。李建民（1999）认为，人力资本是存在于人体之中，后天获得的具有经济价值的知识、技术、能力和健康等质量因素之和。

随着研究的扩展和深入，人力资本突破了知识、技能和健康的内涵，扩展到了道德品质、管理才能等。例如，约翰斯顿（Johnston，1998）认为，与经济活动相关的个人所凝结的知识、技能和其他品质就叫人力资本。朱舟（1999）认为，人力资本较为完整的表述应该是通过劳动力市场工资和薪金决定机制进行间接市场定价的，由后天学校教育、家庭教育、职业培训、卫生保健、劳动力迁移和劳动力就业信息收集与扩展等途径而获得的，能提高投资受体未来劳动生产率和相应劳动市场工资的、凝结在投资受体身上的技能、学识、健康、道德水平和组织管理水平的总和。冯子标（2000）认为，个人具备的才干、知识、技能和资历就是人力资本。

第三，混合角度。有些研究者在定义中整合了人力资本的形成与内容。例如，舒尔茨（1961）指出，这些技术和知识是资本的一种类型，关于这种资本实际是周密投资的一种产物。伊特韦尔·米尔盖特和纽曼（Eatwell Milgate & Newman，1987）认为，所谓人力资本，是指蕴含于人自身中的各种生产知识与技能的存量总和。贝克尔（1987）认为，人力资本就是通过教育支出、培训支出和医疗保健支出等形成的健康状况的改善、收入的提高和文学欣赏能力的提高等。周天勇（1994）认为，所谓人力资本，指的是蕴含于人自身的各种生产知识与技能的存量总和。人力资本是普通教育、职业教育培训、继续教育等支出直接成本和因受教育放弃的工作收入间接成本等价值在劳动者身上的凝固。李宝元（2000）指出，人力资本是指人们花费在人力保健、教育、培训等方面的开支所形成的资本。这种资本，就其实体形态来说，是活的人体所拥有的体力、健康、经验、知识和技能及其他精神存量的总称，可以在未来特定经济活动中给有关经济行为主体带来剩余收益。混合角度综合了人力资本的形成与内容，相对完整地反映了人力资本的本质。

1.4.1.2 本书关于人力资本概念的界定

根据以上观点，本书认为完整的人力资本定义应该包括两个方面的内容：其一，人力资本的积累或形成；其二，人力资本投资。前者是指凝聚在人身上的、能提高人的综合素质，并能增加人的经济价值的健康、经验、知识、技能以及人的道德素质等质量因素的总和，是一个存量概念。后者是指体现在人身上的人力资本，是人们慎重投资的结果，即人力资本投资行为是经由投资者进行成本收益分析以后做出的理性行为，是符合经济学关于理性经济人假定的，着重阐述人力资本形成的途径、方式。一个完整的人力资本概念必须同时包括以上两个方面的内容，并将其作为一个有机整体来理解，否则便可能出现误差。

1.4.2 农村劳动力

劳动力有广义和狭义之分。广义的劳动力指全部人口，狭义的劳动力则指具有劳动能力的人口。本书研究的劳动力特指狭义的劳动力。劳动力是指在劳动年龄内具有劳动能力和在劳动年龄外参加社会劳动的那部分个体。劳动年龄是指个体在一生中能独立参加社会劳动的那段时间，劳动年龄具有上限和下限，我国把16岁规定为劳动年龄下限，把男性60岁、女性55岁规定为劳动年龄上限，介于这两个年龄段之间的人口称为劳动年龄人口。农村劳动力是一个从户籍身份的角度进行定义的概念，是指户口在农村且具有一定的劳动能力，年龄在15~64岁的农业人口，在校学生、服兵役人员以及因身体原因不能劳动的人除外。这是一个地理区域性概念，与城镇劳动力相对应。

还要说明的一点是，农业劳动力与农村劳动力是两个不同的概念。两者的区别是：农业劳动力是指从事第一产业的劳动力，是按照国民经济行业分类的标准对劳动者从事的行业进行划分的。根据国家统计局的统计标准，第一产业中包含农、林、牧、渔、服务业，因此农业劳动力除了包括狭义的农业（即农作物种植业）劳动力外，还包括从事林业、畜牧业、渔业和相关服务业的劳动力，与之相应的经济范畴是非农业劳动力；农村劳动力是按照劳动力所从事职业的地域进行划分的，与其相对应的是城镇劳动力，农村劳动力包括农业劳动力和在农村从事第二产业、第三产业的劳动力。从这个意义上讲，与农业劳动力相比，农村劳动力包含的范围更广、数量更多。在我国，虽然农村有部分劳动力在第二产业、第三产业从事生产，但是这部分劳动力以兼业形式居多，农业劳动力仍是农村劳动力的主体。

1.4.3 农村劳动力农业就业

农村劳动力就业是指农村社区内作为生产要素的劳动力同生产资料相结合的过程，是劳动力这种特殊的生产要素不断寻求最优配置的动态均衡过程。其影响因素是多重的，既受宏观的政策环境和制度框架的制约，又受自身的人力资本水平、社会资本水平等因素的约束。因此，农村劳动力就业可看成理性的农户在各种外在和内在条件的约束下，为追求收益最大化，寻求自身拥有资源最优配置的动态均衡过程。农村劳动力就业包括农业就业与非农就业。

农村劳动力农业就业是指具有劳动能力的农村劳动者从事农业生产经营活动，获得能够维持生存的农业收入，并把农业收入作为主要生活来源的过程。

1.4.4 农村劳动力非农就业

非农就业是本书研究的核心概念，本书结合一些学者的观点，将农村劳动力非农就业定义为具有农村户口的农村劳动力在本地或外地从事的除农业以外的其他所有行业。具体的衡量指标是农村就业人员中除去农、林、牧、渔业以外的总就业人数，包括在工业、建筑业、交通运输业、仓储及邮电通信业、批发零售贸易业、餐饮业和其他非农行业就业的总人数。

农村劳动力进入非农产业就业的主要方式包括进入本地的乡镇企业、个体和私营企业就业，进城务工，在本地从事家庭非农业经营三种方式。因此，农村劳动力的非农就业可以分为两类情况：第一类是外出务工，即所谓的农民工群体，这一群体的主要特点是受雇于人，并获得工资形式的收入。第二类是非农经营，表现为农村劳动力以个体、私营、合伙经营等多种方式从事运输、制造、餐饮等行业的非农就业活动，并从中获取利润收入。

概括来讲，农村劳动力非农就业可分为本地非农就业和异地非农就业，即离土不离乡的非农就业和离土又离乡的非农就业。在农村劳动力非农就业中，一部分劳动力已经不务农，称为全职型非农就业；一部分劳动力在农忙时务农、其他时间参与非农就业，称为兼业型非农就业。

1.4.5 欠发达地区

欠发达地区是指那些有一定经济实力和潜力，但与发达地区相比还有较大差距，生产力发展不平衡，科技水平还不发达的区域，如我国的中西部地区。本书研究的欠发达地区涵盖的范围主要是湘西南区域。湘西南区域为湖南省偏僻地区，主要包括邵阳市（辖8县1市3区）、怀化市（辖10县1市1区）和永州市（辖9县2区），面积约7万平方千米，人口1 900余万人，其中农村人口1 300余万人，农村劳动力700余万人。湘西南区域交通较为闭塞，一直是湖南省经济发展的薄弱地区，该区域主要经济指标增长速度低于同期全国和全省平均发展水平，属典型的经济欠发达地区。

2 人力资本与非农就业相关理论

从人力资本视角研究欠发达地区农村劳动力非农就业,其研究内容分为两条主线,一是欠发达地区农村人力资本,二是欠发达地区农村劳动力非农就业。因此,本章围绕这两条主线系统地阐述人力资本与非农就业相关理论,为随后几章的研究提供理论支撑。

2.1 人力资本理论

2.1.1 人力资本理论的起源

人力资本理论最早可以追溯到经济学创立之初,当时,古典经济学家的劳动价值学说就已经确立了人的劳动在财富创造中的决定性地位。威廉·配第(William Petty)关于"土地是财富之母,劳动是财富之父"的著名论断就是这些思想的最早体现。西方"现代经济学之父"亚当·斯密(Adam Smith)和他的主要继承者大卫·李嘉图(David Ricardo)继承和发展了这一思想。自从亚当·斯密以来,有不少学者的研究都涉及了人力资本问题,认为教育等人力资本投资对于人的能力具有增进作用,其与物质资本的作用相似。然而,直到20世纪50年代末,经济学一直把人视为一种单纯的自然禀赋,即在生产过程中,劳动力是作为自然人而存在的。人力资本的研究作为一种理论体系尚未形成。

2.1.2 现代人力资本理论的发展

20世纪年50代后期,现代人力资本理论得到了发展。人力资本理论在发展之初有三位重要的人物:一是美国经济学家西奥多·舒尔茨(Theodore W. Schultz)结合经济增长问题进行的研究;二是美国经济学家雅各布·明瑟(Jacob Mincer)把有关收入分配和劳动市场行为等问题的研究和人力资本的方法结合起来进行的研究；三是美国经济学家加里·贝克尔（Gary S. Becker）从人类行为的一切方面均可以采用经济学的分析方法的一般方法论出发，将新古典经济学的基本工具应用于人力资本投资分析，提出了一套较为系统的人力资本理论框架。舒尔茨主要的研究在于人力资本对宏观经济增长的影响，而明瑟和贝克尔的研究主要是针对微观的收入分配方面。因此，本书对人力资本理论的介绍沿着两个方向进行：一个是以舒尔茨为代表的人力资本经济增长论，另一个是以明瑟和贝克尔为代表的人力资本收入分配论。

2.1.2.1 人力资本经济增长论

在从古典政治经济学到新古典经济学发展的漫长阶段里，很多经济学家认识到了劳动力的异质性和人力资本问题，并从研究人力资本角度开始解释物质资本和劳动力数量的增长所不能解释的全部经济增长或大部分经济增长。但是，把人力资本作为经济增长决定因素来分析的创始人却是美国经济学家西奥多·舒尔茨。

在1960年美国经济学年会上，舒尔茨发表了《论人力资本投资》的演讲，指出人的知识、能力、健康等人力资本的提高对经济增长的贡献要比物质资本、劳动力数量的增加重要得多。他首次结合经济增长问题，明确提出了人力资本的概念，阐述了人力资本投资的内容及其对于经济增长的重要作用，这些论断被认为是现代人力资本理论的起源。舒尔茨认为，人的经济才能并非与生俱来，而是通过带有投资性质的活动逐步发展起来的，这些活动包括教育、健康、在职培训和劳动力迁移。在经济增长中，特定的物质资本存量的相对收入已经下降，难以解释的经济增长主要来源于人力资本存量的增长。

舒尔茨还在此后的一系列研究中论证和发展了人力资本理论，归纳起来，舒尔茨对人力资本理论的主要贡献如下：

一是批判了传统经济学关于资本同质性的假定，认为研究经济发展的动力是包括物质资本和人力资本在内的一般资本概念。

二是批驳了传统价值观念阻碍人们正视人力资本问题的种种说教，认为人们通过向自身投资形成了特定的人力资本，正是自由人可以得以增进其福利的一条途径。

三是对人力资本的基本含义进行了多方面界定，认为人力资本是对人的投资而形成的，它是体现在人身上的知识、技能、经验、经历和熟练程度等，一个国家的人力资本可以通过劳动者的数量、质量以及劳动时间来度量。

四是把人力资本投资分为五大类，包括医疗保健、在职培训、正式教育、成人学习项目以及就业迁移，并对各项资本形成特别是教育成本的构成、计量方法等问题进行了大量的理论和经验考察。

五是论证了人力资本投资是经济增长的主要源泉。舒尔茨的人力资本理论为现代人力资本理论的发展奠定了理论基础，但是也存在一个明显的缺陷，即定性分析居多而定量分析不足。这一缺陷导致了舒尔茨的人力资本理论模型操作性比较差，因此使得它在经济增长理论的演变过程中并没有占主导地位，研究的主线从索洛传到阿罗（Kenneth J. Arrow）等人以后，沉寂了20余年，20世纪80年代又由保罗·罗默（Paul M. Romer）和罗伯特·卢卡斯（Robert E. Lucas）再度接过，引致了以技术进步内生和知识积累内生为特征的内生性经济增长理论的研究热潮。

2.1.2.2 人力资本收入分配论

首先把人力资本作为劳动收入分配和工资结构的决定因素来考察的是美国经济学家雅各布·明瑟（Jacob Mincer）。他把人力资本理论应用到了劳动经济学中，从人力资本角度研究收入分配，将研究的焦点从劳动的均质性转移到劳动的异质性。随后，明瑟又不断拓展其最初的理论建树和研究成果，围绕收入分配、劳动市场和家庭决策等领域进行了一系列富有成效的人力资本分析的探索，推动和促进了现代人力资本理论的发展。归纳起来，明瑟对人力资本的研究主要集中在以下三个方面：

一是研究人力资本对个人劳动所得的影响。明瑟借鉴亚当·斯密的"补偿原理"，首先建立了人力资本投资的收益率模型，并且首先提出了人力资本的收入方程。

二是研究劳动市场上人力资本投资及其对工资增长、劳动流动与失业的影响。在这个方面，明瑟集中研究了职业培训投资及其后果。他从经验上阐明了人力资本行为对于劳动力跨厂商间流动的人际结构和生命周期结构的含义。

三是研究了经济增长、技术与人力资本需求。在此方面，明瑟创立了一种人力资本需求的变动源泉理论以及探讨了这些变化对劳动市场的影响。他认为，产业对于高技能的、有较高教育程度的劳动需求的增加，可能是因为作为资本积累或技术变化的一种结果，从而增长了生产力。因此，对于人力资本需求的增长可以被视为经济增长的伴生物，是经济增长的结果。

与明瑟同期的美国经济学家加里·贝克尔（Gray S. Becker）从关于人类行为的一切方面均可采用经济学分析的方法论出发，将新古典经济学的微观分析方法应用于人力资本投资分析，把人力资本观点发展为以微观经济分析为基础，以劳动收入函数为手段来确定劳动收入分配关系的一般理论，提出了一套较为系统的人力资本理论框架。

在贝克尔的人力资本研究框架中，他提出了人力资本投资—收益的均衡模型，即在给定的人力资本投资成本和收益时，个人获得人力资本的活动将面临最优化问题。他认为，唯一决定人力资本投资量的因素可能是这种投资的有利性或收益率。他利用该模型对人力资本进行微观分析，以家庭为基础，以人类时间价值提高和子女质量需求为核心，考察了人力资本投资与经济增长的关系，得出了从长期看，在给定生产技术和资源的条件下，每一代人的时间价值可以由他这一生享受的总效用与他愿意留给下一代的总效用决定的结论。另外，贝克尔还对正规学校教育和在职培训在人力资本形成中的地位与作用、教育和培训投资的收入效应与收益率计量以及人们在这方面的决策行为进行了深入的理论分析和经验分析。贝克尔的研究为人力资本理论提供了坚实的微观经济分析基础，成为今日经济学中经验应用最多的理论之一。

2.2　一般就业理论

2.2.1　传统经济学的就业理论

传统西方经济学的就业理论产生于资本主义的上升时期，这时生产迅速扩张，失业现象还不十分严重。因此，在当时的经济学家看来，只要存在着完全的自由竞争，工资就可以随着劳动力供求变化而自由涨落，使一切可供使用的劳动力资源都被用于生产，从而实现充分就业。其代表人物有萨伊、马歇尔和庇古。

萨伊的就业理论基本上可以概括为三点：一是依靠市场自发的价格机制，国家内部的经济失调会迅速地被商品市场和生产要素价格的自行运动所消除；二是市场经济在正常情况下，趋向于充分就业，向着供给与需求的均衡点运动，偏离均衡点的现象虽是不正常的，但也是无关紧要的；三是反对政府干预经济，因为财产权意味着能够自由处理自己的财产，如果政府当局不进行掠夺，那就是人民最大的幸福，财产就可以得到保护，不遭到别人的掠夺。

萨伊一方面在宏观上排除了因总需求不足引起的生产过剩和大规模失业的可能，另一方面又在微观上探讨了工资率的变动对劳动力供求的巨大影响，从而奠定了传统就业理论的基础。继萨伊之后，马歇尔及其门徒庇古对劳动就业进行了深入研究。

马歇尔在1890年出版的《经济学原理》一书中，在分析了资本主义社会失业现象之后，提出在自由竞争条件下，只要劳动力市场没有人为阻力，就可以通过工资的自由涨落和劳动力供需之间的自发调节,达到充分就业。马歇尔提倡自由放任原则,反对政府对劳动力市场的干预。

庇古继承了萨伊的就业思想,并在理论上进一步发展和严密化,提出了决定就业量的两个假设:一个是工资率等于劳动的边际生产率;另一个是工资的效用等于就业的边际负效用。这两个假设集中体现了传统就业理论的主要观点,即工资的自由升降可以调节劳动力供求,实现充分就业。

2.2.2 理性预期学派的就业理论

理性预期学派认为,经济的运行有其自身的规律性,它主要受人们的心理活动的支配,不受外界力量的支配。劳动力市场具有不完全竞争性,工资与价格也是完全浮动的。在价格机制的灵敏调节下,劳动力市场随时可以出清,随时可以使劳动力供求达到均衡。因此,不会出现劳动力供给的过剩,也就不会出现凯恩斯所说的非自愿失业。理性预期学派还认为,人们可以合理预期实际就业水平,因而否认工资对失业的调节作用。他们认为,劳动力市场是由就业人数或实际提供的劳动量的变动来调节的,因为人们是根据自己的预期提供劳动力。因此,理性预期学派提出了政府不干预的就业政策,政府不应当违背常规行事,一切应当顺乎经济的自然规律。政府越是背离常规行事,其在公众心目中的信誉就越差,公众越要设法对政府可能采取的政策进行估计和采取预防性的对策,即任何形式的国家干预经济的措施归根到底是徒劳无益的。

2.2.3 二元结构转变的就业理论

二元结构转变的就业理论是发展经济学派提出来的,发展经济学派是旨在研究和解决发展中国家经济问题和经济发展的经济学派流,其代表人物有刘易斯、拉尼斯、费景汉和托达罗等。他们认为,就业就是劳动力获得有报酬的使用,是一个剩余劳动力逐步转移的过程,失业是经济发展过程中必然出现的现象。他们假设在经济发展之前,人口的增长快于经济的增长,经济的发展往往是在"劳动力无限供给论"或存在一个"最低生活费用"部门这一基础上进行的,并且经济发展还伴随人口的不断增长,而工业部门的工资水平不可能是"最低生活费用"这个水平。因此,相对于劳动力的需求,劳动力供给是无限的。刘易斯提出了"劳动力无限供给"的剩余吸收模型,即在制度性工资下,劳动力供给对价格有无限弹性,直至劳动力剩余被吸收完毕。因此,劳动力剩余必须在两个部门的长期发展中得以解决,拉尼斯—费景汉模型给出的劳动力剩余被不断吸收的动力,关键在于两个部门能否得到均衡增长,最终消除城乡差别。发展经济学家认为，不发达经济在经济发展过程中出现的失业是结构性失业。因此，他们认为，在解决发展中国家就业的问题上应综合分析、统筹解决。首先，应加速农村经济发展，减少城市的向心力。其次，由于劳动力缺乏流动性，形成结构性失业。政府应鼓励和促进劳动力市场的自由进出，保护劳动力市场的竞争，同时还可以提供技术培训、职业介绍以及提供迁移帮助等。再次，应充分重视产业结构调整及各个部门之间比例关系的协调，认识其对于解决就业问题的重要意义。最后，发展中国家总的特点是非熟练劳动力资源丰富、工资低廉。因此，适度技术政策的制定对就业具有重要意义，政府应采用劳动比较密集的中间技术。

2.2.4 凯恩斯的就业理论

凯恩斯放弃了传统就业理论关于市场调节自然平衡的说法，主张以国家干预经济生活来摆脱失业和萧条的困境。他认为，在一国的国民经济中，任何一个时期都有一个唯一决定性的就业量，它是全体厂商在它们的效用最大化（在商品经济体制下，一般为利润最大化）情况下提供给该国居民的。这一就业量是与整个国民经济生产水平被同时决定的。因此，凯恩斯的就业理论实际上就是研究生产水平及相应的就业水平是由哪些因素决定的以及怎样决定的理论。

从供给方面来看，要使企业提供一定的就业量，就必须使雇主能够得到必要的利润，这个利润不能低于雇主为达到其效用最大化目标需要获得的最低限度利润。显然，企业生产规模越大，提供的就业量越大，需要得到的这一最低利润的数量也越多。因此，如果把生产中要花费的成本与这一最低利润相加之后得到的货币量称为厂商的供给价格的话，那么就业量与供给价格之间表现为正相关函数关系。社会就业总量是每个厂商提供的就业量的总和，社会总供给价格是每个厂商提供相应就业量要求的供给价格的总和，因此社会就业总量与总供给价格之间也表现为正相关函数关系。

从需求方面来看，厂商把生产规模扩大到什么水平，从而把就业量扩大到什么水平，还要考察社会对其产品的可能的需求。经济学把用货币表示的厂商预期的社会对其产品的需求称为厂商的需求价格。需求价格实际上就是厂商的与每一生产水平（雇佣水平）相对应的预期收益。社会总的生产规模和就业规模是所有厂商的生产规模和就业规模的总和。因此，社会的总需求价格就是所有厂商的与其生产规模相应的需求价格的总和。厂商对收益的预期是根据社会居民的收入做出的，因此社会总需求价格也是由社会居民的总收入水平决定的。厂商的生产规模越大，提供的就业量越大，社会居民的收入水平就越高，因此，社会就业总量与社会总需求价格之间也表现为正相关函数关系。

按照凯恩斯的推导，均衡就业量不是由劳动力市场的局部均衡决定的，而是由多种市场均衡共同作用的结果。凯恩斯以前的就业理论认为，这一就业量同时是劳动力市场上的均衡就业量，因而一国经济总是趋向于充分就业的。凯恩斯不认同这种说法，他认为，总需求与总供给均衡时，劳动力市场不一定正好达到均衡。如果总供给与总需求均衡决定的就业量正好是劳动力市场上的均衡就业量，即在总供给与总需求达到均衡时，劳动力市场也正好达到均衡的话，那么这时的均衡就业量也就是充分就业量，经济处于"充分就业均衡"状态。

凯恩斯认为，一般来说，均衡就业量总是小于充分就业量，其原因是有效需求不足。实现充分就业，增加有效需求的主要措施有：一是摒弃传统的自由放任政策，扩大政府职能，采取政府干预和调节经济的一系列措施，把私人垄断资本主义转变为国家垄断资本主义；二是放弃节约原则，提倡浪费性消费，增加财富消耗；三是增加投资与提高消费同样重要，在消费水平既定的情况下，应主要实行"投资社会化"，由国家总揽投资；四是放弃传统的健全财政的原则，扩大政府开支，发行国债，实行赤字财政和温和的通货膨胀，以刺激经济，增加有效需求，对付经济危机，达到并保持充分就业；五是采用总量分析的宏观经济学方法，代替传统经济学的以均衡价格为中心的微观分析，就业、生产、收入和消费应是构成经济发展的重要环节。

2.2.5 后凯恩斯主义的就业理论

20 世纪 70 年代中期以后，西方国家在经济发展中出现了凯恩斯学说难以解释的"滞涨"现象，凯恩斯提倡的通过扩大有效需求来实现充分就业的做法已经行不通了。在美国、英国等西方发达国家，货币学派和供给学派很快取代了凯恩斯学说。

货币学派主要从需求方面分析如何抑制总需求的过度膨胀，将失业降到正常水平。其代表人物弗里德曼提出了自然失业率的概念，指出在市场机制自发调节下达到总需求与总供给均衡时的失业率，是不会受货币因素影响而变动的，因而是一种不可逾越的自然失业率，即使政府强行扩大总需求，将实际失业率降至自然失业率以下，不久也会回到自然失业率水平。因此，当自然失业率水平高于充分就业水平时，不管政府怎样扩大有效需求，也不会消除非自愿失业，只会加剧通货膨胀。

与货币学派不同,供给学派是从供给方面寻找刺激经济增长、实现充分就业的途径。他们认为,凯恩斯只重视需求分析,忽视供给因素的作用,这在经济萧条和衰退时期是可行的,因为需求实际决定产量。但在通货膨胀时期,总需求已明显超过总供给,供给不足成为经济的主要问题,应该将主要精力放在刺激生产上,鼓励个人和企业进行生产储蓄,更加勤奋地工作,更积极地投资,以扩大供给,填补总需求与总供给之间的差额。

供给学派和货币学派认为,实现充分就业的核心在于通过降低税率促进经济增长。其主要措施有:一是大幅度、不断地降低个人所得税和企业所得税的税率,以刺激人们的工作热情和资本投资;二是实行相对有节制的货币管理,使货币的增长和长期的经济增长潜力相适应,必要时还需要实行某种形式的金本位制;三是取消财政和货币政策的调节作用,更多地依靠市场经济的内在动力;四是减缓政府开支的增长速度,以便制止全国税务负担在国民生产总值中所占的比重不断增加,并且自动地为私人投资提供资金。

2.3 非农就业理论

由于农民非农就业不仅涉及一般就业问题,而且也影响到农民个体职业角色的转变及由此带来的农村经济、社会和人口等多方面复杂变迁,因此国内外对非农就业的研究更多的是嵌入到发展经济学、人口学、社会学等多学科视角中的,相关成果十分丰富。其中,影响性较大的是发展经济学基于二元经济结构下农业剩余劳动力流动框架下城乡就业结构转化的考察。发展经济学的有关经典劳动力流动模型构成了本书研究非农就业的重要理论基础,主要有刘易斯模型、拉尼斯—费景汉模型、乔根森模型、托达罗模型、新迁移理论和推拉理论等。

2.3.1 刘易斯模型

1954年,刘易斯在他的著名论文《劳动无限供给下的经济发展》(*Economic Development with Unlimited Supply of Labor*)中提出了著名的二元经济模型。该模型把发展中国家的经济划分为传统的农业部门和现代工业部门。刘易斯认为,在传统的农业部门里,作为最主要的生产资料,土地是非生产性的,而且面积有限,资本投入比较少,农业生产技术很难提高,再加上人口逐渐增多,农业部门的生产率很低,甚至为零。这样劳动力处于不充分的就业状态,存在大量边际生产率接近于零的传统的农业部门,其特征是生产规模小、技术落后、农民的收入比较低。农业部门最显著的特征是存在着大量剩余劳动力。现代工业部门是使用再生产性资本生产的,其生产规模大,使用的生产技术较先进,劳动生产率高于传统农业部门,而且工资水平也要高于农业部门,其特征是能够实现充分就业。两个部门之间的根本关系是:当现代工业部门扩大时,便从非资本主义部门汲取劳动力。刘易斯认为,经济发展依赖现代工业部门的扩张,而现代工业部门的扩张需要农业部门提供丰富的廉价劳动力。由于农业中存在着大量的剩余劳动力,因此农业劳动力的减少不会影响农业的总产量。这一阶段在刘易斯看来是发展中国家经济发展经历的第一个阶段,也称为劳动力无限供给阶段。当所有的农业剩余劳动力都转移到工业中时,经济发展进入第二个阶段。在这一阶段,所有的生产要素都是稀缺的了,现代工业部门如果想进一步扩张就必须与传统农业部门争夺劳动力。这时劳动力过剩现象将会消失,取而代之的是劳动力不足。在这个阶段,工业部门的工资不再固定,而是随着劳动力市场上的供求而变化。刘易斯认为,大部分发展中国家目前尚处于第一阶段。

刘易斯模型的重要理论价值在于:一是揭示了发展中国家经济发展的二元结构特征,与哈罗德—多马模型等传统经济发展理论只注重总量分析相比,其引入了结构分析,因而更贴近经济发展实际;二是把经济增长与人口流动、经济结构与就业结构转化联系起来,拓宽了经济研究的视野,这也在一定程度上改变了传统经济增长理论只注重资本因素的状况;三是虽然刘易斯模型的重点在工业部门的扩大,但也隐含了剩余劳动力的消失将逐步促进农业进步的观点,从间接层面揭示了农村剩余劳动力转移和非农就业对于推动发展中国家农业发展的重要意义。

但刘易斯模型还存在一些理论缺陷,主要表现在:一是将现代工业部门资本积累与就业创造率、劳动转移率直接挂钩,实质上暗示了资本投资是就业增加的最终源泉,这个命题并不一定成立;二是模型假定只有农村农业部门存在剩余劳动和失业,而城市工业部门则不存在失业,农业部门能够提供无限剩余劳动力供给,这显然也不一定符合发展中国家的实际情况;三是刘易斯关于农业部门在剩余劳动消失之前只能是一个为现代工业部门输送廉价劳动力的被动而消极部门的论断,抹杀了经济增长中农业部门的重要作用,成为刘易斯模型的致命缺陷,并促使了修正的拉尼斯—费景汉模型产生;四是刘易斯模型对剩余劳动力流动的考虑只注重量的考虑,而忽视了劳动质的考量,也就是说在刘易斯眼里,所有农业劳动力都是同质的,因而劳动力剩余都是一种单纯的数量过剩，每个人的流动决策函数都是停留在只要高于"生存工资"水平条件的收益动机，在此基础上流出农业部门不仅不会影响其生产效率，反而能起到促进作用，笔者认为这种观点也值得商榷。

2.3.2 拉尼斯—费景汉模型

拉尼斯—费景汉模型是美国经济学家拉尼斯和美籍华人经济学家费景汉（Ranis & Fei）在1961年的论文《经济发展理论》中首次提出的，并在1964年合著的《劳力剩余经济的发展》一文中做了进一步的系统阐述。该模型的基础仍是刘易斯模型，但与刘易斯模型不同的是，他们首次将农业部门的发展结合起来，构建了包含工业部门和农业部门发展在内的二元经济结构下的劳动力流动模型。由于该模型是在刘易斯模型基础上的发展，因此并合并称为"刘易斯—费景汉—拉尼斯模型"（Lewis-Fei-Rains Model）。

拉尼斯和费景汉对刘易斯模型的最大改进是将农业部门的发展纳入了分析范畴。他们认为，农业部门不仅是像刘易斯所指出的能够为工业部门的扩张提供丰富而廉价的劳动力，同时农业部门还可以为工业部门提供农产品的支持。这种农产品支持被拉尼斯和费景汉定义为农业剩余，是指农产品总量在满足农民消费之后剩余的部分。拉尼斯和费景汉认为，决定农业剩余大小的因素有两个：一是农业部门的农业生产率；二是农业部门的劳动力总量。当农业部门中的劳动力总量在随工业部门扩张而渐渐减少时，保持和提高农业剩余的关键就在于农业部门劳动生产率的提高上。而农业部门劳动生产率的提高本身就是农业部门自身发展最显著的表现，因此农业部门的发展与工业部门的发展是紧密联系的。正是基于以上认识，拉尼斯—费景汉模型重点研究了工农两部门共同发展下的劳动人口流动问题。

拉尼斯—费景汉模型认为，农业部门的发展是工业部门扩张和农业劳动力转移的先决条件，只有不断提高农业生产率，才能弥补第二阶段、第三阶段劳动力减少对农业剩余的影响，从而为工业部门发展提供保障。拉尼斯和费景汉认为，农业部门与工业部门应同步发展，强调彼此平衡增长和均衡贸易条件，只有这样，才能使得劳动力的转移得以持续进行，并最终消除农业部门的剩余劳动。

拉尼斯—费景汉模型的贡献是显而易见的，其揭示了农业部门在经济发展中的合理地位，比较透彻地分析了农业部门是如何决定和影响工业部门的扩张和劳动力转移的，认为农业生产率提高以提供足够剩余是农业劳动流出的重要前提条件；强调重视技术进步和要素比例变动对经济发展的影响。这些思想无疑是对刘易斯模型的重大发展，但该模型也存在一定缺陷，其中一些是与刘易斯模型共有的。比如绝对过剩农业劳动、城市工业部门零失业、不变制度工资水平等种种假说都与现实存在一定差距。另外，笔者认为拉尼斯—费景汉模型与刘易斯模型一样，忽略了流动农业劳动力的异质性问题，也忽视了劳动者个体微观决策因素。

2.3.3 乔根森模型

1961年，美国经济学家戴尔·乔根森（D. W. Jorgenson）在其著作《剩余农业劳动与二元经济发展》中提出了一个新的基于二元经济结构的劳动力流动模型，该模型同样把发展中国家的经济划分为两个部门，农业被假定为没有资本积累，农业产出只投入劳动和土地，而土地被假定是固定的，因而农业产出仅是劳动的函数。在工业部门，土地不作为一个要素，工业产出只是资本与劳动的函数。

乔根森模型是建立在农业剩余基础上的，这与建立在剩余劳动基础上的刘易斯模型和拉尼斯—费景汉模型完全不同。乔根森模型从独特的视角论述了农业人口向工业部门转移的原因，更强调农业发展和技术进步以及市场机制在劳动力流动中的作用。乔根森认为，人们对农产品的需求是有生理限度的，而对工业品的需求可以说是无止境的，当农产品生产已能满足人口需求时，农业的发展就会失去需求拉动，农村劳动力和人口就会转向需求旺盛的工业部门，也就是农村劳动力向非农业部门转移的根本原因在于消费结构的变化，是消费需求拉动的结果。乔根森对农业和工业部门的工资水平进行了阐述，农业部门随着劳动生产率的不断提高，农业从业人员的工资水平会不断上升，同时工业部门为了吸引更多的农业劳动力加入要提供高于农业部门的工资水平。乔根森认为，农业剩余为农业人口向工业部门流动提供了充要条件。

2.3.4 托达罗模型

20世纪60年代末至20世纪70年代许多发展中国家由于农村、农业劳动力转移到城市，超过了城市工业吸收能力，导致城市中的失业和就业不足问题不断加重，但与此同时，仍有大量的农村人口源源不断地流向城市。针对这种现状，传统的劳动力转移理论无法给予解释和说明，因为以往的理论是以城市不存在失业为前提的。托达罗正是从发展中国家农村人口流入城市和城市失业同步增长这一矛盾出发，提出了自己的二元经济模型。

1969年，美国发展经济学家托达罗（M.P.Todaro）发表了《发展中国家劳动力流动和城市失业的模型》一文，提出了著名的托达罗模型。托达罗模型是最早重视并研究发展中国家的城市失业和就业不足问题的理论模型，其目的在于解释发展中国家城市失业与劳动力城乡流动同时增长的现象，并探讨怎样放慢劳动力从农村流入城市的速度，回答了在许多发展中国家的城市失业严重，但农村劳动力会不顾城市失业的存在而继续迁移的原因，比较成功地把劳动者的个人行为和城市部门就业状况结合起来，从而补充了刘易斯—费景汉—拉尼斯模型。

托达罗认为，有两个因素影响迁移决策，一个是预期的城乡收入差距；另一个是预期在城市找到就业岗位的可能性。这两个因素缺一不可。托达罗同样认为，较大的城乡收入差距是农村劳动力流动的主要原因，并且差距越大则流动数量越多，这种关系可以用数学公式来表达：

$M=f(pw_1-w_2)$

上式中，M 表示农村劳动力流动数量，p 表示在城市的就业概率，w_1 表示城市收入水平，w_2 表示农村收入水平，也即农村劳动力流动数量（M）是城乡收入水平之差（w_1-w_2）的一个函数，而且收入差距越大则转移数量就越多，当城乡收入差距一定时，则劳动力转移数量取决于在城市的就业概率 p，并与之成同比例变动。如果城市中不存在失业，即 $p=1$，即农村劳动力进入城市所获得的工资为 w_1，如果城市中存在失业，即 $0<p<1$，则 pw_1 是农村劳动力获得的工资收入。托达罗认为 p 值的大小取决于两个因素：一是城市工业部门新创造出的就业机会，二是城市失业人数。p 与前一因素成正比例关系，而与后一因素成反比例关系。劳动力流动的均衡条件是农村劳动力在城市获得的预期工资 pw_1 与农村收入 w_2 相等。

托达罗认为，预期的城乡实际收入差距是导致人口或劳动力流动的根本原因，而正是人口流动或者说外来人口的猛增，使得发展中国家城市部门解决失业问题的就业政策并不能得到满意的效果，而且还呈现出城市现代部门创造的工作岗位越多，城市失业率越高的反常现象。所以说在托达罗看来，在城乡收入差距、城市劳动力增长率以及现代部门创造率等参数保持不变时，就业概率就成为一个调节城市劳动力市场的机制。托达罗还对城市就业部门进行了详细划分，这也是托达罗劳动力转移理论的一个特色。他将城市就业部门分为城市现代部门（正规部门）和城市传统部门（非正规部门），提出了城市化过程中的农民在农村传统部门、城市传统部门和城市现代部门中就业的三部门框架和两阶段就业过程，即先在城市传统部门就业，然后以此为过渡，逐步进入现代部门就业。后来，哈里斯和托达罗共同完善了他们的模型，并对城市移民、城市就业水平和失业率、农村工资和农村就业水平的关系进行了详细的分析。

2.3.5 新迁移理论

托达罗模型第一次揭示了劳动力就业迁移的微观决策机制，为研究城乡劳动力流动提供了一般理论基础。近年来，许多学者在此基础上进行了积极的拓展研究，特别是着眼于弥补和修正托达罗模型的种种不足，提出了许多具有新的视角和独到观点的新迁移理论模型。比较有代表性的理论有斯塔克的"相对收入假说"模型和卡林顿的"迁移行为前瞻性、选择性"模型等。

2.3.5.1 斯塔克的相对收入假说模型

托达罗模型单纯地以城乡预期绝对收入差异作为解释劳动力流动和人口迁移的动因，斯塔克（O.Stark，1991）认为托达罗模型的单纯工资收入差异不足以完全解释其内在原因。对于迁移者而言，除了追求迁移收入绝对量的增加外，收入分配状况感知也对个人迁移有重要影响，即个人的相对经济地位，斯塔克提出从相对经济地位变化这个概念来解释劳动力流动和人口迁移的动因。

斯塔克按照时间变量把城乡就业迁移分为初始状态和再流动状态两个阶段，认为不同迁移阶段迁移者决策因素有所差异。在初始状态阶段，农民首次就业迁移，而自身绝对收入又很少（主要是农业收入），因此城乡之间收入差距因素对迁移决策的影响很大。而当迁移者通过迁移在收入上摆脱了极低水平约束以后，其就会更关注与周边环境相比的收入差异，特别是相对贫困感。因此，他认为，区域环境中个体相对贫困感越强，个人迁移动机也越强。斯塔克的理论对于解释农村劳动力再流动中的流动动机和职业选择具有重要启示意义。

2.3.5.2 卡林顿的"迁移行为前瞻性、选择性"模型

1996年，美国经济学家卡林顿（Carrington）运用信息经济学、风险理论等研究方法，提出了一个新的劳动力迁移理论。其基本思想可归结为以下三个方面：

第一，劳动力迁移涉及前瞻性行为。人们在做出迁移的决定时，往往要考虑到他们在城市和农村居住时对未来前景的预期。

第二，劳动力迁移与人们的选择有关，不是每个人都会同时发现向城市迁移是最优的。往往是年轻人和教育程度比较高的人首先从农村迁向城市，对于这些人而言，在城市和乡村之间的预期工资差别的贴现值特别高，而迁移成本也通常比较低。

第三，劳动力迁移也涉及对工作的搜寻。特别重要的一点是，由于城市中

已经有了很多移民,后来者迁移的成本和找工作的难度都会因此而下降。以前的移民是潜在移民寻找住房和得到工作机会的主要信息来源,他们也在城市中为后来者提供了比较好的社会环境,使得后来者从农村进入城市后,能够较快地适应新的生活方式。卡林顿模型揭示了迁移过程的外部效应,即先迁移者可以降低后迁移者的迁移成本(如工作信息搜寻费用、新环境适应成本等)和风险,同时也可以提供稳定的收入预期。当然,后迁移者虽然节省了迁移成本,但需要以消耗一定的社会资本和交易成本作为条件。

发展经济学关于劳动迁移的理论研究基本是沿着宏观和微观两条主线发展的。早期的刘易斯—费景汉—拉尼斯模型主要侧重于从宏观层面揭示了基于二元经济模型下农村劳动人口迁移到城市工业部门就业的路径,总体属于一种宏观分析范式,而后期的托达罗模型、新迁移理论等已经开始把研究视角渗透到微观层面,侧重从迁移主体的迁移成本—收益决策函数等微观分析角度来考量劳动者的迁移行为。不同的迁移理论模型的背后事实揭示了影响农民非农就业因素的多层面性。

2.3.6 推拉理论

不少学者从对迁移行为产生推动、阻碍作用的各种因素角度着手研究人口迁移问题,从而形成了推拉理论。20世纪50年代末,唐纳德·博格(D. J. Bogue)提出了系统的人口转移推拉理论。该模型从动力学的角度,将研究对象受到的各因素的影响转化为力的形式,认为在市场经济和人口自由流动的情况下,人口流动是两种不同方向的力作用的结果,一种力量促使人口流动,另一种力量则阻碍人口流动;在流出地存在着种种消极因素形成的将人口向外"推"的力量,而流入地则有各种因素形成吸引流动人口进入的"拉"的力量。

农村劳动力转移是流出地的推力和流入地的拉力共同作用的结果。推拉理论把诸如当地基本生活设施匮乏、自然资源枯竭、农村劳动力不充分就业和农业生产成本增加等因素归结为推力因素,这些因素会促使人们向其他地区迁移;把更多的就业机会、更高的工资收入、更完善的文化卫生设施、更好的受教育机会等因素归结为拉力的积极因素。流出地也具有与家人团聚的快乐、熟悉的社交网络和社区环境等积极因素。同时,流入地也存在如激烈的竞争环境、生活成本的增加、生活不安定、就业困难、陌生环境的不适应与不安全感等具有排斥力的消极因素,农村劳动力是否有转移的意愿主要取决于对推力与拉力的权衡。

推拉理论将经济学、人口学和社会学等多学科视角糅合在一起，综合宏观和微观等多种因素，从更宽泛角度解释劳动力移动的动因和障碍。赫伯拉（Herberla，1938）和米歇尔（Michell，1946）认为，原住地耕地资源不足、基本生活设施缺乏、关系疏远及紧张和自然灾害等因素构成了劳动力向外迁移的推力，而迁入地更好的就业机会、更高的工资和更好的教育卫生等基础设施构成了迁移的拉力。之后，李（Lee，1966）进一步提出了一个系统化的劳动力转移的推拉模型，包括迁出地的影响因素、迁入地的影响因素、迁移过程的障碍和个体特征四方面的内容，用以解释从迁出地到迁入地的过程中遇到的拉力和推力以及不同人群对此的反映。同时，他指出迁出地和迁入地各自都有推拉两种因素，人口迁移的发生在于迁出地推力总和大于拉力总和，而迁入地拉力总和大于推力总和。

2.4　产业结构理论

1676年，英国经济学家威廉·配第（William Petty）在他的著作《政治算术》中指出，不同行业之间的收入差距，促使劳动力进入到收入更多的部门，制造业工人比农业劳动者获得更多的收入，商业劳动者和制造业工人相比，可以得到更多的收入。

英国经济学家克拉克（C.G.Clark）在计算了20个国家的各部门劳动投入和总产出的时间序列数据之后，得出了重要结论，也就是著名的配第—克拉克定理：随着人均国民收入水平的提高，劳动力首先由第一产业向第二产业转移，当人均国民收入水平进一步提高时，劳动力便向第三产业移动；随着经济的发展，第一产业国民收入和劳动力的相对比重逐渐下降，第二产业国民收入和劳动力的相对比重上升，经济进一步发展，第三产业国民收入和劳动力的比重也开始上升。

美国当代著名经济学家库兹涅茨在继承配第和克拉克的研究成果的基础上，用时间序列对各国国民收入和劳动力在产业间结构的演进趋势进行统计，对伴随着经济发展的产业结构变化进行分析研究，探讨了国民收入与劳动力在三次产业分布与变化趋势之间的关系，从而深化了产业结构演变的动因研究。他研究的结论主要有以下几点：

第一，随着时间的延续，农业部门实现的国民收入在整个国民收入中的比重以及农业劳动力在总劳动力中的比重均在不断下降。

第二，工业部门的国民收入的相对比重大体上是上升的，然而如果综合各国的情况看，工业部门中劳动力的相对比重大体不变或略有上升。

第三，服务部门的劳动力相对比重呈现上升趋势，但国民收入的相对比重却并不与劳动力的相对比重的上升趋势同步，综合起来看大体不变或略有上升。

2.5 成本—收益理论

20世纪60年代，舒尔茨在人力资本理论的基础上，提出了劳动力转移的成本—收益理论。根据该理论，农村劳动力的迁移或流动可以看成一种人力资本的投资形式，其决策逻辑可以运用成本和收益的比较来解释。其中，迁移成本主要是迁移的交通费、食品费等货币成本和心理成本等非货币成本，相应地，迁移的收益也分为货币收入和非货币收入两部分。理性的劳动力在做出流动和迁移决策前，必然要对流动和迁移所要付出的成本与其所能带来的收益进行对比衡量，只有当迁移或流动的收益大于成本时，迁移或流动才会发生。

3 人力资本影响非农就业的机理分析

本章在对上一章理论回顾的基础上,进一步研究人力资本与非农就业的理论内涵,从宏观和微观两个层面分别对人力资本影响非农就业做出内在机理分析,旨在构筑人力资本与非农就业关系的理论框架模型,为更好地理解和掌握人力资本与非农就业的内在关系提供理论支持。

3.1 人力资本影响非农就业的宏观机理分析

宏观上,要素论下人力资本的主要经济价值在于生产函数中的要素效率产出功能,这种要素效率主要体现为人力资本的内部和外溢的双重效应。依据此逻辑,建立生产函数可以考察人力资本投入与非农就业变动的相互关系。

为此,引入一般生产函数,公式为:

$Q=f(K, L)$

式中,Q 为非农经济产出水平,K 为资本投入量,L 为劳动投入量,K 与 L 构成了产出所需的两种要素。需要指出的是,这里对 L 的定义只是一种劳动的数量值,假设以劳动者人数为主要界定指标,则劳动要素投入量 L 可近似反映非农就业量。考虑到人力资本与其产权主体——劳动者的不可分割,因此人力资本要素形态上主要依附于劳动要素而存在。假定不考虑市场因素,要素组合主要取决于特定产出水平下的均衡。这样人力资本对非农就业的影响机制可以从就业量与就业结构两方面加以讨论。

3.1.1 人力资本对就业量的影响效应

人力资本对就业量的影响效应可归结为短期要素替代效应可能导致就业量

的减少，而长期产出扩张效应可能带来就业量的增加。我们可借助下面的模型来加以分析。

3.1.1.1 短期替代效应

图3.1（a）中，Q_0为短期产量曲线，K与L分别代表资本和劳动要素，假设外部因素不变，产量主要由K和L要素投入量共同决定。由于这里的L反映的是劳动要素的数量值（假定为劳动者人数），因此L也表示就业量。为了单纯考察由于劳动要素效率变化带来的既有产量水平下的劳动就业量变动状况，假设劳动要素价格不变，即工资水平不变。

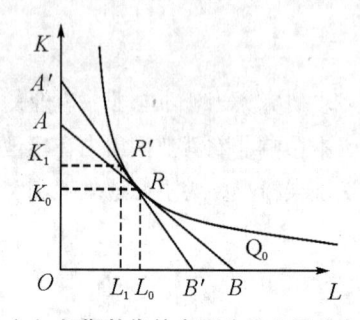

（a）短期替代效应导致就业量减少　　（b）长期扩张效应导致就业量增加

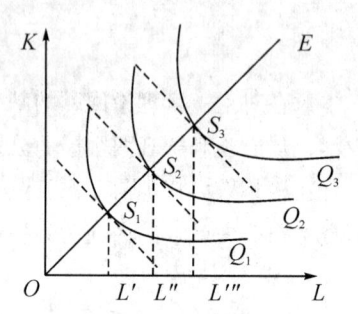

图 3.1　人力资本对就业量的影响效应

假定在初始阶段，劳动是同质的，只存在简单劳动要素的投入，则在成本线AB约束条件下，经济产出均衡的要素最优组合点为R，此时资本投入规模为K_0，而简单劳动要素投入规模为L_0，则总就业量为L_0，假设简单劳动的生产率为1，则劳动要素总产出能力$L_r = 1 \times L_0 = L_0$。

此时若考虑到劳动的异质性，即在现有的劳动量基础上，存在部分人力资本劳动要素，因此整个劳动就业量L_0就由两种劳动类型构成，即没有人力资本的简单劳动量H_0和具有人力资本的劳动量H_1，故$L_0 = H_0 + H_1$。考虑到人力资本劳动具有更高的边际生产率水平，设为r，$r>1$则人力资本劳动的产出能力为$r \times H_1$，此时实际劳动产出能力$Lr' = H_0 + rH_1$，也就是说在L_0就业水平下，由于存在人力资本因素，人力资本劳动替代了部分简单劳动要素，提高了劳动生产率，造成既有劳动产出能力过剩，在既有产量水平下劳动产出能力过剩量为：

$$Lr' - Lr = (H_0 + rH_1) - (H_0 + H_1) = (r-1)H_1$$

不难发现，影响劳动产出能力过剩程度的两个因素为：一是就业劳动者中的人力资本劳动者数量；二是人力资本相对简单劳动要素的边际生产率差异程度。劳动过剩率与这两个指标为正相关关系。特定产量水平下的劳动产出能力过剩，客观上要求就业劳动者数量减少，用人力资本对简单劳动进行置换，就业质量替代就业数量，大幅减少简单劳动者从业人数，体现为图 3.1（a）中劳动量应从点 B 点移至 B′点。

当劳动使用量由于人力资本因素而趋于减少的同时，资本使用量却趋于增加，对此可能性解释因素有两方面：一是人力资本的资源聚集效应。人力资本作为一种具有较高产出属性的生产要素，其产出效能的发挥也需要一定的其他生产资源聚集，其中主要是物质资本聚集。例如，一个掌握先进生产技术的熟练劳动者客观上也只有在比较先进的生产机器设备上才能展示他的才能。众多研究表明，人力资本的变动会造成资本的同向变动，因此人力资本投入增加客观上也要求相应资本要素投入的增加。二是人力资本的外溢效应。由于人力资本的产出效率具有外溢效应，因此客观上也能提高资本要素的产出效率，这样就类似于收入效应，使得实际投入的资本量趋于增加。

总之，两方面因素的结合，使得图 3.1（a）中资本量相应地从 A 点移至 A' 点。因此，短期内，劳动要素中的人力资本因素在既定产量水平下，经济产出均衡的要素最优组合点从 R 点移动至 R'，此时的均衡劳动要素量（就业量）为 L_1，相比前者少了 L_0-L_1 的就业量。

3.1.1.2 长期扩张效应

图 3.1（b）揭示了长期产出的就业扩张效应。人力资本对经济增长的直接作用和外溢作用推动了经济产出规模化扩张，图 3.1（b）中的 Q_1、Q_2、Q_3 曲线反映了不同规模的等产出水平发展，并且 $Q_3>Q_2>Q_1$，OE 直线与不同规模等产量线的交点分别为 S_1、S_2、S_3，从 S_1、S_2、S_3 可见，一方面，随着长期产出规模扩张过程，要素使用规模也不断扩张，其中劳动要素投入规模（就业量）将随之沿着 L'、L''、L''' 方向不断增加，源于经济总量的扩张将带来总就业容量的增加。另一方面，从就业类型角度看，人力资本推动型经济规模扩展也能促进各种劳动类型的就业增长，即不仅能直接促进人力资本型劳动就业量的增加，而且能在一定程度上促进简单型劳动就业量的增长，这是因为人力资本聚集型主导产业不仅自身具有强大的发展能力，而且也具有较强的产业辐射和区域带动效应，可以通过产业扩散和协作效应、区域要素积聚效应以及市场效应，形成一定的规模经济和范围经济，这样能带动一些简单劳动聚集的劳动密集型产业发展，进而提高这些产业的就业吸纳能力。

3.1.2 人力资本对就业结构的影响效应

从劳动者类型来看，就业可以分为人力资本劳动者就业（简称人力资本型就业）和简单劳动者就业（简称简单型就业）两种结构类型。总体而言，人力资本对就业结构的影响效应可归结为人力资本型就业对简单型就业不断替代的结构转换过程。人力资本对就业结构转换的影响主要体现在以下两个方面：

第一，人力资本要素对简单劳动要素的效率性替代直接导致就业形态的演变。由于人力资本型劳动具有高于简单劳动的边际生产率，因此在既有因素不变的情况下，决策主体会运用人力资本型劳动替代简单劳动以获取最大劳动收益，进而实现就业结构的转换。当然，不同劳动要素和就业结构之间的替代转换也不是没有限度的，不同劳动要素之间的边际效率差异和要素的边际成本（体现为两种就业形态的工资水平）将决定两者的替代程度。假设人力资本型劳动要素（H）边际生产率为 r，简单劳动（L）边际生产率为 l，人力资本型就业工资水平为 W_P，简单型就业工资水平为 W_l，则两种就业类型之间的边际替代均衡条件是边际生产率之比，等于工资水平之比，表达为：

$$MRS_{hl} = \frac{W_P}{W_l}$$

其中，MRS_{hl} 为人力资本型就业（H）与简单型就业（L）的边际替代率。

第二，人力资本对产业结构变动的作用机制也间接促进了就业结构的变迁。特定区域的就业结构总是与相应的产业结构相联系的，这主要源于不同产业类型下的市场需求结构和产品结构差异，客观上要求选择符合本产业发展特性的生产要素类型和要素组合方式，寻求最有效率的资源类型和配置模式，其中劳动要素的需求类型和配置模式决定了区域就业结构模式。例如，传统劳动密集型产业，由于产品类型主要是一般生活产品，相对应的市场需求层次不高，生产过程所需资本规模和技术含量要求较低，因而简单劳动要素就能满足产业发展要求，体现为劳动密集型产业内的简单型就业结构主导的就业模式；而资本密集型产业则更多的是和与之相适应的人力资本型就业结构相关联的。如果产业结构发生变化，如不同产业之间的调整转换或同一产业内部发展升级，必然导致原先要素组合模式被打破，劳动就业结构也将随之面临变迁。从这个角度看，产业结构是影响就业结构变动的一个重要宏观因素。

市场经济下，如果不考虑某些特定非市场因素（如产业政策），影响产品和产业结构的调整因素主要由两种类型构成，即内部推力和外部拉力。外部拉力来源于外部市场需求因素，此类产业结构变迁可称为需求拉动型模式；而内部推力则主要源于要素产出效率变化，导致产业内要素配置和组合模式的改变，进而演变为产业、产品结构的演变，此类产业结构变迁可称为效率推动型模式。现实中的产业结构的变迁往往是由需求拉动型和效率推动型共同决定的。人力资本对产业结构变动的作用机制主要体现在以下两个方面：

第一，人力资本是推动需求拉动型产业结构变迁的重要力量。人力资本形成的投资行为也是一种需求消费行为，人力资本投资需要教育、培训、卫生医疗、保健以及与人口流动相关的交通、通信等产品的消费，因此人力资本投资品也是一系列相关产品的集束，人力资本投资的扩张，将直接刺激相应人力资本投资品市场需求的增加，进而将改变现有市场需求结构和产品供给结构，促进相关提供人力资本投资品的产业发展。需要指出的是，人力资本对产业的发展不仅有需求量效应，而且也有需求质效应，这是因为人力资本也能增强其主体的消费素质和消费能力，如提高了对商品品质的鉴别能力、消费决策水平等，因而也提高了市场需求层次水平，这客观上对提升产业和产品层次、质量也具有一定的推动作用。

第二，人力资本是促进效率推动型产业结构变迁的重要因素。人力资本是支撑现代经济增长的核心要素，人力资本要素不仅自身具有边际收益递增的产出效应，还具有对其他资源要素的影响和配置效应。因此，特定产业中人力资本要素的规模投入，将一方面改变产业产出中的要素贡献结构，凸显人力资本要素贡献比重的上升；另一方面也将通过对产业资源的聚集效应和资源置换效应，显著影响产业内资源配置结构，提高要素资源的配置效率，进而直接推动产业内劳动要素结构和就业模式的演变。

3.2 人力资本影响非农就业的微观机理分析

3.2.1 人力资本与就业能力的传导机制

能力观是现代人力资源学说的核心内涵。所谓能力，从哲学上讲，就是指一个人具有的认识和改造客观世界与主观世界的力量；从管理学上讲，就是指一个人具有的促进管理目标实现的力量。在能力论范式下，人力资本是体现在个体身上的能力的集合。从人力资本的具体能力构成看，其包括体能、智能和技能等多方面。人力资本的经济能力主要体现为人力资本主体在竞争的经济环境中的生存发展能力。有些学者将劳动者通过人力资本投资获得的经济能力归纳为四个方面，即信息能力、生产能力、配置能力和流动能力，并揭示了人力资本与劳动者能力之间的转换机制，如图 3.2 所示。

$$人力资本投资 \xrightarrow{形成} 人力资本 \xrightarrow{产出} 劳动者能力 \begin{cases} 经济能力 \begin{cases} 信息能力 \\ 生产能力 \\ 配置能力 \\ 流动能力 \end{cases} \\ 非经济能力 \end{cases}$$

图 3.2　人力资本与劳动者能力转换机制

通过教育、培训、迁移和卫生保健等形式的投资，能够形成依附于劳动者身上的人力资本。人力资本在劳动者身上体现出来的则是劳动者的智能、体能和技能等综合能力。这些能力在竞争的经济环境中能够有助于主体形成应对竞争、克服经济非均衡和获取劳动收益的经济能力，而就业是市场经济下劳动者获取劳动收益、提升生活水平和发展能力的主要途径。因此，就业能力是劳动者经济能力的核心内容和集中体现。这样就形成了人力资本与就业能力之间的效应传导机制（如图 3.3 所示）。

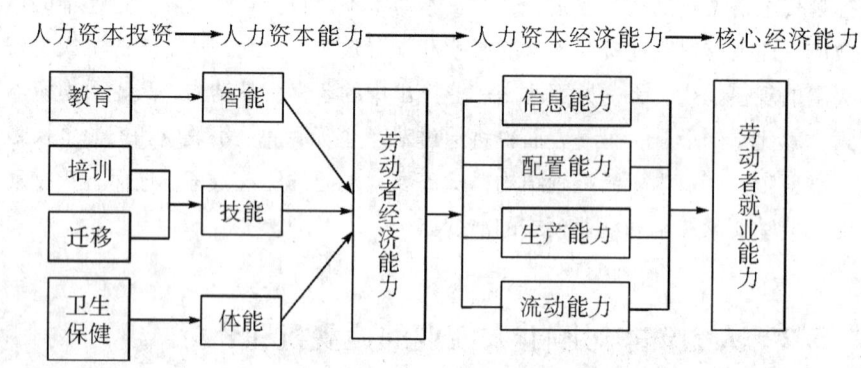

图 3.3　人力资本与就业能力之间的传导机制

3.2.2　人力资本影响非农就业的内在机理分析

从图 3.3 中我们可以看出，人力资本与就业能力之间存在着一种内在传导机制，增加人力资本投资，将提高劳动者人力资本能力素质，进而增强劳动者的各项经济能力，这些经济能力最终将体现为就业和获取收益能力的提高。因此，从本质上讲，劳动者的就业能力是劳动者人力资本能力的经济化和市场化的体现。非农就业作为一种特殊就业方式，人力资本对农民非农就业能力也具有内生作用机制。考虑到非农就业的特性，我们把非农就业能力划分为四个层次的衡量指标，即非农就业决策能力、非农就业信息能力、非农就业职业胜任能力和非农就业收益能力。人力资本对非农就业的影响效应可以细化为对上述四个层次能力的作用机制（如图3.4所示）。

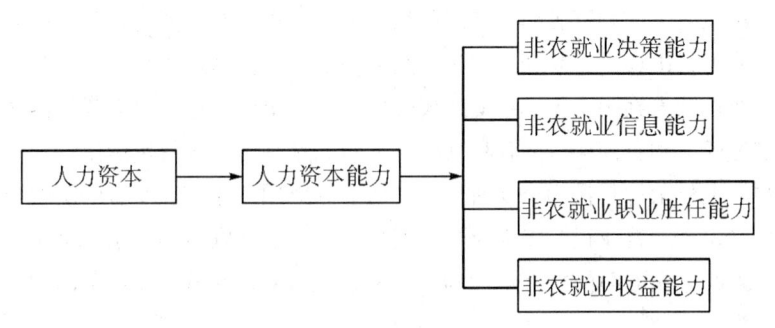

图3.4 人力资本影响非农就业的内在机制

3.2.2.1 人力资本与非农就业决策能力

按照经济学的观点，决策是个体或组织在不确定环境下以追求收益最大化为目标进而对稀缺资源和行为方式进行优化配置和合理选择的过程。决策本质上和市场一样，都是一种资源配置方式，但与市场机制主要依靠价格和竞争等外部手段不同的是，决策是一种依据主体的辨别力、分析力和处置力等内在能力作用于资源配置，属于个体的自我能力。在经济运行中，市场配置资源与主体决策配置资源方式之间的选择主要取决于信息充分性或经济均衡状态程度，当信息越不充分，不确定程度越高，经济非均衡状态越严重，市场机制效能越低，决策作用机制的重要性越显著。

从微观层面讲，就业问题本质上也是一个劳动者的劳动供给决策问题。传统劳动供给理论认为，个人的劳动供给决策主要是一种收入—闲暇替代选择问题，效用最大化下均衡条件是闲暇和收入的边际效用之比等于工资，工资是影响劳动就业供给的主要因素，工资的变化将带来劳动者工时供给的变动，进而产生收入效应和替代效应，因此个人的最终就业决策主要取决于工资率水平。传统就业理论从完全竞争市场和完全信息假定出发，把工资视为外生既定的，因而劳动者就业也定位成单纯的外部劳动力市场竞争行为，个人决策影响较小。但当市场是在一种不完全竞争结构下，特别是信息存在不对称和不完全情况，或者劳动者迁移到一个陌生的环境中，此时劳动者无法获得外部准确的工资报酬信息，那么其劳动供给决策将更多地取决于自我预期收益及相应的预期风险等预期能力。而预期能力取决于个人信息收集和对自我的评估与决策，因此个人劳动就业供给的个人决策因素将大大增加。

贝克尔（Becker）的时间配置理论更进一步强调了个人复杂决策性在就业

行为中的重要性。时间配置理论认为，传统收入—闲暇劳动力供给模型假设时间在工作和不工作两者之间的选择过于简单化。事实上，个人（或家庭）并不是简单地在工作和不工作两者之间做出选择，而是在时间的各种用途间进行选择，使包括市场购买品和家庭生产品在内的广义消费最大化。劳动者的工作决策已经被纳入到一个更一般的框架之中。在这个框架中，个人效用函数包含了由多种商品和时间构成的各种活动，工作只是其中一种特定的活动，因此效用函数最大化条件是作为个体所有活动的边际效用等于相应所有活动的边际成本。可见，个人就业行为将涉及更多变量因素，如家庭行为、个人生命周期因素等，因此个人的时间配置意识和决策配置能力的差异等都将显著影响个人的就业行为。

非农就业过程中的决策能力和决策效率至关重要。一方面，对于农民个体而言，非农就业首先是其自身的一种非农劳动供给决策过程，农民非农就业意味着其需要实现就业领域和职业角色的根本性变迁，要从熟悉的农业领域转移到陌生的非农领域就业、从传统农业劳动者向非农产业工人的角色转变，在此过程中存在着很大的不确定性。例如，对于农民而言，要不要"跳槽"、"跳槽"的风险有多大、预期收益水平如何、选择何种非农就业形式以及是在当地就业还是外出就业乃至自主创业等，这些都是个体在实施非农就业选择中需要进行谨慎决策的重大问题。理论上，只有当其评估的非农就业预期收益大于相应的预期成本和风险的时候，非农就业行为才会发生，而农民的能力素质、预期状况、风险态度以及冒险创新精神等个体特性都将显著影响非农就业的决策。另一方面，对于农户而言，非农就业也是一种农户家庭经济资源重新配置的过程。罗森茨维格和斯塔克（Rosenzweig & Stark, 1989）研究认为，在发展中国家，农村劳动力流动和非农就业不仅仅是一种个人行为，更多地表现为一种家庭决策行为，以追求农户家庭总收入最大化和收入波动风险最小化作为目标。在这种情况下，农户家庭的非农就业决策将更多地考虑如何对家庭劳动力、资本等经济资源在农业和非农业领域之间进行时间和空间上的有效配置，以提高家庭组织的经济效率、实现家庭总收益最大化和风险最小化目标，这无疑扩大了非农就业决策的因素范围，也增加了决策的复杂程度。

个体决策能力主要取决于个人的人力资本状况。从人力资本投资形成的具体能力类型来看，借助于健康投资形成的体能条件能确保个体大脑功能和意识细胞保持良好的生理活力，进而能提高个体注意力集中程度和观察思考能力；借助于教育投资形成的智能条件能使个体增强获得文化知识、信息、观念和思维方法等方面的能力，而这些方面的能力是人体对外界认知和决策思索的重要基础；借助于专业化教育和培训形成的技能条件使得个体获得某些专业化技能，提高人力资本收益率，这可以改变个体微观决策形式，特别是可能改变个体的目标函数和预期状况。

研究发现，人力资本能够极大地提高农民非农就业决策能力。在广大发展中国家，非农就业往往是伴随着二元经济结构下的城乡劳动力转移过程，因此不确定性和风险都很大，而人力资本能够帮助劳动个体增强应对和处置不确定环境风险的能力。韦尔奇（Welch，1970）认为，教育具有提高劳动者生产能力和配置能力的作用，其中配置能力又称处理非均衡状态的能力，是指个体发现机会、抓住机会，最优化配置既定资源和处理各类具有生产特征的信息从而增加产出的能力及个人适应社会经济条件变化重新配置其个人资源的能力。舒尔茨的研究也支持了这个观点，他认为，教育可以使人提高认识能力和信息获取与处理能力，了解竞争规则和竞争技能，使人对周围环境变化的反应能力也变强。从某种意义上来说，教育的配置功能比生产功能对个人就业能力和收入状况影响程度更大。

3.2.2.2 人力资本与非农就业信息能力

在现代竞争的经济环境中，信息是一种既重要又极其稀缺的竞争资源。对于市场主体而言，谁能在第一时间及时掌握信息，谁就能抢占市场先机，把握住有效的发展机会，取得先发制人的竞争优势。因此，获取信息资源能力成为个人的重要经济能力，也是个人实施成功决策的重要基础。从这个层面上讲，人们的决策行为应该是个体的内在心理因素和外部环境因素共同作用的结果。

心理学研究发现，个人的认知能力，即个人进行逻辑综合、分析、解释和运用外部信息符号的能力是决定个人适应并能动地改造外部环境的重要前提。认知能力与信息能力之间存在明显的正相关关系，认知能力越强，个体捕捉信息和有效配置及运用信息的能力越强，但人们的认知能力并不完全取决于个人天生的禀赋条件，后天的塑造培养也能够显著影响个人的认知能力和认知特性，其中教育对个人品性影响程度最高。舒尔茨在人力资本理论研究中汲取了相关心理学观点，他认为个人对外部信息的认知实质上反映了个体对外部信息资源的配置，但个体能否有效地配置信息资源还取决于个体对信息的收集获取能力，因此获取信息的能力也十分重要。从某种意义上来说，信息能力是个人决策配置能力的前提和基础。舒尔茨认为，人力资本投资是获取信息能力的重要途径，劳动者的人力资本水平与个体的认知能力、理解能力成正比，劳动者所受的教育程度越高，接受的培训越多，则对信息的认识能力和理解能力也越强。

对于农村劳动者而言，非农就业决策能力只是解决了其选择从事非农就业的内在心理目标的确立和动机形成问题，而能否真正成功实现决策目标、成功实现非农就业转换，还取决于外部环境条件以及个体对外部信息的获取、处理并转化为行为所需机会的过程，其中非农就业信息和就业机会的把握相当重要。长期以来，我国劳动力市场体系不仅总体发展水平落后，而且还存在着严重的城乡就业市场分割和制度对立的不利格局。在此背景下，农民的非农就业行为得不到足够的劳动力市场机制的功能支持，特别是在相关信息获取方面，由于缺乏健全的就业市场体制具有的公共信息披露机制和平台，农民在非农就业中所需的信息更多的是依靠个人能力通过多种正式和非正式渠道获取的。

人力资本对提高农民的非农就业信息能力具有重要作用。这种作用机制主要体现在三个方面：一是人力资本能拓宽农民获取信息的来源和信息量。人力资本水平越高，主体收集信息的能力越强，获取信息的来源越多，信息渠道越宽，陆慧（2004）通过对盐城地区外出打工农民的调查发现，教育程度为初中文化及以下的农村劳动力寻找非农就业机会主要是依靠亲戚朋友和职介所；教育程度为高中、中专文化水平的劳动者主要是依靠职介所、报纸和劳务市场；而教育程度为大专及以上文化水平的劳动者则更多地依靠报纸、劳务市场和人才市场。从获取信息量和信息可靠性程度看，亲戚朋友的信息量最有限，现阶段职介所可靠性程度不够，成本也较高，而报纸、劳务市场和人才市场的信息量相比前两种要大得多，并且可靠性程度也较高。二是人力资本也能提高农民的就业信息的识别和解读能力。具有较高认知能力和理解能力的农村劳动者更容易从收集到的大量非农就业信息中筛选、识别和获取有用信息。调查发现，外出打工的农民在从业过程中的上当受骗次数与其受教育程度存在明显的负相关关系，受教育水平越高，越能提高当事人的事前信息甄别能力和事后自我保护及维权意识，因而其上当受骗概率也越低，反之则越高。三是人力资本也能促进农民对有用信息的及时转化、抓住就业机会、提高非农就业的成功率。拉兹罗（Laszlo，2003）使用秘鲁的调查数据证实，更高的教育水平可使劳动力有机会获得更好、更能盈利、工作时间更短的工作。陈玉宇和邢春冰（2004）具体计算了这一影响，在1991年、1993年和1997年，增加1年的教育水平，使得劳动力在工业部门工作的机会分别增加2.2%、3.2%和1.5%，对于农村女性样本的研究同样支持此观点。李实（2001）利用1996年山西省10个村的调查数据对农村女性劳动力的外出打工行为进行了分析，结果表明，较高的文化程度有助于增加她们外出打工的机会。可见，教育在帮助劳动力获得非农活动机会方面起着关键作用。越来越多的调查结果显示，随着时间的推移,教育对非农就业的重要性会越来越强。

3.2.2.3 人力资本与非农就业职业胜任能力

社会学对适应能力的理解是一种个体参与社会化交往的能力。《社会学词典》中对"适应行为"的解释是:个人适应社会环境而产生的行为,通过社会交往形成与社会要求相适应的知识、技能、价值观和性格,并采取符合社会要求的行动;反之,如果不能很好地适应社会环境,就会陷入困惑之中。人的一生是不断地适应环境的过程。美国社会学家戈德沙伊德(Goldscheider. G)在《发展中国家的城市移民》一书中认为,移民的适应可以界定为一个过程,在这个过程中,移民必须对变化了的政治、经济和社会环境具有足够的适应能力。从经济学角度审视,适应能力本质上是人们在不确定性条件约束下追求收益极大化的自我资源重新配置过程。适应能力与决策能力都是一种人们面对不确定环境的自我能动反应,但适应能力并不完全等同于决策能力,决策能力的最高形态应是一种自我创新能力,即所谓的熊彼特意义上的打破现有约束条件的"破坏性创造",而适应能力更类似于一种基于条件约束下的次优决策行为。适应能力也是个体的一种重要经济能力。

农民的非农就业过程,也是农民在职业形式、生活环境以及社会角色等方面都发生巨大变迁的过程。所谓非农就业职业适应能力,是指农村劳动者通过非农就业迁移到城镇和非农产业,能否在最短时间内适应和胜任非农就业岗位的要求和新的非农生活环境的能力。对于农民而言,非农就业迁移客观上要求他们必须在经济生活、社会交往和价值观念方面都发生变化,调整其内在决策模式和行为方式,以更好地适应新的发展环境,否则他们将受到巨大外部环境条件约束而大大增加其非农就业成本、降低非农就业收益。因此,农民非农就业职业适应能力也是其成功实现就业结构转型的重要前提和基础。

非农就业职业适应能力可以分为职业技能适应能力和职业心理适应能力两个层次。一是职业技能适应能力。顾名思义,这是指农民是否具备或者能否在最短时间内掌握非农就业所需的必要素质和生产技能,最终适应新就业岗位的工作要求,这是农民顺利从事非农就业的"硬件"要求,也是其在新的环境下谋求生存的经济能力要求。二是职业心理适应能力。社会学认为,对于迁移者而言,职业技能适应能力只是一种基本生存适应,而心理适应才是个体的深层适应能力。当社会个体或群体背景发生变化时,他们在原有文化背景中形成的心理状态就变成一种心理背景,而在新环境中出现的心理反应首先落在这个心理背景上。这时候,如果新环境中的心理反应同心理背景协调,就是这个社会个体或群体对新文化背景的适应。否则,心理活动不协调,其就无法适应新的环境。农民工的深层适应要求其内化非农就业领域的文化价值观念、生活方式,在心理上获得认同,在情感上找到归宿。从农村到城市的农民工,在找到一份相对稳定的非农职业之后,最基本的生存适应也随之完成,但是他们在观念、心态等方面与城市居民的区别或者说差距,是内在的,不容易趋同、缩小。只有农民工完成了心理的适应,才算完成了真正意义上的适应过程,这是农民顺利从事非农就业的"软件"要求,是一种基于社会和心理层面的要求。非农就业职业心理适应能力不仅决定了农民能否最终实现就业结构的成功转变,而且还最终影响农民向现代市民的人格角色成功转型的实现。

朱力(2002)认为,农民工通过从经济层面、社会层面到心理层面三个依次递进的层次上逐渐适应城市社会,最终成为真正的城市市民,但每个适应阶段都对其自身的素质有很高的要求,因此人力资本对农民非农就业职业适应能力具有显著的促进作用。

人力资本能提高农民职业技能适应能力。从人力资本投资角度看,首先,健康投资能形成农村劳动者的良好体魄和生理机能,为其从事非农就业打下良好的基础,其次,教育投资使得农村劳动者掌握了一定的知识文化基础,使其自身心智模式和学习能力得以提高,为其进一步学习掌握新岗位技能创造了良好的条件。最后,培训投资能直接提升农村劳动者的生产技能,特别是针对非农就业的专业培训,使农民在未迁移之前就能掌握一定的非农岗位职业技能,这无疑极大地增强了农民非农职业技能适应能力。

人力资本也能促进农民职业心理适应能力的提高。前已论述,人力资本不仅具有生产功能和资源配置功能,而且对改善人的心理素质和心智模式状态也具有显著作用。大量的理论与实证研究证明,教育和培训能极大地提高农民工的认知能力,激发个体的学习能力和创新精神,这让那些具有较高人力资本水平(知识文化、经验阅历)的农民工更具有完善的人格,比如在个性上更趋于自信豁达,更乐于接受新事物和新挑战,交往动机与能力更强,人际关系处理和聚集社会资本的能力更强,因此其对自身角色转化和环境变化的适应能力也更强。

3.2.2.4 人力资本与非农就业收益能力

收益极大化既是市场经济下行为主体理性决策的目标,也是衡量其自身市场竞争能力的重要标志。在劳动力市场,表面层次上劳动者的收益能力体现为劳动者获取高工资收入的能力,而深层次则反映为劳动者的劳动生产率水平和竞争能力。农民在非农就业过程中能否获取较高的收益水平将不仅影响到其非农劳动供给决策过程,也直接体现了其在非农就业市场的生存和竞争能力。

人力资本对提高农民非农就业收益能力同样具有重要作用：其一，人力资本影响农民非农就业决策和岗位筛选能力，进而能提高其预期收益能力。考虑到人力资本对决策能力的影响，农民在进行迁移决策时，将把人力资本因素纳入其预期函数，从人力资本投资收益角度评估迁移预期收益和迁移成本，特别是在预期收益能力上。一般而言，拥有较高人力资本水平的迁移者比较低人力资本水平的迁移者往往更具有较高收入预期的定位，因而在非农就业形式和岗位选择上将体现这种预期差异（在后面我们将论及农民迁移决策中的人力资本因素差异将对现有非农就业模型提出理论创新的要求）。其二，人力资本也能帮助农民获得相对高收益的非农就业岗位。近年来，随着面向农民工的劳动用工制度、相关就业市场体制建设和劳动法规管理政策等外部制度环境条件日臻改善，农民工就业市场正逐步转向正规。在此背景下，拥有高水平人力资本的农民将更具有就业竞争力，更有能力搜寻、获得与其自身能力相适应的非农就业岗位，获取趋于"人力资本定价"的工资水平。其三，人力资本也能提高农民非农就业中的主动流动能力。一般而言，劳动者的就业流动按其性质可分为两种类型：一种是被动流动，即劳动者主体因自身劳动能力差、竞争力不够而被用人单位解雇和淘汰，被迫实施就业流动；另一种是主动流动，即劳动者主体为了追求更高的目标收益而主动放弃原有的工作机会，如主动辞职、跳槽等现象。劳动者的被动流动与主动流动之分，实质上折射了其主体蕴涵的人力资本水平差异及由此带来的在劳动力市场上竞争能力的差异。一般而言，人力资本水平越高，劳动者竞争能力越强，越倾向于追求较高的预期收益而主动流动；反之，人力资本水平越低，个人劳动生产率也越低，相应的就业竞争能力也较弱，越容易被市场淘汰而偏向于被动流动。

笔者根据对湖南省邵阳市外出打工农民的抽样调查发现，样本中农民在外务工中就业流动比率与人力资本文化程度之间存在某种U形关系，即人力资本教育水平与技能越高和越低，都会导致农民工的工作变换频率的增加，但对于工作变换的原因则各有不同，年轻的有技术、有文化的农民工选择"认为工作劳动条件不好、待遇太低""与期望值差距太大""自己主动辞职"的比例较高，而岁数偏大、文化程度较低以及缺乏技术的农民工往往选择"自己觉得这个工作干不来""自己岁数偏大""文化程度低""单位对我不满意""因各种原因被单位辞退"的比例较高。可见，人力资本能够提高农民非农就业中为获取更高预期收益而实施主动流动的能力。

4 欠发达地区农村劳动力非农就业现状与特征分析

欠发达地区人多地少,农村剩余劳动力众多。改革开放以来,随着国家及欠发达地区政府对农村劳动力非农就业政策的不断调整,欠发达地区农村劳动力非农就业在不同时期表现出不同的特点,呈现出不同的历史发展阶段。深刻认识欠发达地区农村劳动力非农就业发展历程,切实把握欠发达地区农村劳动力非农就业现状及特征,对于促进欠发达地区农村劳动力非农就业具有十分重要的意义。

4.1 欠发达地区农村劳动力非农就业发展历程

改革开放以前我国长期实施的城乡二元管理体制,尤其是严格的户籍管理制度阻隔了劳动力的城乡之间的流动,完全将农民就业限制在农业和农村,除参与农业生产和社队工业外,农民几乎没有其他的非农就业机会。改革开放后,国家的社会经济形势和体制发生了深刻的变化,伴随着农村和城市经济体制改革、对外开放政策普遍推行、户籍管理制度改革以及其他社会管理制度的改革,欠发达地区和其他地区一样,农村劳动力开始由农村、农业部门向城市、非农业部门转移,并且转移数量日益增加,转移规模日益庞大。总体来看,1978年至今,欠发达地区农村劳动力开始由农业部门向非农业部门转移,大致可分为四个阶段。

4.1.1 农村劳动力非农就业的起步与发展阶段

4.1.1.1 1978—1983年的起步阶段

1978年,人民公社制度的解体和家庭联产承包责任制的实施使得农户重新拥有了生产和经营的自主权,极大地调动了农民的生产积极性,农民具备了自由支配家庭劳动力的权利,但由于此时农民留恋刚刚承包到的土地,因此向非农产业转移和向城镇转移的意识相对弱化。1978—1983年,政府对于农村劳动力资源配置方面的基本态度是鼓励劳动力在农村内部的流动,但并不鼓励农村劳动力在农村与城镇之间的流动,国家的社会管理制度没有进行改革,依然沿袭城乡二元管理体制。国家为了避免农民大量流入城市而给城市带来巨大的压力,对农村劳动力到城镇就业进行严格管理,采取了"离土不离乡"的政策,即允许农民进入非农行业就业,国家鼓励乡镇和村举办集体企业,推进乡村工业和城市化,但却不允许农民离开家乡而流入大城市。与此同时,这一时期由于农产品价格大幅度提高,农民出于经济利益的考虑,不具备较强的转移动机。因此,这一时期属于大规模转移前的准备阶段,农村虽有一部分剩余劳动力,但其流动量不大,转移比较缓慢。但是,由于家庭联产承包制的实行,农业劳动生产率得到了很大提高,农民就业不充分的问题充分显现了出来,在农村经济体制改革背景下农村劳动力非农就业也就成为一种必然。

4.1.1.2 1984—1988年的发展阶段

1984—1988年,党和政府在对待农村乡镇企业吸纳劳动力就业方面,加大了政策扶持力度,乡镇企业得到了迅猛发展。1986年,中共中央、国务院出台的《关于国营企业招用工人的暂行规定》规定企业招用工人,符合报考条件的城镇待业人员和国家允许从农村招用的人员,均可报名。1988年,中共中央、国务院出台的《关于加强贫困地区劳动力资源开发工作的通知》允许组织劳动力跨地区劳动,采用多种形式开拓劳动力市场。20世纪80年代后期,国家逐步开始了就业、住房分配和医疗等相关制度改革。国家这些政策的实施和制度的改革有力地促进了农村劳动力的非农就业。此外,在这一时期,乡镇企业得到了迅猛发展,成为吸纳农村劳动力非农就业的主渠道。以欠发达地区——湘西南区域为例,据相关统计信息,1983年,湘西南区域乡镇企业共吸收农村剩余劳动力40多万人,与1978年相比净增5万多人,增长11.1%。

乡镇企业、城镇非正规部门和各类非公有制企业的发展为农村劳动力进入非农产业就业提供了广阔的空间。乡镇企业的出现使得农村劳动力可以实现"离土不离乡、进厂不进城"式的就地转移,从而开创了具有我国特色的农村劳动力转移模式。随着城市改革的深入,城市中形成了多种所有制和多种经营方式并存的经济格局,个体经济、私营经济和外资经济等非公有制经济的发展壮大,为农村劳动力进入非农产业就业提供了需求,成为吸收农村劳动力的重要途径。大量的农村剩余劳动力潮涌般地流向城市，农民"离土又离乡"，使我国的农民工现象越来越突出。据相关统计信息显示，1985—1988年，湘西南区域劳动力转移就业规模不断扩大，外出就业人数从1985年的25.1万人增至1988年的38.9万人，增长率从1986年的12.5%增至1988年的18.6%（见表4.1）。

表4.1　　　　1985—1988年湘西南区域乡镇企业就业和外出就业人数及其增长率

年份	乡镇企业就业人数 人数（万人）	增长率（%）	农村劳动力外出就业人数 人数（万人）	增长率（%）	农村劳动力非农就业人数 人数（万人）	增长率（%）
1985	42.3	—	25.1	—	67.4	—
1986	47.6	12.7	28.2	12.5	75.8	13.3
1987	52.9	11.1	32.8	16.3	85.7	11.5
1988	57.4	8.5	38.9	18.6	96.3	9.8

资料来源：根据1986—1989年《邵阳市统计年鉴》《怀化市统计年鉴》《永州市统计年鉴》整理得出

4.1.2　农村劳动力非农就业的三年徘徊期

1988年全国出现了比较严重的通货膨胀和经济过热，物价上涨，财政信贷失控，社会供求总量失衡，经济秩序比较混乱。因此，为了控制日趋严重的通货膨胀，1989—1991年，国家采取了一系列的调控措施，实行了全面治理整顿，采取了大力压缩银行贷款和固定资产投资规模等措施。在大环境的影响下，国家对乡镇企业的政策有所改变，原本宽松的环境开始变得收紧，国家提出乡镇企业要根据国家的宏观要求和市场需要，在治理整顿期间适当降低发展速度，乡镇企业的发展由此也进入了低谷。乡镇企业数量明显下降，以湘西南区域为例，统计资料表明，仅1989年就关闭了100多家乡镇企业。相应地，乡镇企业吸纳农村劳动力的能力明显下降。1989年，湘西南区域乡镇企业就业人数为55.3万人，比1988年锐减了2.1万人，到了1990年减少到53.9万人，1989年就业增长率为-3.6%，1990年就业增长率为-2.5%。就业机会的减少，使农村劳动力转移受到很大冲击，农村非农就业的增长基本上处于停滞状态，导致一部分农民又回到第一产业，仅1989年就有将近1万农民工回到农村。（见表4.2）。

表 4.2　　　　1989—1991 年湘西南区域乡镇企业就业
和外出就业人数及其增长率

年份	乡镇企业就业人数 人数（万人）	乡镇企业就业人数 增长率（%）	农村劳动力外出就业人数 人数（万人）	农村劳动力外出就业人数 增长率（%）	农村劳动力非农就业人数 人数（万人）	农村劳动力非农就业人数 增长率（%）
1989	55.3	-3.6	43.1	10.8	98.4	2.1
1990	53.9	-2.5	46.3	7.4	100.2	1.8
1991	55.1	2.3	48.2	4.1	103.3	3.1

资料来源：根据 1990—1992 年《邵阳市统计年鉴》《怀化市统计年鉴》《永州市统计年鉴》整理得出

同时，政府加强了对农村劳动力盲目流动的管理，采取就地转移政策，加强了对进城务工劳动力的严格管理，防止出现大批农村劳动力进城务工的局面，严格控制"农转非"的过快增长，导致农村劳动力转移陷入低潮。除了以上原因之外，农村劳动力转移就业速度放缓的一个重要原因是 20 世纪 80 年代后期乡镇企业技术进步加快，资本密集程度迅速提高，使得对劳动力的吸纳能力减弱。

4.1.3　农村劳动力非农就业的大发展时期

1992—1998 年，农村劳动力转移就业进入大发展时期。从 1991 年下半年开始，我国经济进入高速增长的新阶段，经济增长最慢的年份经济增速也在 7% 以上，乡镇企业和第三产业的快速发展，为农村剩余劳动力提供了许多就业机会。期间，国家接连出台政策大力支持发展乡镇企业和民营经济，鼓励农村劳动力向非农产业和城镇转移，放宽了对农村剩余劳动力进城的规定。1991 年 1 月，劳动部、农业部和国务院发展研究中心提出了实行统筹城乡就业管理。1991 年 11 月 29 日，中共中央《关于进一步加强农业和农村工作的决定》强调积极发展乡镇企业是繁荣农村经济、增加农民收入、促进农业现代化和国民经济发展的必由之路。1992 年，我国确立了建立社会主义市场经济体制的目标，改革推进、发展加快，使我国农村劳动力进入到了一个全方位大规模转移的阶段。1993 年，党的十四届三中全会通过的《中共中央关于建立社会主义市场经济体制若干问题的决定》中，明确指出要建立劳动力市场。根据这个精神，劳动部提出要在"九五"期末基本形成现代劳动力市场的雏形，消除城乡劳动力的身份差别。在这一阶段，农村劳动力转移的主要特征是劳动力转移增速快、进城农民规模大，形成了一个持续发展的跨省流动的"民工潮"，创造了"离土又离乡"的就业模式。1997年5月，《小城镇户籍管理制度改革试点方案》出台，劳动力作为生产要素在市场调节下表现得更为活跃，人口流动的浪潮变得势不可挡，欠发达地区农村劳动力非农就业呈现出蓬勃的发展势头，非农就业人数不断增加，非农就业率不断提高（见表4.3）。

表4.3　　　　1992—1998年湘西南区域乡镇企业就业
和外出就业人数及其增长率

年份	乡镇企业就业人数 人数（万人）	乡镇企业就业人数 增长率（%）	农村劳动力外出就业人数 人数（万人）	农村劳动力外出就业人数 增长率（%）	农村劳动力非农就业人数 人数（万人）	农村劳动力非农就业人数 增长率（%）
1992	59.3	7.6	51.3	6.5	110.6	7.1
1993	64.4	8.6	55.6	8.4	120.0	8.4
1994	69.7	8.3	60.7	9.2	130.4	8.7
1995	76.2	9.4	66.9	10.3	143.1	10.2
1996	84.0	10.2	74.5	11.3	158.5	10.8
1997	91.2	8.6	81.3	9.1	172.5	8.8
1998	101.0	10.8	91.3	12.3	192.3	11.7

资料来源：根据1993—1999年《邵阳市统计年鉴》《怀化市统计年鉴》《永州市统计年鉴》整理得出

4.1.4　农村劳动力非农就业全面有序发展的新阶段

1999年至今，中央政府高度重视农村劳动力非农就业问题，强调为农村劳动力就业提供公平机会，多渠道促进农民在非农行业就业，使我国农村劳动力转移就业进入全面有序发展的新阶段。在这一时期，国家制定各项政策、法律、法规，着重进行了体制改革和制度创新，逐步取消了针对农民工的进城限制和不合理收费，城乡二元社会管理制度的放松为农村劳动力非农就业创造了宽松的社会环境，为农村劳动力转移创造了前提条件。2002年，中央对农村劳动力进城务工提出了"公平对待，合理引导，完善管理，搞好服务"的十六字方针，要求各地区、各有关部门按照这一方针，为农民进城务工创造有利条件。2003年1月，国务院出台了《关于做好农民进城务工就业管理和服务工作的通知》，要求取消限制农民进城就业的不合理政策和收费项目，健全企业劳动用工管理,打击克扣拖欠农民工工资等严重违法行为,同时要求切实解决好农民工子女就学等问题。2003年9月,为提高农民工素质和就业能力,进一步促进农村劳动力向非农产业和城镇转移,国务院办公厅转发《2003—2010全国农民工培训规划》,提出几年内对拟向非农产业和城镇转移的6 000万农村劳动力开展转移就业前的引导性培训,对其中的3 500万人开展职业技能培训,对已进入非农产业就业的2.5亿农民工进行岗位培训的目标。党中央在2003年下发的《中共中央关于完善社会主义市场经济体制若干问题的决定》中指出:改善农村富余劳动力转移的就业环境;农村富余劳动力在城乡之间双向流动就业,是增加农民收入和推进城镇化的重要途径;建立健全农村劳动力的培训机制,推进乡镇企业改革和调整,大力发展县域经济,积极拓展农村就业空间,取消对农民进城就业的限制性规定,为农民创造更多的就业机会。近几年的中央"一号文件"明确强调"加快农村劳动力转移,促进公平就业"。由此看出,相关政府部门已由原来的严格控制逐渐转变为积极促进与合理疏导。在这一大背景下,欠发达地区农村劳动力转移也进入到了规范、有序的发展新阶段,农村劳动力非农就业继续保持较好的发展势头(见表4.4)。

表4.4　　　1999—2015年湘西南区域乡镇企业就业
和外出就业人数及其增长率

年份	乡镇企业就业人数 人数（万人）	乡镇企业就业人数 增长率（%）	农村劳动力外出就业人数 人数（万人）	农村劳动力外出就业人数 增长率（%）	农村劳动力非农就业人数 人数（万人）	农村劳动力非农就业人数 增长率（%）
1999	104.3	3.2	97.1	6.3	201.4	4.7
2000	106.5	2.1	104.6	7.8	211.1	4.8
2001	109.3	2.6	113.6	8.6	222.9	5.6
2002	111.6	2.1	119.5	5.2	231.1	3.7
2003	110.2	-1.2	127.5	6.7	237.7	2.9
2004	111.4	1.1	138.8	8.9	250.2	5.3
2005	113.1	1.5	151.4	9.1	264.5	5.7
2006	115.5	2.1	166.8	10.2	282.3	6.7
2007	118.1	2.2	182.8	9.6	300.9	6.6
2008	121.9	3.2	197.6	8.1	319.5	6.2
2009	125.1	2.6	215.9	9.3	341.0	6.7
2010	128.9	3.1	233.6	8.2	362.5	6.3
2011	130.5	1.3	253.6	8.6	384.1	6.0

表4.4(续)

年份	乡镇企业就业人数		农村劳动力外出就业人数		农村劳动力非农就业人数	
	人数（万人）	增长率（%）	人数（万人）	增长率（%）	人数（万人）	增长率（%）
2012	132.5	1.5	273.3	7.8	405.8	5.6
2013	135.3	2.1	299.8	9.7	435.1	7.2
2014	138.4	2.3	324.3	8.2	462.7	6.3
2015	142.0	2.6	351.2	8.3	493.2	6.6

资料来源：根据2000—2016年《邵阳市统计年鉴》《怀化市统计年鉴》《永州市统计年鉴》整理得出

4.2 欠发达地区农村劳动力非农就业现状

如前所述，本书所研究的欠发达地区覆盖范围是指湘西南区域，主要包括湖南省邵阳市（辖8县1市3区）、怀化市（辖10县1市1区）和永州市（辖9县2区），面积约7万平方千米，人口1 900余万人，其中农村人口1 300余万人，农村劳动力700余万人。

4.2.1 湘西南区域农村劳动力资源情况

4.2.1.1 农村劳动力区域分布情况

据统计，截至2015年年底，湘西南区域共有农村劳动力708.5万人，其中邵阳地区296.5万人，怀化地区201.6万人，永州地区210.4万人。

4.2.1.2 农村劳动力年龄、性别构成情况

近年来，随着国家对人口政策的不断调整，湘西南区域农村劳动力年龄、性别构成日趋合理，结构不断改善。据统计，截至2015年年底，湘西南区域共有农村劳动力708.5万人，其中男性劳动力375.5万人，约占53%，女性劳动力333万人，约占47%。农村劳动力资源中，16~20岁年龄阶段的有81.5万人，占11.5%；21~30岁年龄阶段的有150.9万人，占21.3%；31~40岁年龄阶段的劳动力有196.9万人，占27.8%；41~50岁年龄阶段的有163.4万人，占23.1%；51岁以上年龄阶段的劳动力有115.8万人，占16.3%（见图4.1）。

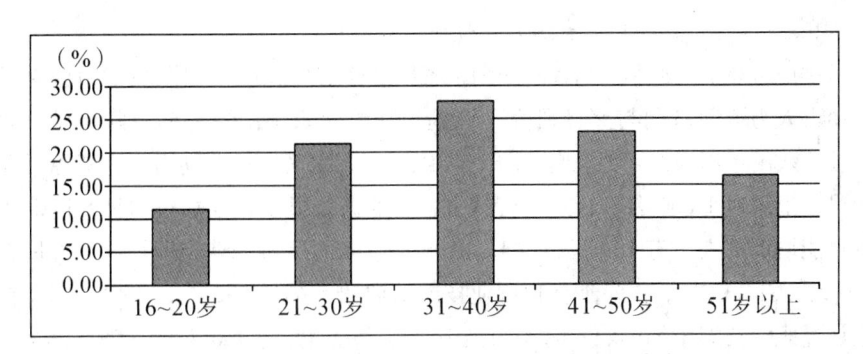

图 4.1 2015 年湘西南区域农村劳动力年龄构成

4.2.1.3 农村劳动力受教育程度情况

近年来,随着国家对农村基础教育投入力度的不断加强,湘西南区域农村劳动力文化素质不断提高,受教育年限不断延长。统计资料表明,2010—2015年,湘西南区域农村劳动力平均受教育年限由 7.6 年提高到 10.2 年,受教育年限年均增长 6.1%。2015 年,湘西南区域农村劳动力资源中,文盲有 10.6万人,占 1.5%,比 2010 年下降 2.8 个百分点;小学文化程度有 167.2 万人,占 23.6%,比 2010 年下降 7 个百分点;初中文化程度有 418.9 万人,占59.1%,比 2010 年提高 6 个百分点;高中文化程度有 100.6 万人,占 14.2%,比 2010 年提高 3 个百分点;大专及以上文化程度有 11.3 万人,占 1.6%,比2010 年提高 0.8 个百分点(见图 4.2)。尽管如此,湘西南区域农村劳动力整体受教育程度依然偏低。以 2015 年的统计调查数据为例,2015 年,湘西南农村劳动力平均受教育年限比同期的湖南省农村劳动力平均受教育年限短 1.2年,初中以下学历人数占比高于湖南省同期平均水平 4.5 个百分点,而高中及以上学历人数占比则低于湖南省同期平均水平 3.5 个百分点,总体来看,湘西南区域农村劳动力受教育程度仍然偏低。

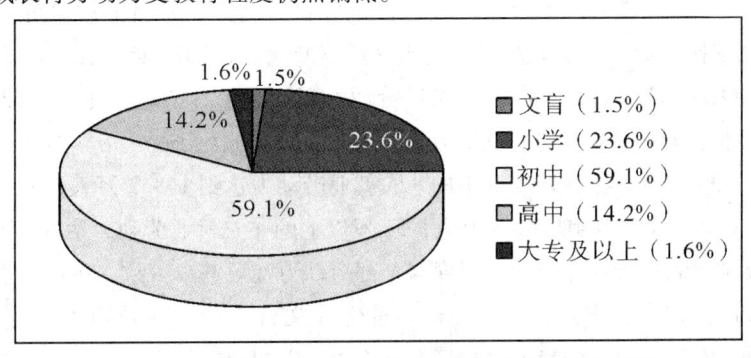

图 4.2 2015 年湘西南区域农村劳动力文化程度情况图

4.2.1.4 农村劳动力参加职业技能培训情况

2015年6月~8月，笔者随同湖南省区域经济研究中心"欠发达地区农村劳动力人力资源机制与路径研究"课题组成员深入湖南省邵阳市隆回县、洞口县、武冈市以及绥宁县等地调研，详细了解该地区农村劳动力人力资源开发状况。根据对1 256名农村适龄劳动力进行的调查显示，参加过两种及以上职业技能培训的人员有188人，占15.0%，只参加过一种职业技能培训的人员有376人，占29.9%，没参加任何职业技能培训的人员有692人，占55.1%。在参加过职业技能培训的农村劳动力当中，男性劳动力为406人，占72%，女性劳动力为158人，占28%。由此看来，湘西南区域农村劳动力整体参加职业技能培训比例偏低，特别是女性劳动力参加职业技能培训比例更低，只有28%，这比同期湖南省农村女性劳动力参加职业技能培训的比例低6.8个百分点。

4.2.1.5 农村劳动力非农就业总量及构成

湘西南区域非农就业农村劳动力由两部分构成：一部分为农村非农就业劳动力。农村非农就业劳动力是农村就业人员的一部分，一般是在乡镇地域范围内从事工业、建筑业、交通运输业、仓储邮电通信业、批发贸易以及餐饮业等非农行业的就业人员。另一部分为外出务工的农村劳动力。外出务工的农村劳动力是指农村住户户籍就业人员（不包括全家外出的）中，到本乡镇行政管辖区域以外从事非农职业3个月及以上的人员。为了便于比较分析，通常将各类行业划归为三大产业，形成国民经济统计中的三次产业划分。第一产业是指农、林、牧、渔业；第二产业是指工业（采矿业，制造业，电力、燃气以及水的生产和供应业）和建筑业；第三产业是指除第一产业、第二产业以外的其他行业，主要包括交通运输、仓储和邮政业，信息传输、计算机服务和软件业，批发和零售业，住宿和餐饮业，金融业，房地产业，租赁和商务服务业等行业。

近几年来，随着国家及地方政府促进农村劳动力非农就业政策的不断推出，湘西南区域农村劳动力非农就业总量不断增加，2010年农村劳动力非农就业总量为362.5万人，占当年农村劳动力资源总量（672万人）的53.9%，2015年非农就业总量达到493.2万人，5年增加130.7万人，年均增加6.35%（见图4.3）。2015年，15~30岁的非农就业劳动力达到148.2万人，31~50岁的非农就业劳动力达到186.5万人，51岁以上的非农就业劳动力达到158.5万人。农村就业人员各种受教育程度与全部劳动力资源基本一致，所占比重从高到低依次为初中、小学、高中、未上过学（文盲）和大专及以上。近年来，非农就业农村劳动力的受教育程度变化不大，以初中文化程度为主，比例一直徘徊在59%左右，文盲及半文盲的比例在2010年为4.3%，在2015年为1.5%，小学文化程度的比例在13%左右，高中及以上文化程度的非农就业劳动力有所增加，从2010年的12%增加到2015年的15.8%。

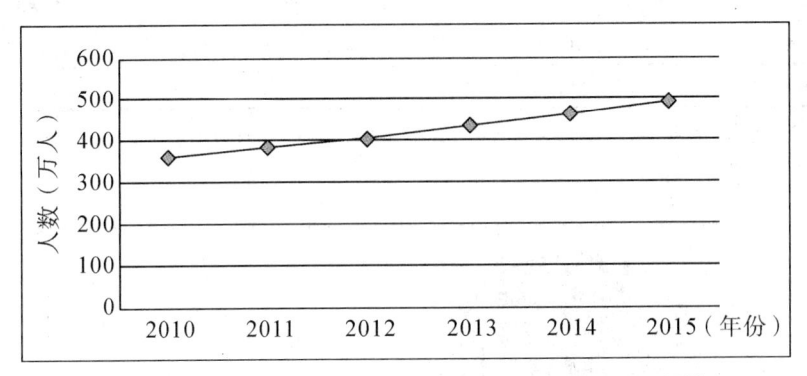

图4.3 2010—2015年湘西南区域农村劳动力非农就业总量情况

4.2.1.6 农村劳动力非农就业情况

从表4.5的统计数据中可以看出，2010—2015年从事第一产业的农村劳动力逐年下降，从2010年的357.5万人下降到2015年的204.8万人，下降了42.7%，而从事非农行业的农村劳动力逐年递增，从2010年的362.5万人增加到2015年的493.2万人，增长了36.1%。从农村劳动力非农就业行业分布来看，主要分布在工业、建筑业、交通仓储邮政业、信息业、批发零售业、住宿和餐饮业等。5年间，工业就业人数增加了50.8万人，增加了70.1%；建筑业就业人数增加了26.7万人，增加了32.6%；交通仓储邮政业就业人数增加了24.5万人，增加了45%；信息业就业人数增加了8.6万人，增加了53.4%；批发零售业就业人数增加了20.9万人，增加了36%；住宿和餐饮业就业人数增加了2.5万人，增加了4%。工业就业人数增幅最大，其次是信息业，再次是交通仓储邮政业、批发零售业、建筑业、住宿和餐饮业。图4.4反映了2015年湘西南区域农村劳动力非农就业产业分布情况。

表4.5 2010—2015年湘西南农村劳动力非农就业产业分布情况

单位：万人

年份	农业	工业	建筑业	交通仓储邮政业	信息业	批发零售业	住宿和餐饮业	其他非农行业	非农就业总量
2010	357.5	72.5	81.8	54.4	16.1	58.0	61.6	18.1	362.5
2011	336.2	76.8	84.5	57.6	18.2	62.5	65.3	19.2	384.1
2012	301.2	81.2	89.3	60.9	16.2	64.9	69.0	24.3	405.8

表4.5(续)

年份	农业	工业	建筑业	交通仓储邮政业	信息业	批发零售业	住宿和餐饮业	其他非农行业	非农就业总量
2013	276.3	87.0	95.7	65.3	17.4	69.6	74.0	26.1	435.1
2014	236.5	92.5	101.8	69.4	18.5	74.0	18.7	27.8	462.7
2015	204.8	123.3	108.5	78.9	24.7	78.9	64.1	14.8	493.2

资料来源：根据2011—2016年《邵阳市统计年鉴》《怀化市统计年鉴》《永州市统计年鉴》整理得出

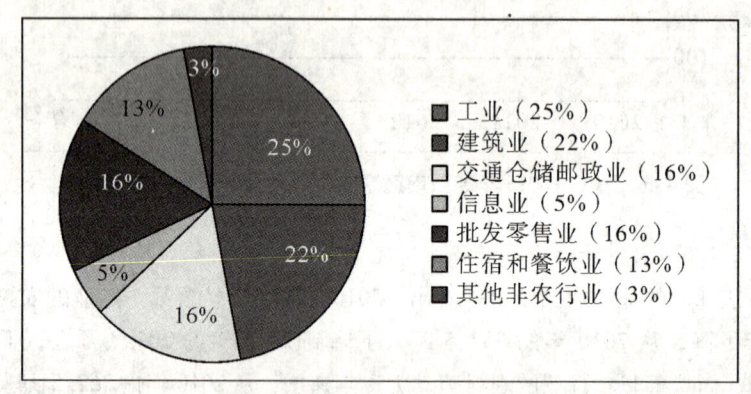

图4.4　2015年湘西南区域农村劳动力非农就业产业分布情况

4.2.2　湘西南区域农村劳动力外出就业情况

4.2.2.1　外出就业人员特征

2010年，湘西南区域农村外出就业劳动力233.6万人。其中，男性劳动力159.1万人，占68.1%；女性劳动力74.5万人，占31.9%。外出就业劳动力中，20岁以下的劳动力占17.5%；21~30岁的劳动力占39.6%；31~40岁的劳动力占23.7%；41~50岁的劳动力占12.6%；51岁以上的劳动力占6.6%。外出就业劳动力中，文盲占0.3%；小学文化程度的劳动力占22.2%；初中文化程度的劳动力占70.3%；高中及以上文化程度的劳动力占7.2%。2012年，湘西南区域外出务工劳动力中，具有初中文化程度的农村转移劳动力占71.2%，具有高中及以上文化程度的农村转移劳动力占13.3%，外出就业劳动力中接受过专业技能培训的占20.3%，比2011年提高1.6百分点。2015年抽样调查结果表明，外出就业的农村劳动力中男性劳动力比重为53.3%，女性劳动力比重为46.7%；20岁以下的劳动力占15.6%；21~30岁的劳动力占40.3%；31~40岁的劳动力占24.2%；41~50岁的劳动力占11.6%；51岁以上的劳动力占 8.3%。就文化程度而言，外出农村劳动力中，文盲占 0.1%；小学文化程度的劳动力占 14.2%；初中文化程度的劳动力占 75.6%；高中及以上文化程度的劳动力占 10.2%。通过以上数据可知，女性外出劳动力比重有所上升，2015 年与 2010 年相比上升了 14.8%；外出劳动力中以中青年为主，21~40 岁的劳动力占 64.5%；外出劳动力文化程度有所提高，文盲占比下降了 0.2%，小学文化程度占比下降了 8%，初中文化程度占比上升了 5.3%，高中及以上文化程度上升了 3.0%。总体而言，外出劳动力的文化程度仍然偏低。

4.2.2.2　非农就业的地域分布

从农村劳动力非农就业的地域范围看，可分为本村、村外乡内、县内乡外、县外省内、省外国内和境外。就湘西南区域而言，农村外出就业劳动力主要集中在省内，省内转移就业成农民首选。2010 年，以上区域构成占比分别为 25.76%、13.38%、14.80%、17.73%、28.27% 和 0.06%。省内转移占 71.67%，其中在村内非农就业所占比重最高，这与农民的兼业特征密切相关。2015 年，在湖南省外出就业劳动力中，在县内乡外就业的劳动力占 19.3%；在县外市（地区）内就业的劳动力占 26.6%；在市（地区）外省内就业的劳动力占 24.2%；外出劳动力在省内就业的比例为 70.1%；而去省外就业的劳动力占比为 29.9%，比重较低，比全国平均水平（48.7%）低 18.8 个百分点。统计资料表明，2010—2015 年，湘西南区域农民输出地集中在珠三角地区和长三角地区，占省外转移总量的 80% 以上。2015 年年底，省内转移就业 252.9 万人，比 2014 年增长 4.6%，其中县内转移人数 107.5 万人，占转移总数的 42.5%。省外国内转移就业 98.5 万人，同比增长 1.6%。

2016 年 6 月~8 月，笔者对邵阳市隆回县金石桥镇、小沙江镇，洞口县石江镇、竹市镇、黄桥镇等乡镇 680 户 1 319 名非农就业劳动力进行了调研。调研结果表明：在村内非农就业的有 99 名，在村外乡内非农就业的有 174 名，在县内乡外非农就业的有 321 名，在省内县外非农就业的有 460 名，在省外非农就业的有 263 名，在国外非农就业的有 2 名，各自所占比重如图 4.5 所示。结果表明村内和村外乡内非农就业比例偏少，其主要原因是湘西南区域村办、乡办企业数量非常少，乡镇企业不发达，所以大多数农村劳动力非农就业的区域选择了省内县外，或者就近选择一些季节性的临时工来做。

4.2.2.3　非农就业时间

据统计，2012 年年末，湘西南区域转移就业农村劳动力数量为 273.3 万人，占农村劳动力总量的 49.6%。其中，常年转移就业的农村劳动力数量为 105.5 万人，占转移就业总数的 38.6%，比 2011 年增长 9.2%。2015 年年末，

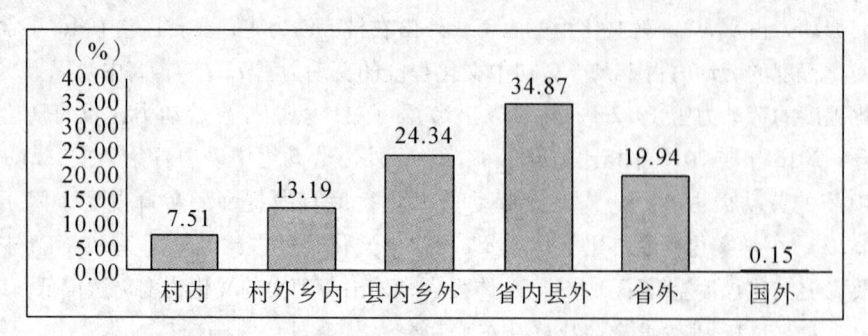

图 4.5 湘西南区域农村劳动力非农就业的地域构成

湘西南区域转移就业农村劳动力数量为351.2万人,其中常年转移的农村劳动力数量为137.7万人,所占比重为39.2%,同比增长3.5%;务工3个月至半年的农村劳动力数量为88.9万人,所占比重为25.3%,同比增长8.6%。从统计数据及调研数据来看,湘西南区域农村劳动力非农就业数量呈递增趋势,虽然常年转移就业的劳动力数量及比重有了显著增长,但务工时间在半年以内的短期务工的比例还比较高。

4.2.2.4 非农就业收入情况

目前,湘西南区域农村外出务工劳动力实现的劳务收入稳步增加,据统计,2010年湘西南区域劳务收入约为300亿元,2015年约为500亿元,2015年相对于2010年,劳务收入绝对增加约200亿元,增长幅度达66.67%。表4.6较详细地反映了2010—2015年湘西南区域农民家庭收入构成及其变动情况。

表4.6 2010—2015年湘西南区域农民家庭收入构成及其变动情况

年份	人均纯收入	工资性收入 数值(元)	工资性收入 比重(%)	家庭经营收入 数值(元)	家庭经营收入 比重(%)	农业收入 数值(元)	农业收入 比重(%)	非农经营收入 数值(元)	非农经营收入 比重(%)
2010	3 980	728	18.3	2 675	67.2	2 320	58.3	354	8.9
2011	4 616	951	20.6	3 065	66.4	2 608	56.5	457	9.9
2012	5 355	1 173	21.9	3 470	64.8	2 935	54.8	536	10.0
2013	6 212	1 373	22.1	3 889	62.6	3 255	52.4	634	10.2
2014	7 201	1 678	23.3	4 486	62.3	3 644	50.6	843	11.7
2015	8 612	2 119	24.6	5 271	61.2	4 237	49.2	1 033	12.0

资料来源:根据2011—2016年《邵阳市统计年鉴》《怀化市统计年鉴》《永州市统计年鉴》整理得出。

从表 4.6 可以看出，2010—2015 年，湘西南区域农民人均纯收入不断增加，由 2010 年的 3 980 元增加到 2015 年的 8 612 元，5 年间增加了 4 632 元，年均增长约 16%；人均工资比重不断增加，由 2010 年的 18.3%提高到 2015 年的 24.6%，5 年间提高了 6.3 个百分点；非农经营收入稳步提升，由 2010 年的 354 元提高到 2015 年的 1 033 元，年均增长约 23%，非农经营收入占家庭经营收入比重逐年提高，由 2010 年的 8.9%提高到 2015 年的 12.0%。

同样，由表 4.6 得知，近年来，湘西南区域农民家庭收入确实有了较大的增长，工资性收入和非农经营收入也有了一些增加，但湘西南区域农村居民工资性收入占农村居民人均纯收入的比重明显低于全国平均水平，如图 4.6 所示。2010 年，全国农村居民工资性收入为 2 431.1 元，占全国农村居民人均纯收入的 41.10%，比湘西南区域高 22.8 个百分点；北京农村居民人均工资性收入为 8 229.2 元，占农村居民人均纯收入的 62.1%，比湘西南区域高 43.8 个百分点；上海农村居民工资性收入为 9 605.7 元，占上海农村居民人均纯收入的 68.7%，比湘西南区域高 50.4 个百分点；湖南省农村居民人均工资性收入为 5 500 元，占农村居民人均纯收入的 39.6%，比湘西南区域高 21.3 个百分点。

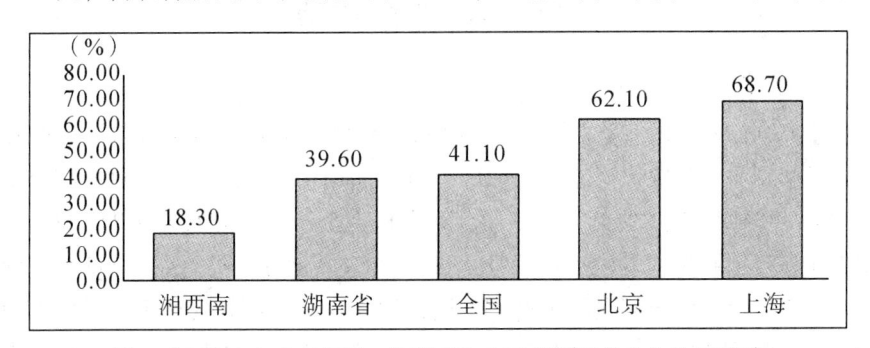

图 4.6 2010 年农村居民工资性收入占农村居民纯收入比重情况

4.2.2.5 非农就业途径

目前，农村劳动力在产业间和区域间的转移主要有三种途径：一是通过政府机构的组织方式实现有序转移。二是通过亲朋好友方式实现连锁转移。对于初次外出就业的农村劳动力来说，亲朋好友的指引、介绍与帮助不仅为其提供了较为丰富的就业信息，提高了其就业的概率，同时还降低了其远离他乡所产生的心理成本。三是通过自发形式实现诱致性转移。这种转移是在外部利益的驱动下而非在政府机构的引导和亲朋好友的"传、帮、带"下发生的。

笔者对 520 名农村劳动力非农就业的途径进行了调查，结果表明，目前湘西南区域农村劳动力通过政府组织和培训机构有组织外出的比例偏低,比重为 21.1%;以亲缘、地缘为联系纽带的迁移链效应明显,亲朋好友推荐成为农民工实现就业的首选途径,比重为 63.2%;通过中介组织实现非农就业的比重为 6.3%;农民对于企业通过媒体刊登招工广告、张贴招工广告、举行招聘会等招工形式不太认可和信赖,因此在调查中发现农村劳动力通过这些形式找到工作的比例不高,合计仅占比 6.8%;农民通过其他途径找到工作的比重为 2.6%(见图 4.7)。

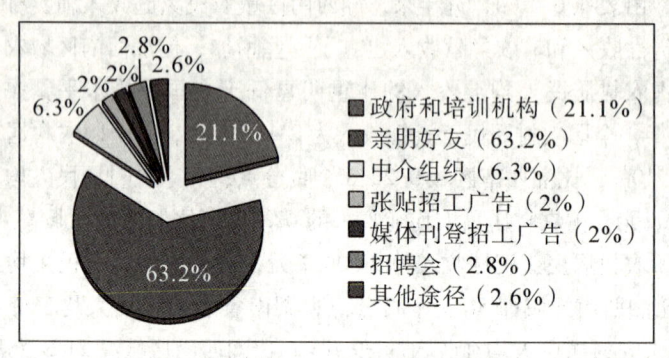

图 4.7 受访者非农就业途径分布

4.2.2.6 创业情况

据调查,湘西南区域农民参与创业的积极性较前几年有了很大程度的提高,参与创业人数增长较快。以邵阳市为例,邵阳市农民工创业统计监测季报表 2014 年第四季度数据显示,邵阳市共有从事个体经营的农户 9.2 万户,全市农民参与创业人数 2 500 人,同比增长 42.1%,创办各类企业 3 245 个,创办资产 50 万元以下的企业 1 652 个,同比增长 36%,创办资产千万元以上的企业个数同比增加 20%。截至 2015 年第二季度,邵阳市农民参与创办企业人数达 15 264 人,从事个体经营的农户达 10.1 万户,拉动就业 20.3 万人,创建专业合作经济组织 3 200 个,加入专业合作经济组织 28 653 人,创办各类企业 4 500 个,全市农民创业投资总额达 30 亿元,贷款 6 亿元,上缴税金 1 亿元,实现利润 6 亿元。2015 年,邵阳市农民参与创业达 16.2 万人,创办企业 7 000 余个,拉动就业 26.6 万人,比 2014 年增幅超过 30%。

目前,虽然农民创业情况明显好转,但情况不容乐观,毕竟湘西南区域有大量的富余劳动力,2015 年非农就业人数比例仅为 42.6%,自主创业的比例更低。笔者对邵阳市隆回县、洞口县 350 名农村劳动力进行了调查,结果表明,有创业意愿的农村劳动力比例很低,仅占 5.6%。没创业打算的原因主要是担心会赔本、缺乏创业资金、不懂管理以及没有好项目等（见图4.8）。

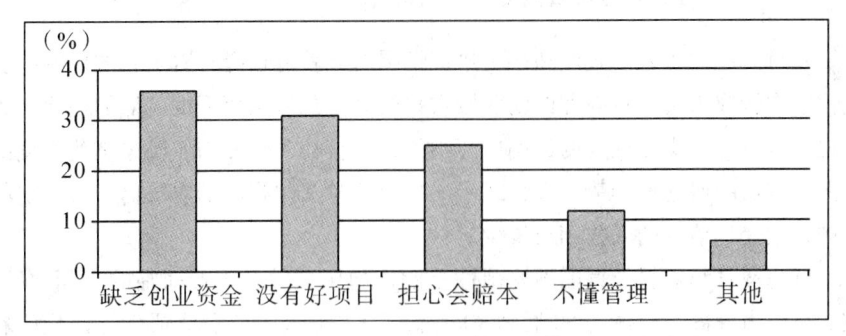

图4.8　农村劳动力没有创业打算的各种原因所占比重

4.3　欠发达地区农村劳动力非农就业特征

4.3.1　非农就业比重不断上升

笔者依据湘西南区域相关县（市）统计年鉴及实际调研发现，近年来，随着人口的增长，湘西南区域农村劳动力人数不断上升，但从事农业的劳动力数量和所占比重持续下降，非农就业的数量和所占比重不断上升。2010年，湘西南区域共有农村劳动力620余万人，其中从事工业、建筑业、交通仓储和邮政业等其他非农行业的人数为220.7万人，非农就业比重为35.6%；2015年，湘西南区域共有农村劳动力708万人，其中非农就业人数为493.2万人，非农就业比重为69.7%，5年间非农就业比重增长了34.1%（见图4.9）。

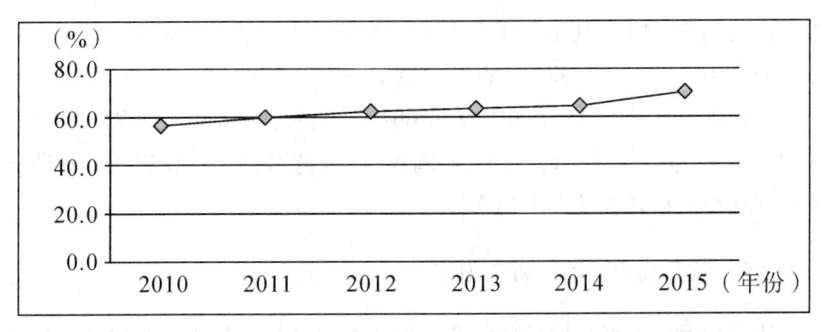

图4.9　2010—2015年湘西南区域农村非农产业劳动力比重变化情况

4.3.2 农村劳动力素质偏低

农村劳动力受教育程度和接受培训情况对其就业选择有着重要的影响。从文化层次构成来看，目前湘西南区域农村劳动力总体文化程度偏低的现状不容乐观，具有初中文化程度的比例居高不下，一直在70%左右，高中文化程度的比例呈现出缓慢递增趋势，文盲或半文盲及小学文化程度的农民仍占有一定的比例，接受过培训的人数相对较少。

城市教育与农村教育的不均衡性是湘西南区域教育事业面临的实际问题。虽然目前占农民工主体的80后和90后新生代农民工在文化素质比上一代的农民工有了较大的提高，但是和同龄的城市青年比较，受教育程度和质量还有明显差别。农民工受教育的机会不多，缺乏接受相关培训的动机，缺少技术专长，影响着农村剩余劳动力素质的提高。受到文化程度和技能水平的限制，农民工择业机会较少，只能选择简单的生产性劳动。从近年来农村劳动力转移的实践看，由于目前劳动力市场的需求正由单纯的体力型向智力型、技能型转变。因此，只有那些具备良好的综合素质和劳动技能的劳动力才会在就业市场上具有竞争力，但目前劳动力的素质偏低已成为制约农民工就业的瓶颈。

4.3.3 外出劳动力以青壮年男性劳动力为主

从湘西南区域农村外出就业劳动力的性别特征来看，男性多于女性。2010年，在农村外出就业的233.1万劳动力中，男劳动力为151.3万人，占65%，比全国平均水平高出4个百分点；女劳动力为81.8万人，占35%，比全国平均水平低4个百分点。湘西南区域农村固定观察点调查数据显示，2015年3个固定观察点外出务工劳动力6 256人，从农村劳动力年龄结构上看，40岁以下人数，占比达81.9%。其中，年龄为16~30岁的劳动力为3 834人，占全部外出劳动力的61.3%；31~40岁的农村劳动力为1 288人，占外出劳动力的20.6%。从性别上看，男性劳动力为4 604人，占外出劳动力的73.6%，女性劳动力为1 652人，占外出劳动力的26.4%。由此可见，青壮年和男性劳动力为湘西南区域农村转移劳动力的主体。

4.3.4 非农就业区域以省内为主

据调查，目前湘西南区域农村劳务输出的半径相对较小，非农就业的地域范围以省内为主，而且县内转移的比重很高。2015年，县内转移劳动力占转移总数的40.3%，可以说湘西南区域农民的外出务工行为是以"离土不离乡"

的"就地转移"模式为主。根据成本收益理论，距离是转移就业决策的一个重要因素，因为较近的迁移距离，转移就业的劳动力所付直接货币成本和来自于背井离乡以及未来的不确定性产生的心理成本相对较低，这样获得的净收益就可能相对较高。对参与本地非农业活动来说，信息（特别是关于就业的信息）更加完备，这大大提高了获得就业机会的概率，从而增加了劳动力转移的预期收入。另外，劳动力可以在参与农村非农业活动的同时兼顾家庭的农业经营，从而降低了转移的机会成本。从湘西南区域农村劳动力转移就业的城镇分布上看，向省会城市、县城及乡镇转移的人数增长较多，向地级市转移的人数增长较少。

4.3.5 非农就业行业以劳动密集型行业为主

农村劳动力非农就业方向主要是第二产业和第三产业，国有单位和集体单位等正规就业部门对求职者的要求相对较高，由于农村劳动力整体文化素质不高，因此他们很难进入这些部门就业。加上城市的失业人口，过剩的农村劳动力也不能够都通过正规就业的方式被充分吸纳，只能以非正规就业的方式从事技术含量较低的体力劳动，集中在工业、建筑业、批发零售业和餐饮业等对劳动文化素质要求不高的劳动密集型产业和服务业。这些行业由于具备经营灵活、成本低、效益高、对劳动力的要求低等特点，成为农村剩余劳动力就业的主渠道。但是，由于种种原因导致这些就业部门用工制度往往不规范，其用工需求受市场供求关系影响较强、稳定性差、不具备完善的社会保障制度，这种非正规的就业方式使农民的切身利益很难得到充分保护。用人单位随意克扣、恶意拖欠农民工工资现象时有发生，生产安全措施保障不力、人身伤害不能得到及时有效的赔偿等现象屡禁不止，子女入学难等现象还很普遍。

4.3.6 非农就业方式具有兼业性质

当农村劳动力进入某个产业的时候，往往以完全转移和兼业的形式来完成。兼业是指一种既从事农业活动又从事非农业活动的双重就业方式，有学者也称此为"候鸟式"的生活和就业方式。农业劳动力的兼业行为，从微观角度看，具有相当大的合理性：农民工收入偏低，不足以支撑其家庭在城市定居生活；现行的城乡二元户籍制度，使农民工难以在城市长久居留；目前的农地制度导致在中国农村放弃土地承包权就意味着将会失去生存的根基，因此在进城农民社会保障不完善的情况下，转移的劳动力是不会轻易放弃土地的。

从目前来看，湘西南区域农村劳动力转移就业彻底性差，具有明显的兼业性。由于湘西南区域农村人均耕地面积相对较多，再加上近几年国家连续出台了一系列惠农政策，土地保障生存功能变得更为突出，农业生产依然是广大农民生产中不可或缺的组成部分。从调查问卷中反映出的农民外出务工时间看，恰恰与这一点基本吻合，他们大多保留着对土地的承包权，农忙季节要回家从事农业生产，农闲季节则出去打工，务工时间具有较强的季节性，属于亦工亦农的兼业型打工方式，也就是说农村劳动力更多地倾向于一种职业性的转移。大量转移就业的农村劳动力没有脱离农业生产活动，一方面对农业产出的稳定增长具有积极意义，另一方面也使农村转移劳动力的非农就业更具有不稳定性，尤其是那些季节性转移的农村劳动力，他们的非农就业的不确定性更强。

4.3.7 就业服务上组织化程度不高

尽管政府在农村劳动力转移就业方面做了很多工作，但目前湘西南区域农村劳动力非农就业的组织化程度并不理想。图4.10反映了受访者对目前政府在非农就业中所起作用的认识。

从前面农村劳动力就业途径的数据分析和实地调查结果来看，湘西南区域农村劳动力外出就业途径以自发转移和亲朋好友带动转移这两种市场配置方式为主，通过政府部门和培训机构推荐所占比重偏低，说明农村劳动力转移就业的组织化程度有待提高。从实地调查结果上来看，政府对于农村劳动力非农就业还有许多工作要做，如组织就业培训、提供就业信息服务和进行就业指导等。政府必须完善各项工作，以促进农村劳动力非农就业的组织化程度，降低农村劳动力非农就业成本，保证就业的稳定性。

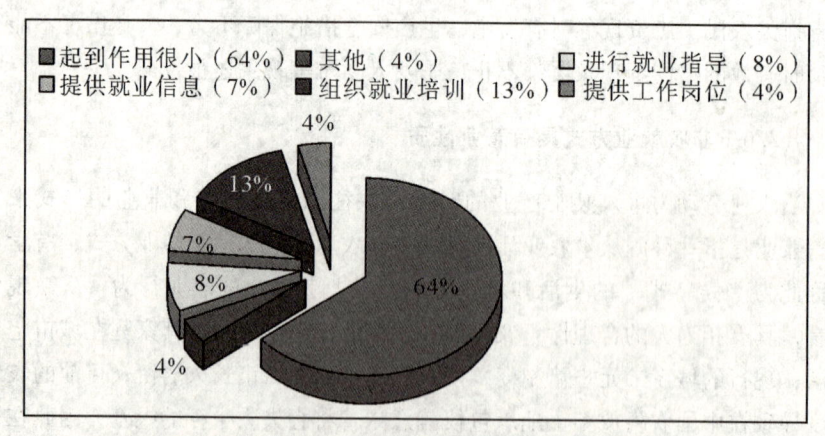

图4.10 受访者对目前政府在非农就业中所起作用的认识

4.3.8 就业的稳定性有所增强

随着时代的发展，增加收入不是农村劳动力外出就业的唯一目的，在获得更多经济收入的同时，外出就业的农村劳动力开始并日益重视与家庭成员的团聚、子女教育以及家庭生活水平的改善与提高。农民工群体正在发生重要的结构性变化，从以前外出就业以男性劳动力独闯为主逐渐演变成现在夫妻二人同时外出务工以及携子女外出流动。农村劳动力家庭化迁移的趋势明显，举家外出、完全脱离农业生产和农村生产互不干涉的农民工已经占到一定比例。以邵阳市洞口县为例，2015年，洞口县常年转移农村劳动力达5万余人，分别比2013年、2014年增长8%和12%。2015年，洞口县举家转移0.8万户，比2014增长6%，转移人口3.4万人。举家转移对于减少外出打工农村劳动力的后顾之忧、增强其就业的稳定性以及加快土地流转、促进土地规模经营是十分有益的。

5 欠发达地区农村人力资本投入现状与问题分析

欠发达地区要想从根本上提高农村劳动力非农就业率，增加农民非农收入，实现城乡统筹发展，关键在于加大农村人力资本投入力度，促进农村人力资本形成。本章以欠发达地区湘西南区域为例，主要从农村教育、农村劳动力培训、农村劳动力转移以及农村医疗等方面深入分析湘西南区域农村人力资本投入现状与存在的问题，全面把握湘西南区域农村人力资本基本状况，为正确制定欠发达地区农村劳动力非农就业政策提供基础。

5.1 湘西南区域农村教育投入现状与问题

教育是提高劳动力素质的关键，也是将人力资源转变为人力资本的主要途径。教育发展状况决定着一个国家或地区劳动力的知识存量和素质，从而决定了国家或地区的社会经济的发展水平和速度。教育水平和文化程度是影响农民人力资本水平高低的重要因素，农村教育包括农村义务教育和农村职业教育两方面。

改革开放后，特别是1986年《中华人民共和国义务教育法》颁布以来，湘西南区域农村义务教育事业得到了长足发展。"十二五"以来，农村教育被摆在了非常重要的战略地位上，对农村教育的投入、教育规模、教育水平和农村居民受教育程度等都有了较明显的提高。然而，目前湘西南区域农村教育人力资本存量依然较少，在农村从业人员的文化教育素质、各级政府对义务教育投入等方面，无论是绝对水平还是相对水平都还比较低。

5.1.1 湘西南区域农村居民受教育程度及教育支出状况

从湖南省和全国来看，湘西南区域农村居民文盲人口比率偏高（见表

5.1）。据 2010 年全国 1%人口抽样调查结果显示，湘西南区域农村居民 15 岁以上的文盲人口比率为 6.04%，其中男性比率为 7.50%，女性比率为 21.36%；湖南省农村居民 15 岁以上的文盲人口比率为 4.38%，其中男性比率为 4.26%，女性比率为 12.34%；全国农村 15 岁以上的文盲人口比率为 5.27%，其中男性比率为 5.47%，女性比率为 15.83%。由此可以看出，湘西南区域农村居民的文盲人口比率不仅比湖南省的平均比率高，甚至比全国的平均比率也高。

表 5.1　　　　2010 年湘西南农村居民文盲人口比率构成　　　　单位:%

地区	文盲人口	男性文盲人口	女性文盲人口
湘西南农村居民	6.04	7.50	21.36
湖南省农村居民	4.38	4.26	12.34
全国农村居民	5.27	5.47	15.83

数据来源：《湖南统计年鉴》（2011）、《中国人口统计年鉴》（2011）

从整体来看，农村劳动力受教育程度较低（见表 5.2）。根据湖南省统计局定点抽样调查结果显示，2014 年，湘西南区域农村劳动力文化程度构成为，文盲或半文盲占 2.43%，小学文化程度占 23.77%，初中文化程度占 59.1%，高中文化程度占 13.2%，大专及以上文化程度占 1.5%。2015 年，农村人口平均受教育年限为 10.2 年。由此看出，农村劳动力的整体受教育程度低。

表 5.2　　　　2014 年湘西南农村劳动力文化程度构成　　　　单位:%

	文盲或半文盲	小学	初中	高中	大专及以上
比例	2.43	23.77	59.1	13.2	1.5

资料来源：《湖南统计年鉴》（2015）、《邵阳市统计年鉴》（2015）、《怀化市统计年鉴》（2015）、《永州市统计年鉴》（2015）

从行业来看，第一产业从业人员受教育程度整体低于其他行业（见表 5.3）。2015 年，湘西南区域第一产业从业人员中，文盲或半文盲占 2.21%，小学文化程度占 27.10%，初中文化程度占 57.23%，高中文化程度占 10.41%，大专及以上文化程度占 3.05%。同期，第三产业从业人员中，文盲或半文盲占 1.35%，小学文化程度占 7.43%，初中文化程度占 60.70%，高中文化程度占 17.82%，大专及以上文化程度占 12.70%。第一产业从业人员中初中及以下文化程度的比例高于第三产业 17.06 个百分点。

表 5.3　2015 年湘西南区域第一产业和第三产业从业人员文化程度　单位:%

产业	文盲或半文盲	小学	初中	高中	大专及以上
第一产业	2.21	27.10	57.23	10.41	3.05
第三产业	1.35	7.43	60.70	17.82	12.70

资料来源:《湖南统计年鉴》(2016)、《邵阳市统计年鉴》(2016)、《怀化市统计年鉴》(2016)、《永州市统计年鉴》(2016)

从城乡来看，农村居民受教育程度低于城镇居民（见表5.4）。2015年，湘西南区域农村居民6岁及以上人口受教育程度，文盲或半文盲占3.26%，小学文化程度占23.67%，初中文化程度占59.71%，高中文化程度占10.33%，大专及以上文化程度占3.03%；城市居民6岁及以上人口受教育程度，文盲或半文盲占1.99%，小学文化程度占16.25%，初中文化程度占43.56%，高中文化程度占27.28%，大专及以上文化程度占10.92%。农村居民初中及以下文化程度超过80%，比城镇居民高出24.84个百分点。

表 5.4　　　2015 湘西南区域城乡居民文化程度构成　　　单位:%

地区	文盲或半文盲	小学	初中	高中	大专及以上
农村	3.26	23.67	59.71	10.33	3.03
城镇	1.99	16.25	43.56	27.28	10.92

资料来源:《湖南统计年鉴》(2016)、《邵阳市统计年鉴》(2016)、《怀化市统计年鉴》(2016)、《永州市统计年鉴》(2016)

从消费来看，湘西南区域农村居民人均文化教育支出逐年增长（见表5.5）。据有关统计资料显示，湘西南区域农村居民人均生活消费支出从2010年的3 013.77元，增加到2015年的8 026.83元，增幅为166%；农村居民人均文化教育支出从2010年的331.52元，增加到2015年的1 203.22元，增幅为263%；文化教育支出占生活消费支出的比重也从11.00%增长到14.99%。

表 5.5　2010—2015 年湘西南区域农村居民生活消费支出与文化教育支出概况

年份	人均生活消费支出（元）	人均文化教育支出（元）	文化教育支出占比（%）
2010	3 013.77	331.51	11.00
2011	3 676.21	442.25	12.03

表5.5(续)

年份	人均生活消费支出（元）	人均文化教育支出（元）	文化教育支出占比（%）
2012	3 845.26	475.27	12.36
2013	4 998.84	662.35	13.25
2014	6 298.53	904.47	14.36
2015	8 026.83	1 203.22	14.99

资料来源：2012—2016年《湖南省统计年鉴》《邵阳市统计年鉴》《怀化市统计年鉴》《永州市统计年鉴》

5.1.2 湘西南区域农村义务教育状况

近年来，随着国家对义务教育投入力度的不断加大，我国农村，特别是欠发达地区农村义务教育取得了较快发展。以湘西南区域的怀化市为例，2015年，怀化市初中在校学生14.92万人，增长0.9%；普通小学在校学生33.92万人，增长4.9%；特殊教育在校学生0.13万人，增长1.2倍。九年义务教育巩固率为95.51%。小学适龄儿童入学率为99.99%。义务教育阶段合格学校达556所，其中新增88所。人均受教育年限为9.8年，怀化市落实义务教育保障资金4.87亿元。

5.1.2.1 湘西南区域农村义务教育投入

湘西南区域农村义务教育经费投入稳定增长。"十二五"期间，湖南省农村义务教育经费投入由2011年的84.02亿元增加到2015年的121亿元，年均递增9.62%。其中，农村初中经费投入由2011年的48.20亿元逐年增加到2015年的71.75亿元，年均递增10.45%；农村小学经费投入由2011年的35.82亿元逐年增加到2015年的49.25亿元，年均递增8.29%。同时，农村义务教育经费来源结构发生较大变化（见表5.6）。

表5.6　　　　　2011—2015年湘西南区域农村
义务教育阶段学校教育经费来源构成　　单位:%

年份	2011	2012	2013	2014	2015
合计	100	100	100	100	100
一、国家财政性教育经费	81.26	81.91	84.27	84.00	84.36
1.预算内教育经费	77.99	78.71	82.19	80.96	80.44
其中：教育事业费拨款	68.79	74.68	77.93	79.69	79.55

表5.6(续)

年份	2011	2012	2013	2014	2015
2. 政府征收用于教育的税费	2.71	2.70	1.59	2.61	3.53
其中：城市教育费附加	0.52	0.9	1.44	2.46	3.03
3. 校办产业等用于教育的经费	0.56	0.50	0.49	0.43	0.39
二、非财政性教育经费	18.74	18.09	15.73	16.00	15.64
1. 事业收入	13.80	13.53	11.95	12.68	12.31
其中：学杂费	10.74	10.34	8.84	10.31	10.46
2. 社会捐集资办学经费	3.58	2.40	1.67	1.24	1.55
3. 其他收入	1.36	2.16	2.11	2.08	1.78

资料来源：根据2011—2015年湖南教育统计年鉴数据计算所得

从表5.6可以看出，在"十二五"期间，政府对农村义务教育的投入逐年加大，财政性教育经费的增长幅度远远高于非财政性教育经费的增长幅度，政府投入的主体地位进一步加强。2003年，农村教育费附加取消后，用于农村义务教育的城市教育费附加和地方教育附加则逐年增加，从城市到农村的转移支付加强。2004年，"一费制"的实行也遏制了杂费因农村义务教育在校生减少而逐年增加的趋势。

农村中小学教师工资继续增加。湘西南区域农村中小学教师平均月工资增幅都比较大。到2015年年底，湘西南区域各县（市、区）农村教师人均月工资已基本达到或高于湖南省平均工资标准。农村中小学生均公用经费稳步增长。多数县（市、区）按照湖南省标准要求落实学校公用经费，中小学生均公用经费达到或超过湖南省定标准的县（市、区）和乡镇数明显增加。

农村中小学办学条件得到进一步改善。"十二五"期间农村中小学的布局有了较大的调整，生均教育经费支出有较大增加，生均办学条件进一步改善。农村中小学运动场、功能用房、教学仪器、微机和图书等基础设施都进行了标准化建设，使大批农村学校改善了办学条件，促进了义务教育的均衡发展（见表5.7）。

表5.7　2011—2015年湘西南区域农村初中、小学生均办学条件情况

年份	生均校舍面积（平方米）		生均固定资产（元）		生均专用设备（元）		生均图书（册）	
	小学	初中	小学	初中	小学	初中	小学	初中
2011	6.2	7.3	2 561	4 123	268	496	15.1	17.6

表5.7(续)

年份	生均校舍面积（平方米）		生均固定资产（元）		生均专用设备（元）		生均图书（册）	
	小学	初中	小学	初中	小学	初中	小学	初中
2012	6.5	7.8	2 868	4 782	316	595	15.8	18.7
2013	6.9	8.4	3 155	5 500	373	708	16.8	19.8
2014	7.3	8.9	3 533	6 160	437	849	17.5	21.2
2015	7.7	9.6	3 851	6 800	515	1 002	18.4	22.5

资料来源：根据2011—2015年邵阳市、怀化市、永州市教育事业统计资料数据计算所得

5.1.2.2 湘西南区域农村义务教育与湖南省内发达地区的比较

与长沙、株洲、湘潭等湖南省内经济发达地区相比，湘西南区域在基础教育上的差距无疑是明显的。最显著的差距是在教育经费与预算内公用经费投入方面。据有关统计资料显示，2015年，湘西南、长沙、株洲、湘潭等地区预算内教育经费占财政支出比例分别为18.31%、23.29%、21.50%和20.73%，湘西南区域的整个教育投入偏低。小学生均预算内教育事业费，湘西南区域为1 745.46元，分别比长沙、株洲、湘潭低1 294.86元、963.5元和828.49元；初中生均预算内教育事业费，湘西南区域为2 682.32元，比长沙低1 516.39元。小学生均预算内公用经费，湘西南区域为166.21元，比长沙、株洲、湘潭分别低370.17元、297.97元和179.77元，比湖南省农村平均水平低132.32元。初中生均预算内公用经费，湘西南区域为260.64元，比长沙、株洲、湘潭分别低336.60元、331.56元和311.73元，比湖南省农村平均水平低130.40元（见表5.8）。

表5.8　　　　2015年湘西南区域与湖南省内
发达地区省预算内教育经费支出比较

	湘西南	长沙	株洲	湘潭	湖南省
占财政支出的比重（%）	18.31	23.29	21.50	20.73	20.62
小学生均事业费（元）	1 745.46	3 040.32	2 708.96	2 573.95	2 654.21
初中生均事业费（元）	2 682.32	4 198.71	3 856.23	3 795.64	3 678.23
小学生均公用经费（元）	166.21	536.38	464.18	345.98	298.53
初中生均公用经费（元）	260.64	597.24	592.20	572.37	391.04

资料来源：根据2015年湖南省教育经费执行情况统计公告计算得出

此外，湘西南区域的农村义务教育在办学条件上也与长沙、株洲、湘潭等

地有着较大的差距。在长沙的不少地方，按照学校布局调整规划，"村小"成为历史，学生集中在乡镇中心小学或第二乡镇中心小学，学校安排校车接送。按照新标准建设的中心学校，在建筑标准方面基本赶上（有些还超过）城市同类学校，达到上千人的规模。长沙一些农村学校不仅在硬件设施上赶上了城市学校，而且在办学思想和教育质量上也与城市学校不相上下。

5.1.3 湘西南区域农村职业教育发展状况

5.1.3.1 湘西南区域农村职业教育现状

2015年，湘西南区域共有中等职业学校142所，毕业生7.1万人，招生8.4万人，在校生达23.5万人，招生数和在校生数位居湖南省前列；技工学校35所，招生1.75万人，在校生4.6万人。湘西南区域农村职业教育总体上保持着良好发展态势，2015年湘西南区域农村职业教育招生数占湖南省职业教育招生总数的40%左右。湘西南区域中等职业学校及技工学校采用订单式培训，学校与企业、集团等联合办学的招生比例达到70%以上。近年来，湘西南区域共确定了30个职业教育重点专业，其中特别重视和强调种植业、园艺业、养殖业等农业相关专业。招生中，农业学校和农业相关专业可以采用降低分数、降低学费等优惠措施，社会青年也可以报考。在投入上，近年来每年各级财政拿出约4 000万元，重点扶持农村职业教育中心建设。湘西南区域每个县（市）都有一所职业学校或专业直接面向"三农"服务。2015年，湖南省财政安排专项资金2 000万元重点支持湘西南区域农村中等职业学校发展，湘西南区域每个县重点建成一所办学条件较好，设施、设备条件基本配套，能基本满足当地技能型人才培养需要和农村劳动力转移培训需要的多功能职业技术学校。

近年来，随着政府对农村职业教育重视度的不断提高，湘西南区域的农村职业教育获得了快速发展，取得了较好的成绩。以邵阳市为例，2009年以来，邵阳市先后出台了一系列政策措施，加强高中阶段学校资源整合，加大职业教育的招生规模，邵阳市的中等职业教育招生规模一直稳定在两万人左右。在优化职业教育资源配置的进程中，邵阳市各县（区）政府集中精力，重点办好一所示范性中等职业学校和职业教育中心，并以之为龙头，大力整合区域内职业教育资源。同时，邵阳市积极鼓励民间资本对职业教育薄弱地区的投入，逐步形成了以公有制为主导、产权明晰、多种所有制并存的职业教育办学体制，为职业教育的发展营造了良好的外部环境。目前，邵阳市中等职业教育已经形成了涵盖农林牧渔、土木水利、加工制造、交通运输、信息技术、医药卫生、财经商贸、旅游服务、文化艺术、体育与健身、公共管理与服务、教育12个大类，共43个专业的体系。此外，邵阳市各职业学校积极开展科研活动，每年开展教学比武及学生职业技能大赛，有力地推动了教学质量的提高。截至2015年，邵阳市已有8所学校成功创建国家级重点中等职业学校，3所职业中专建成省级示范性职业中专，4所职业教育中心建成省级示范性职业教育中心，5所学校的5个专业成为省级精品专业，6所学校的6门课程成为省级精品课程，26名教师被评选为省级专业带头人。

5.1.3.2 湘西南区域农村职业教育与湖南省内发达地区的比较

总体来看，近年来，湘西南区域的农村职业教育获得了快速发展，招生规模逐年提高，在校生人数位居湖南省前列，但与长沙、株洲、湘潭等湖南省内发达地区相比依然有不小的差距。

首先，中等职业学校招生比例依然偏低。2015年，湘西南区域中等职业学校招生比例平均为18.69%，其中邵阳为20.13%，怀化为16.96%，永州为18.98%，而同期长沙、株洲、湘潭的中等职业学校的招生比例分别达到22.14%、23.02%、22.65%。

其次，财政经费投入依然不足。2015年，湘西南区域职业中学生均预算内教育事业费支出为3 012.45元，而同期长沙、株洲、湘潭的职业中学生均预算内教育事业费支出分别为3 868.45元、3 756.23元和3 646.33元。从生均预算内公用经费看，湘西南区域（457.34元）也比长沙（759.10元）、株洲（683.50元）、湘潭（624.61元）低。

最后，培养模式略显单一，专业设置上也比较凌乱，部分职业学校不能够直接反映农村发展的要求与农民的需求，学生就业率偏低。相比之下，长沙的部分职业学校的就业率甚至超过了本科院校就业率，其培养模式多元化、专业设置结合实践高度灵活的经验值得借鉴。

5.1.4 湘西南区域农村教育发展的制约因素

5.1.4.1 经济发展水平

经济发展水平直接影响教育的投入。在长株潭等经济发达地区，地方政府或农村家庭及个人对教育的投入相对较多；而在湘西南地区，由于地方财政困难及家庭和个人的收入有限，再加上教育投资收益的滞后效应等因素的影响，教育投入严重不足。这样就形成了由地方经济差异而带来的公共教育投入的差异和由家庭或个人收入差异而带来的私人教育投资的差异，这造成了湘西南区域农村教育投资严重不足，影响了基础教育质量的提高和发展的速度。

5.1.4.2 教育投入体制

我国现行的基础教育投资模式是中央政府在整个义务教育投资中仅占很小

比重，地方政府，尤其是地方基层政府是实施义务教育的主体。这样的一种教育投资模式对基础教育，特别是对经济欠发达地区基础教育的发展极为不利。在我国教育投资整体水平较低的情况下，我国长期以来实行的"重城市、轻农村"的城乡分割的教育投资财政政策，造成了农村教育投资的严重不足。在基础教育和初等教育方面，预算内财政资源投向城市的比例高于农村，农村义务教育经费短缺现象十分严重。改革开放以来，我国农村义务教育的管理权限不断下放，义务教育的责任主体不断降低，最终使农村义务教育资金的主要承担者落到了乡镇一级。即使在提出"以县为主"的义务教育管理体制之后，多数县依然执行按照乡镇上缴额度比例进行拨款的做法。这致使同一市或地区内的转移支付力度不够，城乡差异、地区差异居高不下。部分地区不重视农村和农民教育事业的发展，用于农村义务教育的城市教育费附加和地方教育附加比重过低，并且增幅缓慢。地方教育行政部门对职业教育的忽视，使得当地的农村职业院校受重视程度不如普通高中，更缺乏相应的财力投入。

5.1.4.3 现有就业体制

要进行人力资本积累，就必然要有投资，而决定人们进行人力资本投资的重要因素就是这种投资的收益率。在我国，农民接受义务教育的成本远远高于城市，这已经是不争的事实。农村义务教育的私人投资比重扩大，导致了农村教育收益率的降低。仅就短期行为来看，学生上学存在着减少劳动时间、导致家庭收入减少的机会成本。现有的教学内容陈旧、老化、与现实脱钩，导致许多初中毕业生的创收能力还不如没上学的外出务工人员，职业学校毕业生职业能力技术低下等问题，严重影响了农民对教育投资的积极性。上大学难、毕业找工作更难和不上学照样致富等思想影响了部分农村和农民。在市场经济条件下，很多人倾向于急功近利，从而导致社会对教育和人力资本投资需求的疲软。虽然湖南省在近几年取消了城乡二元户口划分制度，但短期内，城乡劳动力市场的分割现象依然存在。据中国社科院课题组（2004）提供的资料显示，在同一个工厂里，干同样的工作，农民工只能得到城市户籍工人的 1/3 或 1/2 的收入和福利。在中国，由于城乡分割的劳动力市场，使得接受同样教育的劳动者，在农村比在城市会获得更少的收入，进入城市打工的农村劳动力与城市居民相比在就业选择、就业机会上都处于相对的劣势地位。这使得城市雇主不仅给同等人力资本条件的农村劳动力以较低的报酬，而且还经常无故克扣农村劳动力的工资，导致同等教育水平农村地区的教育私人收益率低于城市居民教育私人收益率。

5.1.5 湘西南区域农村教育存在的主要问题

5.1.5.1 教育投入不足

湘西南区域多数县（市、区）预算内教育经费支出占财政总支出的比例偏低，并且呈逐年下降趋势。据有关统计资料显示，2015年，湘西南区域有5个县（市、区）的教育经费支出比例低于财政总支出的20%，最低的只有15.76%；到2015年，教育经费支出占财政总支出的比例3年连续下降的县（市、区）达6个。部分县（市、区）农村中小学教师工资偏低。2015年，湘西南区域农村中小学教师年平均工资为2.6万元，比同期城镇中小学教师年平均工资（3.68万元）少1.08万元。此外，近年来，虽然湘西南区域农村居民家庭人均文教娱乐支出总体呈上升趋势，其中2015年的人均文教娱乐支出是2011年的1.65倍，这说明湘西南农村居民的教育投资意识逐渐增强。然而，人均文教娱乐支出占人均生活消费总支出的比例仍然偏低，2011年只有6.51%，2013—2015年，文教娱乐支出所占比重有下降的趋势，截至2015年，所占比重仅为8.66%。这些数据说明湘西南区域农村居民的人均文教娱乐支出具有一定的滞后性，湘西南农村居民在教育投资上还有比较大的增长空间（见表5.9、图5.1）。

表5.9 2011—2014年湘西南区域农村居民家庭人均文教娱乐支出情况

年份	人均文教娱乐支出（元）	人均生活消费总支出（元）	文教娱乐支出所占比重（%）
2011	261.34	4 012.32	6.51
2012	326.37	4 205.83	7.76
2013	386.28	4 374.63	8.83
2014	403.84	4 636.54	8.71
2015	430.26	4 968.36	8.66

资料来源：根据2011—2015年邵阳市、怀化市、永州市国民经济和社会发展统计公报计算得出

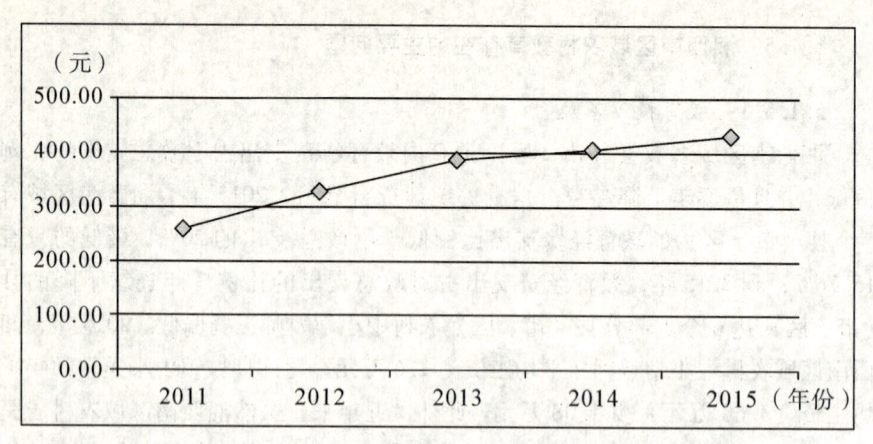

图 5.1 2011—2015 年湘西南区域人均文教娱乐支出变化趋势

5.1.5.2 农村中小学教师队伍问题突出

当前湘西南区域农村中小学教师队伍问题突出主要表现在两个方面：一是教师队伍结构不优；二是教师队伍素质普遍不高。以湘西南区域永州市双牌县为例，据调查统计，该县农村中小学教师总量基本能满足当前的教育需求，但只是低层次的需求，结构不尽合理。首先是分布结构不合理。城镇中小学和条件较好的乡镇中学教师超编，而小学、特别是"村小"和条件较差的乡镇小学教师严重缺编。据教育局人事股统计，2014 年上学期，双牌县在职教师共有 1 652 人，6 所县直属学校教师 634 人，占教师总人数的 38.4%，师生比为 1∶15.24，29 所农村中小学教师 1 018 人，占教师总人数的 61.6%，师生比为 1∶33.9。其次是学科结构不合理，"教非所学"现象突出。多数教师是工作后进行的学历补偿，由于选修文科的难度较低，因此报考文史类教师居多，造成英语、物理等学科教师十分缺乏，相当一部分农村学校教师专业不配套，个别初级中学没有一名英语专业毕业的教师，大部分农村小学没有英语教师，小学英语无法开课，直接影响初中、高中英语教学质量。乡村小学音、体、美教师更是缺乏，大部分乡村小学开不了课，多数由任课教师凭兴趣随意教授，乡村小学学生对音、体、美方面的常识缺乏，素质教育存在缺陷。再次是年龄结构不合理。据调查，双牌县现有的 19 所乡村小学（或教学点）十多年以来没有引进过大中专毕业生，补充到乡镇学区的大中专毕业生的人数也有限。基本上是一种"爷爷奶奶教小学，叔叔阿姨教初中，哥哥姐姐教高中"的年龄格局。据统计，2014 年上学期，29 所农村中小学，30 岁以下的教师仅占 16.2%，而 50 岁以上的教师占比达到 17%，导致教师年龄结构失调。最后是性别结构不合理。一些学校教育性别比例严重失调,如麻江学校共有在职教师29人,女教师只有4名,仅占13.8%,五星岭学校女教师仅占19%。与此相反,县一小共有在职老师122人,女教师人数达106名,占比达86.9%。

教师队伍素质普遍不高主要表现在两个方面:一是教师的学历层次不高;二是骨干教师严重不足。仍然以湘西南区域永州市双牌县为例,2014年,据双牌县教育局人事股统计,双牌县1 652名在职中小学教师中,第一学历为中专及以上者约占60%;第一学历为专科及以上者仅占30%。各乡镇的农村中学大部分教师是中师(中等师范学校)毕业到中学任教后通过自修或函授等形式获得专科、本科文凭;各学区的小学教师很大一部分是"民办教师""代课教师"转化而来,其本来的学历只有初中或高中,通过短期集训后达到中师学历,其"含金量"可想而知。统计资料还表明,双牌县1 652名在职教师中,只有特级教师3人、省级骨干教师11人、市级骨干教师46人。而在29所农村中小学中,没有一名国家级特级教师和省级骨干教师,市级骨干教师也只有13人。

5.1.5.3 危房校舍问题依然严重,改造缓慢,部分学校办学条件差

教育督导团督查发现,湘西南区域部分县危房改造资金缺口大、资金筹措不到位、工程进展缓慢,短期内危房改造工程依然没有深入到每一个农村学校,湘西南区域依然有相当一部分小学生不得不在危房中上课。以湘西南区域邵阳市为例,据邵阳市教育事业统计资料显示,2014年,邵阳市农村中小学危房面积达1.5万平方米,占农村中小学总校舍的0.25%;小学体育运动场(馆)面积未达标的学校数占农村小学总数的35.34%;体育器材配备未达标的学校数占农村小学总数的41.93%;数学自然实验仪器未达标的学校数占农村小学总数的39.02%;建立校园网络未达标的学校数占农村小学总数的78.52%。这些数据在一定程度上反映出部分学校办学条件的不足。

5.1.5.4 农村职业教育的问题

湘西南区域农村职业教育尽管取得了长足的发展,但由于各方面的原因,目前依然存在诸多问题:首先,还没有建立起促进职业教育发展的长效机制,缺乏扶持职业教育发展的资金和政策支持,优质职业教育资源严重不足。其次,缺乏办学灵活性,社会适应能力不强。学校教育与实际应用严重脱钩,大多重理论、轻实践,无法让学生在学习理论的同时熟练掌握工作技能,在专业设置方面脱离农村实际,盲目重复交叉,缺乏专业课程体系。最后,教师有理论,但其自身实践技能素质却不高,再加上招生人数逐年下降,师生比例逐年上升,因此也无法保证良好的教学质量,不能为学生提供较强的职业优势和致

富途径。学生和学校的双重原因造成了职业教育的社会认可度较低。职业教育的大多数学生都没有上过高中，基础理论不够扎实，影响了学习效果，毕业后与用人单位的期望存在一定的差距。近几年职业中学生均预算内事业费支出和公用经费支出与普通高中大体持平，无法体现培养应用型人才的要求。

5.2 湘西南区域农村劳动力培训现状与问题

除了基础教育之外，培训是农村人力资本积累的重要方面。通过培训，可以提高农村劳动力的就业技能和综合素质水平，从而提升农村劳动力的核心竞争力，促进农村劳动力顺利向非农产业转移，增加农民收入。

5.2.1 国家层面的农村劳动力培训工程

我国是农业大国，近70%的人口在农村，而超过80%的农村人口文化程度在初中和初中以下。由于文化程度低、缺乏一技之长，农村人口难以有效地转移到非农产业中去，严重制约了我国农业新技术的应用推广与农业劳动生产率水平的提高，也制约了产业结构与产品结构调整。因此，对农村劳动力实施培训，提高农民就业能力和综合素质，成为实现农村劳动力转移、增加农民收入和推进农村经济发展的重要途径。

近年来，我国已经实施多项政策推进农村劳动力的培训工作，从20世纪80年代初期以农业职业中学、农业广播电视学校等为代表的农民培训早期形式，到各种轰轰烈烈的农民工培训工程，以中央有关部门为主导、政府上下联动的农民培训活动迅速推进。

国家层面推行的农村劳动力培训政策和计划主要体现在"星火计划""丰收计划""燎原计划""绿色证书工程""阳光工程"以及关注青年农民工科技培训等方面。

第一，通过项目引导方式组织实施科技培训工程，培养和造就农村经济与社会发展的科技带头人，大力普及和转化先进适用技术，提高农村劳动力素质，推动农村经济走上依靠科技进步和劳动力素质的发展轨道。20世纪末我国先后推出"星火计划""丰收计划"以及为两个计划培养农业技术人才的"燎原计划"，其主要任务是：在扫除文盲，做好普及义务教育工作，大力发展职业技术教育和成人教育的基础上，充分发挥农村各级各类学校智力、技术的相对优势，积极开展与当地建设密切结合的实用技术和管理知识的教育。在此基础上，1995年年末，国家教委开始实施"燎原计划"百千万工程，充分利用广大农村现有各级各类学校的条件，利用广播、电视等多种教学手段，在全国上千个乡、上万个村，推广上百项实用性强、生产效益高的农村实用技术，确定30个市、县为农村教育改革地区联系点，大庆、天津、青岛为试点单位。为巩固成果，2003年，由科技部、农业部、劳动和社会保障部以及共青团中央联合实施了星火科技培训专项行动，在三年内培训了2 000多万农民。

第二，按照"工程"的组织形式，对广大农民开展绿色证书培训。农民技术资格证书制度是通过立法、行政等手段，把农民的技术资格要求、培训、考核、发证等做出具体规定，制定相关配套政策，作为农民从业和培训的规程，从而确保从业人员的技术素质。1990年，由农业部组织实施的"绿色证书工程"开始在一些地区试点推广，于1994年开始作为工程实施。1997年，为了加强绿色证书制度建设，农业部又印发了《"绿色证书"制度管理办法》，发布了21个"绿色证书"岗位规范。1999年，在《中华人民共和国农业法》和《中华人民共和国农业技术推广法》修订时，农民绿色证书教育写进了相关条款，使组织实施绿色证书教育具备了国家法律依据。2015年，全国所有的县均开展了此项工作，覆盖率达到100%。

第三，结合产业结构调整和产业化发展，有针对性地开展青年农民科技培训。为了贯彻党的十五届三中全会的精神，提高青年农民科技文化素质，农业部、财政部和共青团中央在全国实施了"跨世纪青年农民科技培训工程"，旨在为农业专业化生产和产业化经营培养与造就一大批觉悟高、懂科技、善经营的新型农民，使之成为建设社会主义新农村的中坚力量。为配合工程的实施，共青团又与科技、农业、劳动保障、统战等部门合作，启动实施培养"青年星火带头人活动""星火科技富民工程""农村青年增收成才行动""进城务工青年发展计划"和"全国农村青年转移就业促进计划"，都对大力开展职业培训、提高劳动力素质和就业技能问题提出了具体要求。

第四，以促进非农就业增加农民收入为目的实施农村劳动力转移职业技能示范性培训。2004年，为落实《2003—2010年全国农民工培训规划》，农业部、财政部、劳动和社会保障部、教育部、科技部和建设部共同组织实施了"农村劳动力转移培训阳光工程"（简称"阳光工程"），围绕用工量大的餐饮、酒店、保健、建筑、制造和家政服务等行业，开展短期职业技能培训，提高农村劳动力转移就业能力。"阳光工程"按照"政府推动、学校主办、部门监管、农民受益"的原则，采取"公开招标培训机构，财政资金直补农民，培训保证农民就业"的新机制实施，以粮食主产区、劳动力主要输出地区、贫困地区和革命老区为重点，坚持跨地区流动和就地转移相结合。截至2015年，"阳光工程"共培训农村劳动力1 200万人并转移就业1 000万人，转移培训就业率达83%。

5.2.2 湖南省级层面的农村劳动力培训工程

湖南省是农业大省，农村人口占到总人口的一半以上，为贯彻党中央的解决"三农"问题的精神，针对农业和农村经济发展的需要以及农民的需求，政府组织实施了多项农民培训工程。改革开放以来，湖南省对农民进行的科技教育培训工作，按照培训的时期与内容概括起来可分为三个方面。一是依靠农技推广体系和农业广播电视学校，通过技术服务和广播电视的方式开展农业科技培训。二是实施绿色证书教育制度、跨世纪青年农民培训工程以及开展"三下乡活动"等，带动农民科技培训工作蓬勃开展。三是根据全国新型农民科技培训规划（2003—2010年）、全国农民工培训规划（2003—2010年）以及农民教育培训"五大工程"和农业科技入户、农村党员干部现代远程教育国家政策，相继开展培训工作，使农民教育培训工作逐步向制度化、规范化、科学化迈进。

第一，开展以实用技术为主要内容的绿色证书培训。从1990年开始，湖南省按农业生产岗位的不同要求，对农村劳动力开展专业生产技术培训。到2015年，绿色证书教育已经覆盖湖南全省所有的农业县（市、区），累计培训200万人，获证农民100多万人，结合培训推广农业技术2 300多项。

第二，组织实施以提高青年农民综合素质为目的的跨世纪青年农民培训工程。随着1998年山东省农业厅、财政厅和团省委率先在全国提出并启动了"跨世纪青年农民科技培训工程"以后，湖南省农业厅、财政厅和团省委也联合启动"跨世纪青年农民科技培训工程"。据湖南省农业厅统计，截至2015年，省、市、县三级投入资金约1.6亿元，编写省级统编教材100余本，补贴发行200多万册；建立青年农民科技书屋近1 000个；培训以青年为主的骨干农民近200万人，带动周边农户近2 000万人走上致富奔小康之路。

第三，开展粮食生产关键技术培训。湖南省每年组织农业科技专题培训、讲座都在2 000次以上，培训农民数百万人。在一些粮食主产区，湖南省实施了粮食生产关键技术培训工程，培训出一大批种粮大户。

第四，围绕主导产业和主导品种开展新型农民科技培训和创业培训。自2005年以来，湖南省农业主管部门陆续在一些地、州、市实施"跨世纪青年农民培训工程",培训农村青年种养大户,并进行跟踪指导服务、信贷、税收等政策扶持,注重扩大生产规模和提高经营能力,使他们掌握1~2门农业实用技术,做到了"开发一种资源、形成一个产业、建立一个基地、致富一方农民",真正成为农村致富和农业发展的骨干带头力量,带动了当地农业主导产业的发展。

第五,组织实施农村劳动力转移培训"阳光工程"。截至2015年年底,湖南省通过"阳光工程"项目已培训农村劳动力108万人,转移就业98余万人,转移就业率达到90.7%。

第六,组织实施农业科技下乡工作。在开展各类专业培训的同时,湖南省各级农业部门还充分利用技术、人才优势和贴近农村、贴近农民的有利条件,组织开展了"赶科技大集"、科技110热线、农技人员现场指导和农业专家讲座等多种形式的农业科技下乡活动,推广各类实用技术近千项,在农时农事季节及时组织有关专家现场指导,并通过电视广播扩大技术指导的覆盖面,使上千万农民受益。

第七,积极开展远程教育培训。湖南省构建教育培训网络,充分发挥广播、电视、网络和农村大喇叭等快捷媒体的作用,通过制作农业新技术新知识多媒体课件、培训远程教育辅导教师等手段,进一步扩大技术推广和传播的覆盖面。目前,湖南省农村远程教育网日趋完善,覆盖率达80%以上。

2008年,由中共湖南省委办公厅、湖南省人民政府办公厅联合下发的《关于加强农民教育培训工作的意见》进一步强调:到2010年,湖南省每年实施农村劳动力转移就业培训80万人,实现新增转移就业农民80%有证上岗;每年实施农业实用技术培训200万人,实现从事农业生产经营的农民每人掌握1~2项农业实用新技术;所有农村专业大户、科技示范户通过轮训,逐步达到中等以上职业技术水平;通过多形式、多途径教育培训,使广大农民的文化、科技、政策法规和经营管理水平有明显提高;突出农民教育培训重点,加强现代农业实用技术培训,加速实施"绿色证书工程""新型农民科技培训工程""农业科技入户示范工程""星火科技培训专项行动"等科技培训示范项目;围绕区域主导产业开发,突出抓好良种推广普及、测土配方施肥、动植物疫病防治、产品加工贮藏、农产品质量安全检测、农业标准化生产经营等配套技术培训;大力开展农业新型实用技术培训,突出抓好园艺业、特种养殖业、乡村旅游业和以生物能源、生物质产品、生物质原料为主要内容的技术培训和技术推广;着力提高农民生产经营水平,突出抓好实用农业信息网络技术、市场营销、项目评估、项目管理知识培训;积极推进农业机械化,突出抓好农机装备的使用、维修保养、安全监理以及农业节水新技术等知识培训;加强农民转移就业培训,加大"农村劳动力就业计划""雨露计划"和"阳光工程"等农村劳动力就业培训支持力度,进一步规范培训补助范围和标准;坚持学用结合、按需施教,采取灵活多样的培训形式,增强培训的针对性和实效性,对年龄偏大、文化基础较差的农村劳动力,重点开展以社区服务业、家庭手工业等为主的实用技能培训;对有一定文化程度的青年农民,重点开展技术含量高和就业前景好的制造业、交通运输业、建筑业等技术工种培训,加快培养适应新型工业化要求的农民中高级技工;对有创业需求和具备相应条件的农村劳动者,组织开展中高级专项技术培训,引导他们增强创业能力,开发特色产业,创办经济实体。

5.2.3 湘西南区域农村劳动力自身培训投入及接受培训状况

随着农业现代化、工业化和城市化发展对劳动力素质要求逐渐提高及农村居民人均纯收入的增加,农村劳动力自身对培训的投入也在逐年增长。据统计,湘西南区域农村劳动力自身人均培训消费支出,由2011年的18.26元提高到2015年的58.13元,增幅达218.35%。由于政府和农民自身投入的不断增长,接受培训的农村劳动力人数和比重也在逐年提高,但从事的产业不同接受过培训的比重也不同。2011—2015年,湘西南区域农村劳动力接受培训的比重从13.12%提高到32.02%;从事第一产业的农村劳动力接受培训的比重从7.06%提高到13.35%;从事第二产业的农村劳动力接受培训的比重从16.76%提高到41.87%;从事第三产业的农村劳动力接受培训的比重从30.24%提高到43.71%(见表5.10)。

表5.10　2011—2015年湘西南区域农村劳动力接受培训的比重　　单位:%

年份	2011	2012	2013	2014	2015
湘西南区域农村平均	13.12	15.23	23.02	28.35	32.02
第一产业	7.06	8.02	9.32	11.21	13.35
第二产业	16.76	23.05	31.27	37.43	41.87
第三产业	30.24	35.68	37.32	40.38	43.71

资料来源:2012—2016年《湖南省统计年鉴》《邵阳市统计年鉴》《怀化市统计年鉴》《永州市统计年鉴》

5.2.4 湘西南区域农村劳动力培训与省内发达地区比较

湘西南各县(市、区)政府最近几年加大了对农村劳动力的专业技能培训力度,特别是对农村劳动力转移培训的"阳光工程"做了大量工作,取得了一定的成效,与省内发达地区,如长沙、株洲、湘潭等地比较有一定的特点,但在许多方面仍需要加强。据统计调查,2015年,湘西南区域接受过专业技能培训的农村劳动力占农村劳动力总量的32.02%,而长沙、株洲、湘潭等地这一比例分别为40.76%、36.56%和37.86%。湘西南区域接受过专业技能培训的转移劳动力占转移劳动力总量的42.07%,而长沙、株洲、湘潭等地这一比例分别为60.52%、56.28%和55.69%。湘西南区域、长沙、株洲、湘潭四地由政府组织的劳动力培训分别占培训劳动力总量的31.35%、38.20%、36.10%和35.68%;由企业组织的劳动力培训分别占培训劳动力总量的21.31%、28.52%、26.70%和26.62%(见表5.11)。从以上比较发现,无论是农村劳动力接受培训的比例,还是由政府或企业组织的劳动力培训占培训劳动力的比例,湘西南区域都低于长沙、株洲和湘潭地区。

表5.11 2015年湘西南区域与长株潭地区农村劳动力接受培训比重　单位:%

地区	占全省农村劳动力	占转移劳动力	政府组织	企业组织
湘西南	32.02	42.07	31.35	21.31
长沙	40.76	60.52	38.20	28.52
株洲	36.56	56.28	36.10	26.70
湘潭	37.86	55.69	35.68	26.62

资料来源:《湖南省统计年鉴》(2016)、《邵阳市统计年鉴》(2016)、《怀化市统计年鉴》(2016)《永州市统计年鉴》(2016)

5.2.5 湘西南区域农村劳动力转移培训的制约因素

5.2.5.1 经济因素

经济制约因素主要表现在两个方面:一是培训经费不足。近年来,为了提高劳动力的职业技能,湘西南区域各级政府对农民工培训的财政支持力度不断加大,但是由于农村劳动力数量庞大,每年的新增数量众多,再加上农村劳动力素质偏低,目前的财政投入仍然难以满足需要。尽管湖南省级财政对湘西南区域支持上有所倾斜,但由于湘西南区域经济发展相对落后,湘西南各县(市、区)财政比较紧张,根本拿不出配套资金开展农村劳动力技能培训工作,一直处于"吃上级财政饭"的状态,培训经费投入不足以及基础设施条件历来较差等原因,使得大多数项目经费紧张,培训的场地、资源投入不能按时到位,致使政策实施的力度及其效果都大打折扣。与普通学校教育相比,耗费成本更高的职业培训所得到的财政经费非常少,经费投入总量偏低、来源渠道单一已经成为制约湘西南区域劳动力培训的一大障碍。二是经费分配不合理。在目前培训经费不足的情况下,还存在明显的分配不合理的现象。这些经费的绝大部分用于城镇居民的职业技能教育,用于农民的技能培训经费十分有限。从企业层面看,虽然我国政府规定企业必须将员工工资总额的1.5%用于员工培训,该部分经费由企业按照规定计提,自主安排使用,但是很多企业往往达不到这一标准。据2003年劳动和社会保障部对我国40个城市劳动力需求情况的调查,企业职工教育经费投入占职工工资总额的比例为1.4%,即使达到1.5%的也存在工资计算依据方面的问题。这一方面体现出企业重使用、轻培训的倾向,另一方面也体现出我国相关法律的缺失,即使企业达不到标准也不会有任何惩罚,使得很多企业有法不依,农民工的在岗培训不能得到保证,这点在湘西南区域也表现得比较突出。

5.2.5.2 部分地方官员对培训的认识不到位

农村劳动力培训是一项当期投入大、收效时间长的工程,很难对当地经济发展起到立竿见影的效果。一些地方官员对农村劳动力培训的重大意义认识不到位,对具有"造血"意义的农民培训工作束之高阁,或者只停留在口头、形式上。客观上,农业一直是弱质产业,发展不足,积累的财力有限,特别在湘西南区域这样经济落后的欠发达地区,农民素质比较低,开展农民工的培训确实存在着较大困难。主观上,培训效益的显现需要一定的过程和时间,不组织农民培训,对当地农村经济发展在近期内不会有太大影响,加之培训的最直接受益者是农民,培训的组织者与受益者相比,在培训这一活动中获得的利益相对较小,从而对农民培训工作的积极性和主动性也就不高。

5.2.5.3 管理体制不顺

农村劳动力培训是一项极其复杂的系统工程,需要从上到下齐心协力,相关部门协调统一,各方资源有序合理地结合。当前新型农民培训工作缺乏统一规划,管理体制也未理顺。从纵向层面来看,从中央到省、市、县、乡建立的科技素质培训资源未能相互有效衔接;从横向层面来看,涉及农民培训工作的部门有农业、科技、教育、劳动、财政、妇联、共青团等20多个,因而存在着政出多门、多头管理、条块分割、资源分散和重复建设等一系列问题,各部门在职权范围内行事,缺乏应有的配合,造成一定程度的资源浪费。

5.2.6 湘西南区域农村劳动力转移培训存在的主要问题

5.2.6.1 用工单位重使用、轻培训

从用工单位方面看,企业培训的原因是在追逐利润的过程中,由于劳动力

市场上的技能短缺而无法达到劳动力和资本的最佳配置比例，妨碍了其利润最大化目标的实现。因此，企业培训的对象只能是那些符合招工条件、达成就业协议的劳动力，也就是那些年轻力壮、学历较高的农村劳动力，这就把那些年龄偏大、学历较低的农村劳动力排除出培训市场。企业普遍存在着重使用、轻培训的问题，将目光仅放在当前利润最大化上，忽视了企业人力资源的长期投资与储备。首先，这源于相关立法的缺失。我国目前还没有一部专门的培训与人力资源开发方面的法规，仅在《中华人民共和国劳动法》《中华人民共和国职业教育法》有限的几个条款中有所涉及，而这种近乎原则性和号召性的法律条文缺乏实施上的可操作性，对企业行为的规范程度也就不高。其次，当前的劳动力市场存在着严重的供大于求的特点。劳动力资源丰富、质量参差不齐，企业有极大的选择余地，没必要抱定一批员工不放，白白增加培训成本，况且劳动力市场流动相当频繁，许多企业雇用了很多的临时工、季节工。在这种情况下，企业更不会将太多的财力、物力放在农民工培训上，以免为他人做"嫁衣"。另外，每周工作6天以上、每天工作10小时以上的劳动强度以及经济上的压力也使进城农民工不堪重负，这一切使他们无力把培训的潜在需求转化为现实的需求。

5.2.6.2　培训供求不对称

组织培训工作需要做好两件事情：一是培训场地、材料等的基本投入；二是培训学员的积极参与。要做好培训供求的有效对接并非易事，供求之间往往存在巨大的缺口，这里包括一些客观因素，但更多的是人为因素。现有的一些农业院校、农业职业学校、农技推广服务站和农业广播电视学校等教育培训资源，在对农村劳动力培训上还存在着挖掘潜力不够、教学设施需进一步完备、师资配备结构不合理以及培训机构不灵活等问题。合格的"双师型"教师匮乏，很多地区的实际培训中往往缺少既能当教师又能当师傅的复合型人才，很多教师没有实践经验或者学历没有达到规定要求，在一定程度上影响了培训质量的提高。在培训过程中，有些地方对农村劳动力参加培训的需求无调查、无研究，对参加培训的学员无档案、无记录，更无跟踪调查，对培训效果突出的学员宣传力度不够，典型的示范带动作用不明显。此外，在培训内容的供求上也存在一定的不合理性，农民有不同的文化层次、不同的技术需求，对培训内容的选择也不同，如妇女和老人、农业大户、回乡创业人员对培训的需求肯定不同，而目前的培训针对性并不突出，普遍存在培训内容难度高、培训内容单调、培训内容与工作关系不大、培训内容不实用等一系列问题。目前，在农村劳动力培训问题上存在着很大程度上的供需不对称性。例如，一方面，农村青少年等主要应培训群体无培训课可上；另一方面，各级职业教育学校却经常出现生源危机的情况。另外，由于知识信息的局限，许多农民虽然对提高素质和能力的培训活动有着比较强烈的潜在需求，但是对于"学什么""到哪里去学"和"学了有没有用"等涉及培训的基本问题表现得很茫然，这就需要各地政府、培训组织进行得力宣传，调动农民的积极性。农业活动有极强的季节性，决定了在培训模式上不能过于僵化，培训方式要因地制宜，灵活变通。

5.2.6.3 农民个人积极性不高

第一，思想保守落后。部分农民对培训工作认识不足，不能积极主动地参与到培训中去，加大了培训的难度。一些农民存在着很强的乡土观念，观念较落后，保守求稳，市场意识、竞争观念淡薄。少数农民未摆脱封建意识、自给自足、小农经济思想的束缚，尤其是没有意识到科技在发展农村经济中的作用，不能主动地吸取现代科技的营养，转变传统的生产观念。部分农民认为，留在农村虽然辛苦，但至少可以守着家里的"一亩三分地"，即使过不上太好的生活，至少也可以吃得饱、穿得暖以及照顾妻儿和父母，一旦出去打工就要承受很多的不确定性，还要在老板的监管之下，多方面都要受到限制，因此不愿意出去打工，更不用说参与劳动力转移方面的培训了。不少农民对农业方面的技术培训一方面不了解，另一方面也不清楚到底学习培训完之后能不能真的有用，在培训补贴不能完全抵偿培训费用的情况下，最大限度防范风险的农民根本不愿意花费时间和精力去参加培训，宁可用最传统的耕作方式收获自认为还过得去的收成。由于监管不力，市场上五花八门的培训广告不乏虚假者，虽然广告中承诺能获得不菲的利润，但以骗钱的居多，久而久之许多农民怕上当受骗，因而对职业培训方面的广告统统敬而远之，不去区分真假，把宣传的"生财之道"一概当成"歪门邪道"，使得培训很难推行。

第二，对新技术的抵触。许多农民习惯了传统的生活方式和生产经营模式，学习意识淡薄，接受新知识、新技术的能力不足，对新技术的学习往往积极性不高，面对新技术经常是"一等、二看、三才干"。不少农民虽然从事农业活动多年，但是很多农业新技术对他们来说还是陌生的，由于文化素质的限制，使得他们学习掌握乃至使用某些技术要付出很大的努力，稍有不慎就可能没办法达到预想的结果。另外，很多农民祖祖辈辈生活在这片土地上，在他们心里始终对传统的种养理念抱有坚定的信念，对新知识、新技术很难认同，缺乏创新和探索的精神，思维的惯性、行动上的惰性以及对未来风险的预期是一些农民很难跨越的心理障碍。

第三，期望收益太高。一些农民尤其是刚刚毕业的初中、高中生，社会经验不足，对劳动力市场的情况认识不足，对自身能力又存在很大程度的高估，认为培训是走向致富的"金钥匙"，对培训的收益期望过高，缺乏调查分析，仅凭着敢想敢干的一腔热情做事，而现实经常与期望的差距较大，这给他们以巨大的心理打击，从而降低了他们参与再培训的积极性和热情。此外，许多农民都希望培训效果能立竿见影，给他们带来当期回报，然而由于当今培训体制不健全以及其他一些外部因素的限制，并不能完全满足他们的期望。在这种情况下，很多农民就产生了培训没用，培训不培训都一样等想法，阻碍了培训的推进。

此外，我们通过调查发现，许多农民认为接受培训的次数少、培训内容相关性不高、培训效果满意度偏低。

5.3 湘西南区域农村医疗（农民健康）投入现状与问题

健康投资是指人们为了获得健康而消费的食品、衣物、健身时间和医疗服务等资源。健康投资的直接目的就是增加劳动者的健康资本存量，而健康资本存量的增加是一切形式的人力资本投资产生效益的基础。在现实社会经济生活中，一个地区健康存量的大小对于其经济发展有着直接的影响。健康本身就是一种潜在的财富，健康存量的增加意味着财富的不断增长。

5.3.1 湘西南区域农村医疗（农民健康）发展现状

湘西南区域各县（市、区）政府历来高度重视农村卫生工作。多年来，政府建立县、乡、村三级医疗预防保健服务网，为广大农民提供基本医疗预防保健服务，农村缺医少药的状况得到了很大改善。2002年，全国农村卫生工作会议之后，湖南省从解决"三农"问题大局出发，把发展农村卫生事业、提高农民健康水平、保障农村居民身心健康和保护农村生产力作为统筹城乡区域经济社会发展的重大举措，先后制定出台了《关于进一步加强农村卫生工作的决定》《湖南省农村初级卫生保健条例》等一系列文件，进一步完善农村卫生政策，加大财政投入力度，加强农村卫生服务体系建设，建立新型农村合作医疗制度，深化农村卫生改革，将农村初级卫生保健纳入经济社会发展规划。湖南省政府把建立新型农村合作医疗制度列为政府为农民办的实事之一；把解决农村的"路、水、电、医、学"作为发展农村社会事业的重要任务；把实施农民健康工程列为湖南省卫生重点工作之一，湖南省农村卫生事业实现了新的发展,湘西南区域卫生事业也因此收益,发展迅速。但由于各方面的原因,湘西南区域农村医疗事业发展依然面临诸多难题。

5.3.1.1 湘西南区域农村医疗卫生政府财政投入状况

据有关统计资料显示,2015年,湘西南区域医疗卫生经费财政支出为119.41亿元,占湖南省财政总支出的11.23%;比2011年医疗卫生经费财政支出增长91.93%,但占财政总支出的比例却下降了0.23%。其中,县级、乡镇医疗卫生经费财政支出63.71亿元、12.45亿元,分别占湘西南区域卫生经费财政支出的53.35%和10.43%。湘西南区域医疗卫生机构财政补助为60.89亿元。其中,县级医疗卫生机构财政补助为7.52亿元;乡镇卫生院财政补助6.23亿元,两项合计占比为22.58%。根据对邵阳市洞口县、隆回县;怀化市的辰溪县,永州市的双牌县进行的调查显示,2015年,这四个县的卫生事业费占财政支出的比重平均为10.23%,最高的为13.21%,最低的为8.69%。2015年,在卫生事业费中用于农村医疗卫生事业的财政支出比重平均为26.3%,最高的为38.2%,最低的为23.7%。政府对农村医疗卫生体系建设的财政投入和用于农村医疗服务网建设的财政支出都在逐年增加(见表5.12)。

表5.12　　2011—2015湘西南区域部分县政府对农村医疗卫生体系建设的财政投入情况

年份\项目	农村医疗卫生财政投入 总额(万元)	农村医疗卫生财政投入 比上年增减百分比(%)	其中 农村医疗服务网建设支出 总额(万元)	其中 农村医疗服务网建设支出 比上年增减百分比(%)	其中 农村公共卫生支出 总额(万元)	其中 农村公共卫生支出 比上年增减百分比(%)
2011	19 865	12.03	15 097	5.32	4 786	26.05
2012	22 255	11.03	15 950	5.65	6 305	31.73
2013	24 709	11.02	16 856	5.68	7 853	24.56
2014	27 433	11.26	17 869	6.01	9 564	21.78
2015	30 522	12.03	18 949	6.03	11 573	21.01

资料来源:根据2011—2015年洞口县、隆回县、辰溪县以及双牌县的卫生调查数据整理得出

5.3.1.2 农村医疗卫生机构状况

截至2015年年底,湘西南区域共有县级综合医院30个、中医院33个、县级疾病预防控制机构(防疫站)29个、县级妇幼保健院(站、所)30个、

乡镇卫生院 330 个。乡镇卫生院卫生技术人员有 0.86 万人，其中 0.53 万人获得执业（助理）医师资格，0.26 万人获得注册护士资格；副高以上和中级职称技术人员分别占 1.7% 和 18.7%，初级技术人员占 51.1%；大专以上学历人员占 25.4%，中专学历人员占 57.8%，中专以下学历人员占 16.8%（见表5.13）。湘西南区域共有村卫生室 3 452 个，乡村医生 5 200 人，平均每村拥有乡村医生和卫生员 1.51 人，每千农业人口拥有乡村医生和卫生员 1.63 人。湘西南区域村卫生室共有执业（助理）医师 2 456 人，有 56.97% 卫生室参加了乡村卫生服务管理一体化。

表 5.13　　　2015 年湘西南区域乡镇卫生技术人员结构状况　　　单位：%

副高以上	中级	初级	大专以上	中专	中专以下
1.7	18.7	51.1	25.4	57.8	16.8

资料来源：湖南省卫生统计资料（2015 年）

5.3.1.3　农村妇幼保健及公共卫生状况

国际上通常用婴儿死亡率作为评价健康的指标之一。湘西南区域妇幼卫生监测资料显示，2015 年，湘西南区域农村孕产妇死亡率为 18.17/10 万人，城镇孕产妇死亡率为 8.45/10 万人；农村婴儿死亡率为 11.02‰，城镇婴儿死亡率为 6.52‰；农村 5 岁以下儿童死亡率为 9.21‰，城镇 5 岁以下儿童死亡率为 6.96‰（见表 5.14）。2015 年年底，湘西南区域农村卫生厕所普及率和自来水普及率分别达到 45.09% 和 46.32%。

表 5.14　　　2015 年湘西南区域农村妇幼保健状况

地区	孕产妇死亡率	婴儿死亡率	5 岁以下儿童死亡率
农村	18.17/10 万人	11.02‰	9.21‰
城镇	8.45/10 万人	6.52‰	6.96‰

资料来源：湖南省卫生统计资料（2015 年）

5.3.1.4　新型农村合作医疗情况

新型农村合作医疗制度（简称新农合）是指由政府组织、引导、支持，农民自愿参加，个人、集体和政府多方筹资，以大病统筹为主的农民医疗互助共济制度。与旧的农村合作医疗制度相比较，新农合在管理体制、筹资主体与方式、保障的内容与支付方式等方面都有不同。按照国务院的要求，此制度自 2003 年开始在各省、直辖市、自治区进行试点，到 2010 年，实现在全国建立基本覆盖农村居民的新型农村互助医疗制度的目标。目前，湘西南区域新农合工作进展顺利，已覆盖每个村落，参合率达99.8%。新农合的实行有效缓解了长期困扰农民看病难、看病贵的问题，为缓解农民因病致贫、因病返贫发挥了重要的作用。

5.3.1.5 农村医疗救助制度实施情况

农村医疗救助制度是通过政府拨款和社会各界自愿捐助等多渠道筹资，无偿资助农村医疗救助对象参加并享受新型农村合作医疗，限额帮助解决其患重大疾病医疗费用过重而实施的一项新型现代救助制度。根据国家《关于进一步做好新型农村合作医疗试点工作的指导意见》的要求，湖南省政府于2005年配合新农合开始进行农村医疗救助制度建设的试点，并通过宣传发动、监督检查、逐步推广等方法来推进其发展。为缓解困难群众医疗难问题，各级政府积极探索建立以财政投入为主，福彩公益金、社会捐赠为辅的资金筹措机制，推动农村医疗救助全面建制。2013年，湖南省开展农村医疗救助的县（市、区）达到80个，其中湘西南区域就有8个。据调查，建立农村医疗救助制度的县（市、区）农村医疗救助对象、救助范围、救助运行模式基本一致，但各县（市、区）医疗救助的形式、标准有所不同。救助对象包括低保户、五保户、伤残军人、残疾人以及因患大病造成生活特别困难又无自救能力的户；救助范围包括大病和慢性病；救助运行模式一般是医疗救助与新农合相结合，即在新农合补偿的基础上再对符合救助要求的农民给予医疗救助。据统计，2014年，湘西南区域各县（市、区）共发放医疗救助金3 000万元，救助困难群众5 000人次，资助2万名农村困难群众加入新型农村合作医疗。在大病救助的基础上，大部分县（市、区）开展了慢性病和常见病救助，发放100~200元的医疗救助卡，救助对象凭卡到指定医院看病购药。此外，大部分县（市、区）健全配套优惠政策，普遍确定了定点医院，救助对象在定点医院就医可享受床位费、护理费和检查费等方面的优惠减免。

5.3.2 湘西南区域农村居民健康投资状况

5.3.2.1 农村居民健康状况

根据2010年湖南省1%人口抽样调查资料显示，湘西南区域城市居民健康比例为94.79%，农村居民健康比例为92.68%。农村居民健康比例低于城市居民健康比例（见表5.15）。

表 5.15　　　　　　　2010 年湘西南区域居民健康状况　　　　　单位:%

地区	健康	基本健康	不健康	说不清
城市居民	94.79	3.83	1.25	0.13
农村居民	92.68	3.25	3.69	0.38

资料来源:《湖南省统计年鉴》(2011)

根据邵阳市农村居民健康调查报告（2012）显示，邵阳市农村居民 18 岁以上成人高血压患病率为 33.08%，其中男性患病率为 37.30%，女性为 32.27%；糖尿病患病率为 11.53%，其中男性患病率为 12.81%，女性患病率为 10.22%。2012 年，全国居民营养与健康状况调查显示，我国 18 岁以上成年人高血压患病率为 25.2%，糖尿病患病率为 9.7%。

5.3.2.2　农村居民医疗保健支出状况

医疗保健支出反映了农民将其收入用于医疗卫生服务的多少，即农民对健康投资的多少。在农村居民基本医疗需求还没有得到有效满足的情况下，医疗保健支出的增加可以从一个侧面反映出医疗卫生服务利用率的提高、农民健康投资的增加和健康水平的提高。根据湘西南各县（市、区）统计局调查结果显示，整体来看，湘西南区域农村居民 2011 年人均生活消费支出从 2011 年的 3 548.25 元，增加到 2015 年的 7 450.46 元，增幅为 110%；人均医疗保健支出从 2011 年的 241.64 元，增加到 2015 年的 540.16 元，增幅为 124%；医疗保健支出占生活消费支出的比重从 2011 年的 6.81%增长到 2015 年的 7.25%（见表 5.16）。

表 5.16　　　　2011—2015 年湘西南区域农村居民生活消费
　　　　　　　支出与医疗保健支出概况

年份	人均生活消费支出（元）	人均医疗保健支出（元）	医疗保健支出占比（%）
2011	3 548.25	241.64	6.81
2012	4 257.56	282.70	6.64
2013	4 938.89	348.69	7.06
2014	6 173.37	433.99	7.03
2015	7 450.46	540.16	7.25

资料来源：2012—2016 年《湖南省统计年鉴》《邵阳市统计年鉴》《怀化市统计年鉴》《永州市统计年鉴》

5.3.2.3 农村居民营养品消费支出状况

2015年，湘西南区域农村居民人均生活消费支出为7 450.46元，食品消费支出为3 007.01元，恩格尔系数为40.36%。其中，人均肉、禽、蛋、奶等消费支出为718.07元，占食品消费支出的23.88%。城镇居民人均生活消费支出为12 800元，食品消费支出为4 226.56元，恩格尔系数33.02%。其中，人均肉、禽、蛋、奶等消费支出为1 465.35元，占食品消费支出的34.67%。城乡居民用于营养品的消费支出差别较大。

5.3.2.4 湘西南区域农村医疗与湖南省内经济发达地区的比较

近年来，虽然湘西南区域农村医疗保障水平较过去有了很大的提高，但与湖南省内经济发达地区及全国平均水平相比仍然有较大的差距。一方面，湘西南区域的财政卫生投入明显偏低。从人均卫生事业费比较看，多年来湘西南区域的人均卫生事业费一直处于湖南省中下游水平。2013年，湘西南区域医疗卫生事业费支出是长沙的73.90%，株洲的80.78%，湘潭的83.80%。以人均卫生事业费为例，2013年湘西南区域人均卫生事业费为57.69元，仅是长沙的60.61%，株洲的65.36%，湘潭的66.35%；人均卫生事业费比吉首低3.12元，比湖南省平均水平（70.47元）低12.78元，是湖南省平均水平的81.86%。另一方面，卫生资源拥有与利用水平有差距。从卫生人员、床位数比较看，2013年湘西南区域每千农业人口拥有的乡镇卫生院床位数为1.28张，湖南省平均水平是1.78张；湘西南区域每千农业人口乡镇卫生院人员数为1.23人，湖南省平均水平是1.26人，其中长株潭地区这一数据达到3.56人。湘西南区域设村卫生室的行政村占总村数比例为70%，比湖南省平均水平（75.3%）低5.3个百分点；湘西南区域乡镇卫生院的病床使用率为42.82%。这些指标与长沙、株洲、湘潭等湖南省内经济发达区域比较，差距较大。

5.3.3 湘西南区域农村医疗（农民健康）存在的主要问题

5.3.3.1 政府财政投入不足，医疗条件较差

有研究发现，各个国家公共健康开支的差别对收入贫困者健康的影响比对其他人的影响更大，因为非贫困者能够更好地保护他们的健康不受较低的公共开支的影响。财政卫生投入的不足，导致了对医疗机构的支持力度和控制力度降低，医疗机构追求经济目标，创收倾向明显，公益性质淡薄，导致医药收费不断提高。

现行政府卫生投入依然受计划经济条件下的卫生财政模式的影响，财政投入多以卫生机构的资源量作为补偿目标，在投入上没有体现功能导向的作用和

效果，在投入不足的情况下存在不同程度的浪费现象。随着20世纪80年代的财政体制分级分税制的改革，湘西南区域卫生支出占财政支出的比例一直没有明显的变化，尽管逐年有所提高，但提高幅度不明显，与湖南省平均水平及湖南省内经济发达地区相比存在较大差距（见图5.2），远远低于财政收入和群众健康需求的增长。由于财政投入不足，使得农村医疗卫生体系建设相对滞后，农村医疗机构特别是基层的医疗卫生条件仍很落后，表现为规模小、设施简陋、药品种类少等。许多乡镇卫生院和绝大多数村卫生室主要靠药品差价获得收入和支付职工工资，一定程度上存在开大处方、药价偏高和过度治疗等问题。

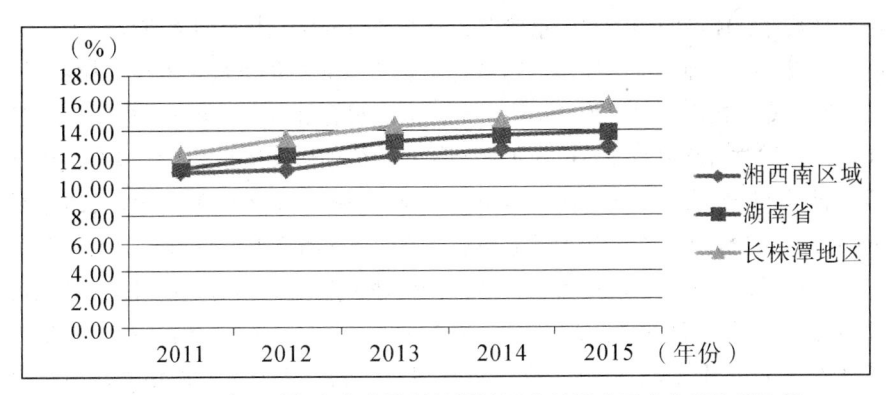

图5.2 湘西南区域与湖南省及长株潭地区农村医疗卫生支出比例比较

5.3.3.2 管理体制不顺，乡村医疗卫生机构服务能力较弱

目前湘西南区域农村卫生服务管理体制还没有理顺，农村三级卫生服务网关系松散，甚至出现无序竞争的局面。同时，县级卫生行政部门缺少对三级网的调控和监管手段。由于市场因素的介入，县级医疗卫生机构在三级卫生服务网中的"龙头"作用减弱。乡镇卫生机构实行乡办乡管在一些地区曾发生过积极作用，但目前普遍存在财政支持缺少保证、缺乏业务管理能力、人员安排过多、机构臃肿等弊病。同时，村卫生室缺少集体经济支持，村委会疏于管理，处于"自流"状态。由于对农村医疗投入逐年减少且比例失衡，形成了重医轻防、重城市轻农村的局面，致使乡村卫生机构的医疗设备陈旧老化，乡村医护人员长期得不到培训，技术骨干大量流失，再加上农村医药卫生领域管理混乱，对乡村医护人员管理难度加大。在这种大背景下，农民普遍认为乡村卫生没有治疗大病的技术与设备，医护人员素质今非昔比。

医疗卫生资源配置不合理是湘西南区域乡村医疗卫生机构服务能力减弱的另一个主要原因。一是农村基层医疗机构偏少，并且布局不合理。据统计，村卫生室承担了农村居民大部分的基本医疗问题，而湘西南区域设置卫生室的村数只占总村数的70%，并且专业医院、社区医疗服务中心以及村卫生室多设置在条件较好的村、乡镇以及县城周围，很难满足农民群众正常的医疗卫生需求。二是人力医疗资源配置不合理，即县城城区和中心镇医疗技术人员相对较多，一般乡村医疗技术人员相对较少。

5.3.3.3 农村公共卫生预防控制环节薄弱，农民防病意识不强

调查显示，目前湘西南区域各县（市、区）在乡镇、村基本没有设置独立运行的公共卫生预防控制机构，没有与县级公共卫生预防控制机构形成有机联系的医疗保健网络，农村公共卫生预防控制体系出现了严重的环节缺失。乡村健康教育、传染病的防治力量薄弱，有的乡镇卫生院与村卫生室仅仅满足于应付检查，致使肺结核、性病、乙型肝炎、艾滋病等传染病在不少农村出现，一些地方病也在部分农村重新抬头。农民医疗观念落后，缺乏科学的医疗保健知识，预防疾病意识不强也成为现在农村一些传染病发病率有增无减的主要原因。湘西南区域农村部分地区地方病，特别是一些常见病和高发病涉及的范围还很广，危害依然存在，如大骨节病、地方性氟中毒等在一些贫困地区的发病率居高不下，严重危害着广大农村居民的健康和生命。据有关统计资料显示，2013年，湘西南区域地方氟中毒（水型）病区有4个县，占湖南省的15.13%，病区村人口约2.2万人，氟骨症病人约3.5万人。近年来，湘西南区域农村地区又面临一些新疾病的困扰，如老年痴呆症、心血管病、高血压等，发病率呈上升趋势。

5.3.3.4 新型农村合作医疗管理体制不合理，保障能力弱

目前县级新型农村合作医疗管理机构设在卫生局，乡镇管理机构一般设在乡镇卫生院，村级则多设在定点村卫生室。这就使得卫生局及其所属医疗机构既是新农合的监管者又是其医疗服务的提供者，极易造成不公平或监管效率低下的问题。调查显示，82.5%的定点村卫生室、63.1%的乡镇卫生院的药品价格高于市场价格。新农合实施不久，监管力度还较大，但仍有约30%的农民认为新农合效果不好或很不好。

据调查，有相当一部分农民认为从新农合中报销的医疗费仍然较少，对解决因病致贫、因病返贫的问题收效甚微。多数地方加入新型合作医疗的农民门诊费用仅能报销20%~60%，大病采取一次性或全年累计应报医疗费超过5 000元以上分段补偿，即5 001~10 000元补偿65%，10 001~18 000元补偿70%，镇级合作医疗住院及尿毒症门诊血透、肿瘤门诊放疗和化疗补偿年限额为1.1万元，同时还要剔除用药目录以外的花费。农民反映，小病报销太麻烦、大病

补偿比例太低，不足以解决农民有病不看和因病致贫、因病返贫的问题。据笔者对邵阳市洞口县石江镇巨头村的120户农户的调查，对农村新型合作医疗住院报销情况非常满意的占参加人数的8.1%，满意的占26.1%，基本满意的占46.5%，不满意的占17.2%，很不满意的占2.1%。

此外，湘西南区域一些县（市、区）新农合基金的运行和监管方面也还存在一些漏洞。根据湖南省财政厅2013年对湘西南区域部分县（市、区）的检查情况，少数县（市、区）确实在新农合中存在一些违规操作现象，如有的地方对基金没有设置专户存储；经办机构既管账又管钱，与医疗机构或农民直接进行现金结算，不经过财政部门审核；个别乡镇在收取个人缴费的同时向村委会收取一定的费用，用于奖励完成任务好的村干部；有的地方挪用合作医疗基金用于垫支办公经费等。当前，新农合资金筹集和收缴主要由乡镇政府及其职能部门来完成，筹资手段落后、成本高、效率低。受社会物价总体水平升高、医疗新技术应用等因素的影响，医疗费用不断增加，而新农合采取的是定额筹资方式，尚未建立与医疗消费同步增长的动态筹资机制。这些问题尽管目前较为隐蔽，有的大致得到了部分解决或缓解，但由于缺乏制度性保证措施，难以保证该制度在今后的工作中一直顺利推进。如果解决不好，问题很有可能浮出水面，由"潜在的薄弱环节"转化为现实问题或发展障碍，甚至成为制约新农合顺利发展的"梗阻"。另外，自愿原则和提高参保率之间的矛盾、扩大受益面和提高受益水平的矛盾这两对矛盾也亟须得到重视和合理解决。

5.3.3.5 农村医疗救助制度不够完善

目前，湘西南区域农村医疗救助制度基本建立起来，但很不完善。据调查，湘西南区域各县（市、区）实施的农村医疗救助制度主要存在以下几个方面的问题：一是盲目性。各县（市、区）农村医疗救助制度建设均没有具体的实施方案，也没有建设计划，仍有近半数的县（市、区）没有建立专门的救助基金，需要补助时再向财政局申请，其农村医疗救助行为存在很大的盲目性。二是随意性。救助范围、救助标准在实际操作中有一定的随意性。三是缺乏实效性。由于救助标准确定不合理，包括起付线过高、报销比例偏低、报销封顶线偏低等，使得受到医疗救助的农民只是可以部分缓解贫困，但不能有效缓解贫困。四是救助范围窄。目前贫困农民能够得到医疗救助的范围只有0.048%，救助面明显偏窄。

5.3.3.6 医疗费用的过快增长抑制了农民对医疗服务的利用

卫生服务需求受经济能力、医疗保障水平、卫生服务可及程度等因素的影响，代表了居民对卫生服务的实际利用。经济上的承受能力是决定农村居民是否就诊的最重要的影响因素，医疗费用过高抑制了农村居民对医疗服务的利用。近几年，农村居民的医疗费用支出增长速度很快，均高于农村居民人均纯收入的增长速度。以湘西南区域的永州市为例，据永州市统计局调查结果显示，2014年、2015年永州市农村居民人均医疗费支出分别为423.43元、530.77元，分别比2011年人均医疗费支出（238.63元）增长77.44%、122.42%。2014年、2015年的农村居民人均纯收入比2011年只分别增长了48.81%和68.27%。根据永州市卫生事业发展情况统计公报的数据显示，2014年县属医院门诊病人人均医疗费用为258.83元、出院病人人均医疗费用为3 566.42元，2015年的两项费用分别为292.48元、4 071.06元，分别比2014年增长了13%、14.15%。

农民收入水平相对较低，这在根本上决定了多数农民自身无法承担参加养老保险和医疗保障的经济压力。就医疗保险来说，由于没有医疗保障，农村居民一旦遭遇大病或严重的慢性病，其家庭将陷入痛苦而艰难的两难选择。无论是哪种情况，这个家庭都面临着陷入贫困的危险。

5.4 湘西南区域农村迁移投资现状与问题

5.4.1 湘西南区域农村迁移投资现状

农户对家中的劳动力进行迁移投资，使家中的劳动力不必束缚在土地上，可以使具备不同能力的人找到适合自己的工作岗位和生活环境，从而使农村劳动力资源得到合理配置。劳动力迁移从行业上看，是劳动力由第一产业向第二产业和第三产业转移。通过行业转移，原本闲置的劳动力可以进入第二产业和第三产业工作，或进入乡镇企业工作或自己开展个体经营，农村家庭除得到农业生产收入以外，还会增加其他行业劳动者的工资性收入。农村劳动力地区间流动，由收入低的地方向收入高的地方流动或在行业间进行转移，可以使具备不同能力的人找到更适合自己的工作岗位，劳动力资源得到合理配置，工作效率提高，工资增加，劳动力收入增加。农户对主要从事农业的劳动力进行迁移投资，使这些劳动力农闲时进城务工，获得劳动收入，而这些工资积蓄寄回农村家庭，使农户收入增加。

近年来，湘西南区域农村迁移投资不断增加，农村家庭中劳动力流动和迁移所获得的非农收入不断提高，已经成为家庭收入的主要组成部分。为反映农村迁移投资状况，本书以农村居民家庭人均交通通信支出来分析农村迁移投资状况。从表5.17和图5.3可以看出，湘西南区域农村居民家庭人均交通通信支出呈上升趋势，其中人均交通通信支出2015年比2011年增加了593.95元，增长了192.19%，增长速度远远超过人均生活消费总支出。人均交通通信支出占生活消费支出的比重也逐年提升，由2011年的8.71%增加到2015年的12.12%，增长了39.15%。这些数据充分说明了湘西南区域农村居民在不断增加对迁移的投资，农村劳动力的迁移流动更加广泛。

表5.17 2011—2015年湘西南区域农村居民家庭人均交通通信支出情况

年份	人均交通通信支出（元）	人均生活消费总支出（元）	交通通信支出所占比重（%）
2011	309.05	3 548.25	8.71
2012	381.48	4 257.56	8.96
2013	461.79	4 938.89	9.35
2014	631.54	6 173.37	10.23
2015	903.00	7 450.46	12.12

资料来源：2012—2016年《湖南省统计年鉴》《邵阳市统计年鉴》《怀化市统计年鉴》《永州市统计年鉴》

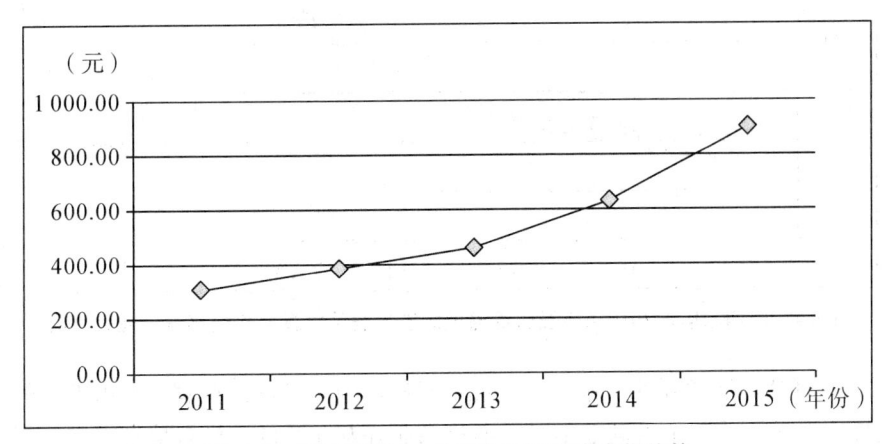

图5.3 湘西南区域人均交通通信支出变化趋势

5.4.2 湘西南区域农村迁移投资存在的问题

近年来，虽然湘西南区域农村居民家庭的人均迁移投资在不断增加，但与湖南省及湖南省内经济发达地区长株潭地区相比，湘西南区域农村居民的人均迁移投资相对较低。2015年，湘西南区域农村居民人均迁移投资只占湖南省的80%左右（见表5.18）。从图5.4可以看出，湘西南区域农村居民家庭人均迁移投资的速度明显低于湖南省平均水平，与长株潭地区差距更大。

表 5.18　　2011—2015 年湘西南区域和湖南省及长株潭地区
　　　　　农村居民家庭人均迁移投资　　　　　　单位：元

年份	湘西南区域	湖南省	长株潭地区
2011	309.05	421.23	448.56
2012	381.48	431.56	476.56
2013	461.79	490.65	543.26
2014	631.54	654.36	726.34
2015	903.00	935.2	1 023.12

资料来源：2012—2016 年《湖南省统计年鉴》《邵阳市统计年鉴》《怀化市统计年鉴》《永州市统计年鉴》

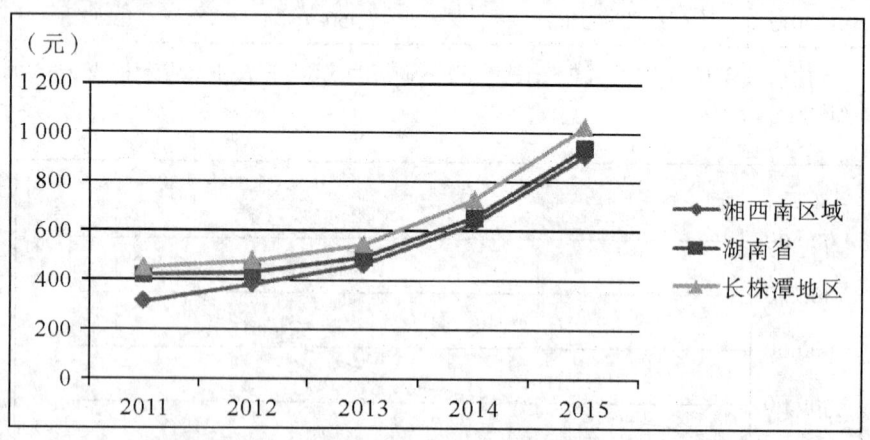

图 5.4　湘西南区域和湖南省及长株潭地区农村居民家庭人均迁移投资变化趋势

据湘西南区域各县（市、区）统计局抽样调查显示，在农民外出求职的过程中，有一半以上的就业信息是通过亲朋好友介绍的，供求信息渠道不完善，农民外出务工具有盲目性。缺乏准确、可靠、及时的信息来源往往使部分外出打工的农民无功而返，给家庭造成一定的经济损失，增加了迁移投资成本，挫伤了农民外出务工的积极性。另外，长期存在的城乡二元体制也在一定程度上阻碍了农村劳动力顺利迁移。这是因为现行的户籍制度与农民的切身利益，如住房、教育、社会保障等息息相关，不同的户籍拥有不用的待遇，这提升了农民外出务工的准入门槛，阻碍了农民工向外迁移。由于农民没有经济实力租住商品房，而面向低收入者的廉租房和经济适用房基本没有对农民工供给，这又加剧了农民外出务工的困难。

6 欠发达地区农村人力资本投资影响农村非农就业的实证分析

通过前面的理论分析可知，人力资本投资对农村劳动力非农就业的影响表现在两个方面，即内部效应和外溢效应。在内部效应和外溢效应双重作用下，人力资本投资对农村劳动力非农就业的规模产生直接且明显的影响；同时，人力资本投资提升了农村劳动力的人力资本存量，增强了农村劳动力的非农就业能力，影响其非农行业的选择，从而对非农就业结构产生一定影响。本章以欠发达地区湘西南区域农村人力资本投资状况为基础，利用数据并运用计量模型对湘西南区域人力资本投资影响农村非农就业进行实证分析。

6.1 农村人力资本投资的指标构成和数据说明

6.1.1 指标构成

本书借鉴侯风云（2007）提出的人力资本形成法，从人力资本形成的各种方法来衡量农村人力资本投资量。人力资本投资的重要主体是农民工个人或家庭（张烨，2013），他们是造成农村劳动力人力资本差异的主要原因（赵军芳，2010）。因此，本书从农户投资的角度进行分析。按照舒尔茨的人力资本理论，人力资本投资包括教育、医疗保健、培训以及迁移四个方面。对于培训支出，因数据难以获取，另外湘西南区域农村居民的收入较低，自身投资有限，在人力资本投资中所占比重较小，去除此项不会对整个分析结果造成太大影响，因此本书忽略该项支出。根据数据的可获得性、连续性和完整性，本书选取农村居民人均文化教育娱乐服务支出（E）、农村居民人均医疗保健支出（H）以及农村居民人均交通通信支出（T）分别作为农村人力资本投资的教育投资、健康投资和迁移投资。

6.1.2 数据说明

本书选取的人力资本投资各个指标的数据均来源于 1996—2016 年的《邵阳市统计年鉴》《永州市统计年鉴》《怀化市统计年鉴》《湖南省统计年鉴》，其中农村居民人均文化教育娱乐服务支出、农村居民人均医疗保健支出、农村居民人均交通通信支出均以 1995 年价格为基期使用消费价格指数进行平减。

6.2 人力资本投资对农村非农就业规模影响的实证分析

6.2.1 变量选择与模型构建

非农就业规模是反映农村非农就业发展水平的重要因素，农村劳动力非农就业规模可以用绝对指标或相对指标来反映。其中，绝对指标是指农村劳动力在非农行业部门就业的人数，而相对指标主要是指农村劳动力在非农行业部门就业的人数与乡村从业人员总数的比重。本书用绝对指标来衡量农村劳动力非农就业规模变量（L）。该变量选用湘西南区域（邵阳市、永州市、怀化市）1995—2015 年的相关数据，数据来源于 1995—2016 年的《邵阳市统计年鉴》《永州市统计年鉴》《怀化市统计年鉴》《湖南省统计年鉴》。同时，本书将农村居民人均文化教育娱乐服务支出（E）、农村居民人均医疗保健支出（H）以及农村居民人均交通通信支出（T）分别作为农村人力资本投资的教育投资、健康投资和迁移投资变量。为了消除时间序列数据的异方差和波动问题，对这四个变量分别取对数，即 $\mathrm{Ln}L$、$\mathrm{Ln}E$、$\mathrm{Ln}H$、$\mathrm{Ln}T$。

本书采用希姆斯（Sims，1980）提出的向量自回归模型（VAR），来分析湘西南区域人力资本投资与农村劳动力非农就业规模的长期关系以及短期动态影响。向量自回归模型以数据统计性质为基础，采用多方程联立的形式，不需要考虑模型中变量的内生性问题，因此比单方程模型具有更高的可靠性。向量自回归模型具体形式如下：

$$\begin{bmatrix} \mathrm{Ln}L \\ \mathrm{Ln}E \\ \mathrm{Ln}H \\ \mathrm{Ln}T \end{bmatrix} = \beta_0 + \sum_{i=1}^{p} \beta_{1i} \begin{bmatrix} \mathrm{Ln}L_{t-i} \\ \mathrm{Ln}E_{t-i} \\ \mathrm{Ln}H_{t-i} \\ \mathrm{Ln}T_{t-i} \end{bmatrix} + \mu \ (t = 1, 2, \cdots, 20) \quad (\text{式} 6.1)$$

其中，p 为滞后阶数，β_0 是截距项，为一个四维列向量；β_{1i}（$i=1, 2, \cdots,$

p) 为 4×4 阶矩阵；μ 为四维随机扰动列向量。

本书采用 Eviews 6.0 计量软件对数据进行处理和实证分析。具体运行步骤包括单位根检验、协整检验、Granger 因果检验、脉冲响应分析以及方差分析。

6.2.2 单位根检验和协整检验

由于本书选用的是时间序列数据，为了避免"虚假回归"现象，在拟合模型前必须对数据进行平稳性检验。本文采用 ADF 单位根检验方法对变量 LnE、LnH、LnT 和 LnL 进行单位根检验。

表 6.1 的单位根检验结果显示，原序列 LnE、LnH、LnT、LnL 均有单位根，属于不平稳序列，但在一阶差分后，四个序列在 1% 的置信水平上通过显著性检验，均为一阶单整序列，因此可以对以上变量进行协整检验（见表 6.1）。

表 6.1　　　　　　　　ADF 检验结果

变量	检验类型（C, T, K）	ADF	临界值 1%	临界值 5%	p 值	检验结果
LnL	未差分（C, T, 0）	-2.774 2	-4.314 9	-3.480 6	0.206 5	不平稳
	一阶差分（C; T, 0）	-5.532 8	-4.238 3	-3.586 5	0.000 5	平稳***
LnE	未差分（C, T, 0）	-1.954 8	-4.232 9	-3.580 6	0.485 4	不平稳
	一阶差分（C; T, 0）	-5.539 1	-4.339 3	-3.587 5	0.000 5	平稳***
LnH	未差分（C, T, 1）	-2.894 8	-4.239 2	-3.574 5	0.150 8	不平稳
	一阶差分（C; T, 5）	-5.654 7	-4.340 6	-3.532 8	0.000 8	平稳***
LnT	未差分（C, T, 0）	-3.245 6	-4.332 8	-3.570 9	0.079 7	不平稳
	一阶差分（C; T, 1）	-7.028 6	-4.285 8	-3.694	0.000 0	平稳***

注：(C, T, K) 分别表示常数项、趋势项和滞后阶数；*** 表示结果在 1% 检验水平下显著

本书采用以向量自回归模型（VAR）为基础的多变量协整检验中最常用的 Johansen 协整检验方法。由于协整检验的最优滞后阶数比对应的 VAR 模型的最优滞后阶数小 1，因此在协整检验之前，首先需要确定 VAR 模型的最优滞后期。本书采用 LR 似然比、FPE 最终预测误差、AIC 信息准则、SC 信息准则和 HQ 汉南准则五种指标进行判断，其中每一种指标均会给出该指标所选择的最优滞后期，五种指标中多数指标判断一致的阶数即为该模型的最优滞后阶数。最优滞后期的判定如表 6.2 所示。

表6.2　　　　　　　　VAR模型最优滞后期的判定

滞后期	LogL	LR	FPE	AIC	SC	HQ
0	-18.070 25	NA	6.04E-05	1.636 212	1.828 378	1.683 507
1	89.432 51	175.684 5	6.54E-08	-5.109 096	-4.149 227	-4.893 773
2	128.482 1	50.790 45*	1.37e-08*	-6.841 257*	-5.123 573*	-6.234 898*

注：*表示该准则在5%的显著水平下选择的最优滞后期

综合表6.2的各检验准则，可得VAR模型的最优滞后阶数为2阶，故协整检验的最优滞后阶数应为1。Johansen协整检验结果如表6.3所示。

表6.3　　　　　　　　Johansen协整检验结果

原假设	特征值	迹统计量	5%临界值	P值	最大特征值	5%临界值	P值
None*	0.745 13	73.271 21	46.782 8	0.000 0	36.900 92	27.483 42	0.002 4
Atmost1*	0.620 87	36.330 28	29.807 08	0.007 6	25.807 08	21.121 52	0.006 9
Atmost2	0.257 03	9.356 808	15.384 08	0.324 8	8.415 264	14.274 5	0.337 1
Atmost3	0.047 29	1.021 924	3.831 567	0.309 7	1.022 34	3.841 567	0.309 7

注：*表示在5%的显著性水平下拒绝原假设，存在协整关系

由表6.3可得，协整检验的迹统计量检验和最大特征值统计量检验提供了相同的统计结果，即在5%的显著水平下拒绝没有协整关系的零假设以及最多只有一个协整关系的假设，接受模型中所有变量存在协整方程的假设。这说明湘西南区域教育人力资本投资、健康人力资本投资和迁移人力资本投资与农村劳动力非农就业规模存在长期稳定的均衡关系。标准化后的协整方程（其中括号中的数字为标准差）如下：

$$LnL = 0.780\ 668 LnE + 0.435\ 814 LnH - 0.409\ 108 LnT - 4.372\ 924 \quad （式6.2）$$
$$(0.206\ 92) \quad (0.136\ 97) \quad (0.221\ 31)$$

式6.2表明，教育人力资本投资、迁移人力资本投资和非农就业规模为同向相关关系，即从长期来看，教育人力资本投资每增长1%，非农就业规模就会增加0.780 668%，迁移人力资本投资每增长1%，非农就业规模增加0.435 814%。健康人力资本投资与非农就业规模为负向关系，这主要是因为本书选取农村居民的人均医疗保健支出作为健康人力资本投资指标，在现实生活中，医疗保健支出的增加间接反映了农民的身体状况欠佳，而农民的身体素质直接影响他们的非农就业决策以及非农就业能力，最后影响非农就业规模。从人力资本投资各维度对农村劳动力非农就业规模的影响系数来看，教育人力资本投资对其影响最大，其次为迁移人力资本投资，而健康人力资本投资影响

最小。

6.2.3 VECM 模型及其诊断检验

Johansen 协整检验的结果证明了湘西南区域农村教育人力资本投资、健康人力资本投资、迁移人力资本投资与农村劳动力非农就业规模之间存在协整关系，故引入 VECM 模型（含有协整约束的 VAR 模型）。这是因为若变量之间存在协整，简单的 VAR 模型将损失掉许多有用的信息，同时也会使分析结果出现误差，为解决这个问题，应使用 VECM 模型。在根据 VECM 模型得出 Granger 因果关系、脉冲响应函数和方差分解的结果之前，需要对其实施必要的诊断检验。由于 VECM 的滞后期是无约束 VAR 模型一阶差分变量的滞后期，根据无约束 VAR 模型的最优滞后期数为 2，确定 VECM 的滞后期为 1，我们对 LnL、LnE、LnH、LnT 这四个变量建立向量误差修正模型（VECM）并进行估计，其估计结果如表 6.4 所示。

表 6.4　　　向量误差修正模型（VECM）估计结果

Error Correction	D（LnL）	D（LnE）	D（LnH）	D（LnT）
CointEq1	-0.024 21	0.297 567	0.323 326	0.090 834
F 统计量	2.023 874	11.884 33	6.146 019	0.829 201

根据表 6.4 的 VECM 模型的误差修正项估计系数为负（-0.024 21），调整方向符合误差修正机制。VECM 模型的稳定性检验结果如图 6.1 所示，除了 VECM 模型设定包含的单位根落在单位圆上外，其他均在单位圆以内，因此 VECM 模型的稳定性条件得以满足。同时，LM 自相关检验显示 LM_1 = 25.339 53，P 值 = 0.063 9；LM_2 = 19.020 47，P 值 = 0.268 1，故不存在自相关。White 异方差（无交叉项）检验显示，X_2 值 = 109.442 7，P 值 = 0.242 7，故不存在异方差。因此，VECM 模型稳定且不存在设定偏差，保证了根据该模型得出 Granger 因果关系、脉冲响应函数和方差分解结果的可靠性。

6.2.4 Granger 因果检验

协整分析只能说明变量之间存在长期稳定关系，但对变量间短期内的因果关系并不能进行全面具体地分析，因此需要进行基于 VECM 模型的 Granger 短期因果关系检验，检验结果如表 6.5 所示。

Inverse Roots of AR Characteristic Polynomial

图 6.1　模型稳定性检验

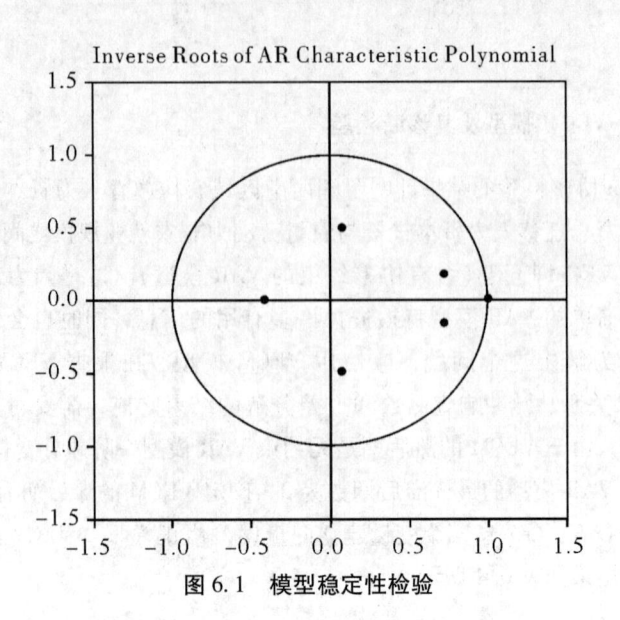

表 6.5　基于 VECM 模型的 Granger 短期因果关系检验

结果＼原因	D（LnL）	D（LnE）	D（LnH）	D（LnT）
D（LnL）		13.056 01**	12.451 01**	0.506 311
D（LnE）	2.497 062		11.251 15***	0.128 891
D（LnH）	9.378 986***	8.624 839***		1.164 578
D（LnT）	1.252 626	0.012 687	1.125 231	
联合检验	9.621 782**	34.788 74***	25.527 65***	3.365 312

注：表中数值为 χ^2 统计量，***、** 分别表示在 1%、5%显著性水平上显著，D 表示差分算子

由表 6.5 可知，在短期内，非农就业规模是教育人力资本投资的 Granger 原因，而教育人力资本投资不是非农就业规模的 Granger 原因，两者表现为单向 Granger 因果关系，这说明教育人力资本投资对非农就业规模的影响具有滞后性。健康人力资本投资与非农就业规模存在双向的 Granger 因果关系。迁移人力资本与非农就业规模互相都不是对方的 Granger 原因，这说明迁移人力资本投资对非农就业的影响也具有滞后性。从短期来看，人力资本投资各个维度在 5%的显著水平下整体上是非农就业规模的 Granger 原因。

6.2.5　脉冲响应分析

脉冲响应函数描述的是模型中的一个内生变量的冲击对其他内生变量产生

的影响。具体来讲就是模型中各个内生变量对误差变化大小的反应，即当给误差项一个标准差大小的冲击时，系统内各个内生变量在一定时期内对这个冲击的反应大小情况以及反应的变化趋势。图6.2展示了给教育人力资本投资、健康人力资本投资、迁移人力资本投资一个冲击（乔利斯基分解），非农就业规模变化的脉冲响应函数。图6.2中纵轴表示非农就业规模的变化情况，横轴表示的是滞后阶数，曲线表示的是脉冲响应函数，代表非农就业规模对教育人力资本投资、健康人力资本投资、迁移人力资本投资变化的冲击的反应。

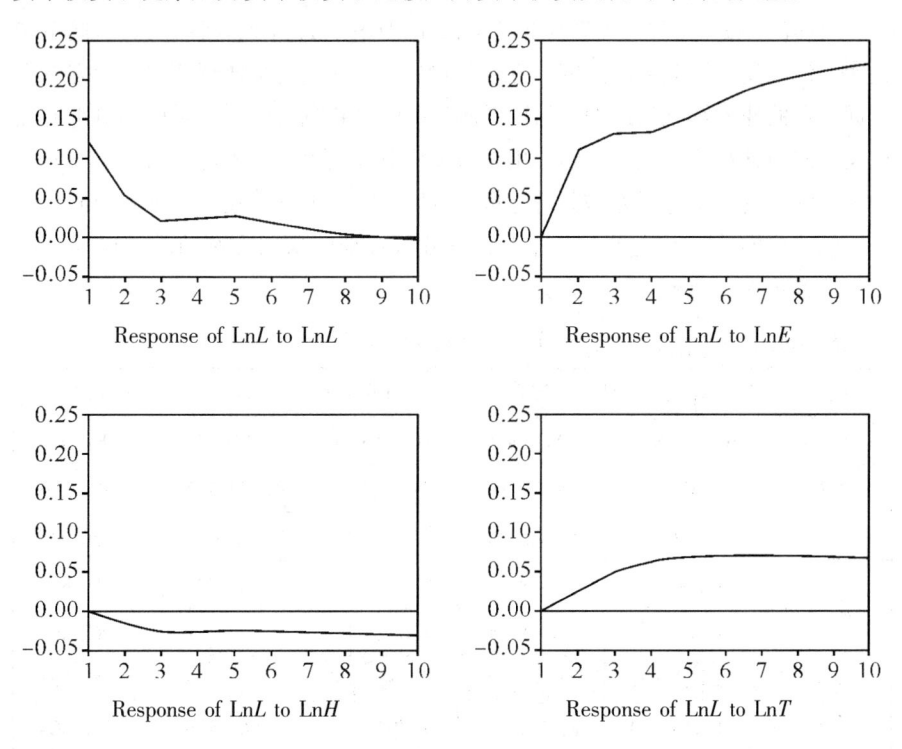

图6.2 脉冲响应图

从图6.2可以看出，当给健康人力资本投资一个正向冲击后，非农就业规模具有比较明显的负向变动，这说明健康人力资本投资的冲击会对非农就业规模带来明显的反向冲击，具体来讲就是医疗保健投资的增加会对农村劳动力非农就业规模产生明显的负向影响。这主要是因为健康人力资本投资指标的选取在某种程度上反映了农民的健康水平，健康人力资本投资增加，表明农民的身体状况欠佳，这会对农民的非农就业规模产生不利影响。当给迁移人力资本投资一个正向冲击后，非农就业规模在前五期有小幅波动，从第六期开始趋于稳定，这说明迁移人力资本投资对非农就业规模的影响具有较长的持续效应。当给教育人力资本投资一个正向冲击后，非农就业规模在前期升幅较快，从第三期到第四期，比较平稳，从第五期开始缓慢上升。这表明教育人力资本投资在受到某一冲击后，会给非农就业规模带来同向的冲击，即教育人力资本投资的正向冲击对非农就业规模具有一定的促进作用，并且教育人力资本投资对非农就业规模的影响具有滞后性，即具有较长的持续效应。

6.2.6 方差分析

前面的 Granger 因果关系检验结果仅能说明变量之间的因果关系，但不能说明变量之间因果关系的强度。方差分解是分析内生变量的预测误差的方差由不同新息的冲击影响的比例，从而了解每一随机新息对内生变量的相对重要性以及不同新息对该内生变量的作用时滞和相对效用大小。因此，通过对非农就业规模的预测误差进行方差分解分析，可以了解人力资本投资各维度的冲击对非农就业规模的相对重要性。方差分解分析过程中采用乔利斯基（Cholesky）正交分解技术，结果如表 6.6 所示。

表 6.6　　　　　　　　　LnL 方差分解结果

Period	S.E	LnL	LnH	LnT	LnE
1	0.068 837	100.000 0	100.000 0	0.000 000	0.000 000
2	0.105 839	88.455 07	4.023 285	4.334 307	3.185 224
3	0.137 347	85.957 86	5.363 445	2.912 635	5.786 048
4	0.160 279	83.400 48	6.863 715	3.245 027	6.359 882
5	0.184 506	83.005 06	7.072 948	2.867 781	7.062 209
6	0.201 391	81.979 76	7.633 179	3.029 123	7.257 761
7	0.218 709	81.763 49	7.704 538	2.862 426	7.678 304
8	0.233 763	81.272 86	7.945 829	2.940 346	7.841 002
9	0.250 109 1	81.134 56	7.962 529	2.862 723	7.020 326
10	0.263 629	80.860 17	8.086 821	2.916 731	8.133 271

由表 6.6 可以看出，除了来自自身的冲击影响外，教育人力资本投资和健康人力资本投资在整个 10 期中对农村劳动力非农就业规模波动的解释程度较高，其中，在前 9 期，除了第三期健康人力资本投资略低于教育人力资本投资外，其他期都高于教育人力资本投资，但在第十期，教育人力资本投资高于健康人力资本投资。教育人力资本投资最后对非农就业规模波动的解释程度平均

维持在8.13%的水平，健康人力资本投资最后对非农就业规模波动的解释程度平均维持在8.08%的水平。迁移人力资本投资在第二期中对非农就业规模的解释程度最高，但在之后，其对非农就业规模波动的解释程度均在3.3%以下。

6.2.7 计量结果分析

本书根据湘西南区域1995—2015年的时间序列数据，建立VECM（含有协整约束的VAR）模型，并通过单位根检验、Johansen协整检验、Granger因果关系检验、脉冲响应分析以及方差分析等，研究了教育人力资本投资、健康人力资本投资、迁移人力资本投资与农村劳动力非农就业规模的关系，得出如下结论：

第一，湘西南健康人力资本投资、迁移人力资本投资和教育人力资本投资与农村劳动力非农就业规模存在长期稳定的均衡关系，提高农村人力资本投资水平，会对农村劳动力非农就业规模有较强的影响。

第二，在短期内，湘西南区域农村人力资本投资总体是农村劳动力非农就业规模的Granger原因；健康人力资本投资与非农就业规模互为Granger原因；非农就业规模是教育人力资本投资的单向Granger原因；迁移人力资本投资与非农就业规模均不是对方的Granger原因。这表明在短期内，教育人力资本投资与迁移人力资本投资对非农就业规模的影响具有时滞性。

第三，从人力资本投资各维度对农村劳动力非农就业规模的影响系数来看，教育人力资本投资对其影响最大，其次为迁移人力资本投资，而健康人力资本投资最小。

第四，人力资本投资各个维度对最后非农就业规模波动的解释程度最大的是教育人力资本投资，达到8.13%；其次为健康人力资本投资，为8.09%；迁移人力资本投资最小，仅为3%左右。

6.3 人力资本投资对农村非农就业结构影响的实证分析

城乡二元经济结构使得农村剩余劳动力由农业向非农行业转移，并且在农村劳动力非农就业内部还存在进一步就业结构演变的问题，即农村非农经济的不断发展使得农村劳动力的非农产业结构发生变化，具体体现为第二产业的经济比重逐步下降，第三产业部门的经济比重不断上升，非农产业吸纳农村劳动力就业的弹性发生变化，客观上导致农村劳动力非农就业结构升级，农村劳动力在第三产业就业的比重逐渐增加，在第二产业就业的比重趋于下降，因此非农就业结构在某种程度上也是衡量非农就业发展水平的重要方面。作为推动农村劳动力非农就业内在因素的人力资本投资以及人力资本投资各个维度对农村劳动力非农就业结构的影响如何，将在下面运用计量模型进行分析。

6.3.1 变量选择与模型构建

根据前面章节的分析可知，农村劳动力非农就业结构主要是指农村劳动力在非农行业的就业分布状况。包括工业和建筑业的第二产业以及包括批发零售业、住宿餐饮业、交通运输及邮政业、信息技术业等的第三产业中不同行业的农村劳动力从业人员比重构成了农村劳动力非农就业结构。农村劳动力非农就业结构的发展状况，应该主要看农村总就业结构中第三产业从业人员比重指标的变化情况，因为第三产业从业比重反映了由产业结构升级而带动就业结构升级的程度，所以用农村第三产业从业人员数与乡村从业人员总数的比值来衡量农村劳动力非农就业结构变量（JG）。该变量选用湘西南区域1995—2015年的相关数据，数据均来源于1996—2016年的《邵阳市统计年鉴》《永州市统计年鉴》《怀化市统计年鉴》《湖南省统计年鉴》。本书选取本章第一节所阐述的农村居民人均文化教育娱乐服务支出（E）、农村居民人均医疗保健支出（H）以及农村居民人均交通通信支出（T）分别作为农村人力资本投资的教育投资、健康投资和迁移投资变量。为了消除时间序列数据的异方差和波动问题，对人力资本投资各个变量分别取对数，即LnE、LnH、LnT。因为非农就业结构变量（JG）为农村第三产业从业人员数与乡村从业人员总数的比值，所以不对其进行对数处理。

本书采用向量自回归模型（VAR）来分析湘西南区域人力资本投资各个变量与农村劳动力非农就业结构的长期关系以及短期动态影响。在构建VAR模型之前，需要先对各变量进行平稳性检验，若变量都是平稳序列，则建立VAR模型；若变量为非平稳序列但均为同阶单整，则应对变量进行协整检验，以确定变量间是否存在长期稳定关系。若变量之间存在协整，简单的VAR模型将损失掉许多有用的信息，同时也会使分析结果出现误差，为解决这个问题，应使用VECM模型。以下实证分析均使用Eviews 6.0计量软件。

6.3.2 单位根检验和协整检验

为了避免"伪回归"，需要对四个变量JG、LnE、LnH、LnT进行单位根检验。本书采用ADF单位根检验方法，最终检验结果如表6.7所示，变量JG、LnE、

LnH、LnT 序列均存在单位根,属于不平稳序列,但一阶差分后,四个变量均在1%的显著水平下平稳,都属于一阶单整序列,即 $JG \sim I(1)$、$LnE \sim I(1)$、$LnH \sim I(1)$、$LnT \sim I(1)$。

表6.7　　　　　　　　　　ADF 检验结果

变量	检验类型	ADF	临界值 1%	临界值 5%	P 值	检验结果
JG	未差分（C, T, 0）	-2.896 3	-4.332 9	-3.578 6	0.150 8	不平稳
	一阶差分（C, T, O）	-7.487 6	-4.239 2	-3.577 6	0.000 0	平稳***
LnE	未差分（C, T, 0）	-1.963 8	-4.332 9	-3.580 5	0.593 3	不平稳
	一阶差分（C, T, O）	-5.638 9	-4.332 9	-3.577 5	0.000 5	平稳***
LnH	未差分（C, T, 1）	-2.993 8	-4.238 9	-3.486 8	0.151 8	不平稳
	一阶差分（C, T, 5）	-5.662 7	-4.430 6	-3.621 8	0.000 8	平稳***
lnT	未差分（C, T, 0）	-3.334 7	-4.332 9	-3.570 6	0.069 8	不平稳
	一阶差分（C, T, 1）	-7.038 6	-4.355 9	-3.594	0.000 0	平稳***

注：(C, T, K) 分别表示常数项、趋势项和滞后阶数, *** 表示结果在1%检验水平下显著

由于四个变量 JG、LnE、LnH、LnT 均为一阶单整序列,因此可以用多变量 Johansen 协整检验方法对其进行协整检验,来看它们是否存在长期均衡的协整关系。因为协整检验的最优滞后阶数比对应的 VAR 模型的最优滞后阶数小1,所以在协整检验之前,首先需要确定 VAR 模型的最优滞后期。其判定如表6.8所示。

表6.8　　　　　　　　VAR 模型最优滞后期的判定

滞后期	LogL	LR	FPE	AIC	SC	HQ
0	42.374 51	NA	6.14E-07	-2.941 776	-2.757 333	-2.886 15
1	138.614	155.363 9	1.31E-08	-9.114 165	-8.156 497	-8.835 483
2	171.010 5	42.357 08	4.08E-10	-10.375 04	-8.633 068	-9.773 42
3	201.393 9	30.479 14*	1.78e-10*	-11.488 59*	-8.983 341 2*	-10.774 03*

注：* 表示该准则在5%的显著水平下选择的最优滞后期

由表6.8可知,LR 似然比、FPE 最终预测误差、AIC 信息准则、SC 信息准则和 HQ 汉南准则五种指标所选择的最优滞后期均为3,可得 VAR 模型的最优滞后阶数为3阶,故协整检验的最优滞后阶数应为2。

由表6.9可知,协整检验的迹统计量检验和最大特征值统计量检验提供了相同的统计结果,即四个变量存在协整方程。这说明教育人力资本投资、健康

人力资本投资和迁移人力资本投资与农村劳动力非农就业结构存在长期稳定的均衡关系。标准化后的协整方程如下：

$JG = -0.048\ 311 \text{Ln}E + 0.071\ 379 \text{Ln}T - 0.013\ 306 \text{Ln}H - 0.128\ 234$ （式6.3）

式6.3表明，迁移人力资本投资和非农就业结构为同向相关关系，即从长期来看，迁移人力资本投资每增长1%，非农就业结构就会增加0.071 379%。健康人力资本投资与非农就业结构为负向关系，这可能是因为选取的健康人力资本投资指标，在现实生活中间接反映了农民的身体状况，即健康人力资本投资越大，在某种程度上说明农民的身体素质相对越差，这不利于非农就业结构的优化。教育人力资本投资与非农就业结构呈负向关系，可能的解释是本书的非农就业结构指标主要反映的是第三产业就业人数与农村劳动力就业人数的比值，而教育人力资本投资的增加促使农村劳动力非农就业，但在非农就业的农村劳动力中，第二产业就业的增长速度大于第三产业就业的增长速度，并且由于农民文化素质的提高和农业科技的推广，存在部分农村劳动力返回农村从事现代农业，这些因素影响了非农就业结构指标的增加。从人力资本投资各维度对农村劳动力非农就业结构的影响系数来看，迁移人力资本投资对其影响最大，其次为教育人力资本投资，而健康人力资本投资影响最小。

表6.9　　　　　　　　　　Johansen协整检验结果

原假设	特征值	迹统计量	5%临界值	P值	最大特征值	5%临界值	P值
None*	0.752 68	75.506 78	47.856 12	0.000 0	36.438 6	27.573 46	0.002 7
Atmost*	0.602 78	39.060 1	29.797 06	0.003 3	24.026 98	21.121 62	0.019 1
Atmost2	0.274 65	15.032 11	15.394 71	0.057 84	8.382 054	14.253 65	0.342 1
Atmost3*	0.225 27	6.670 156	3.831 456 6	0.009 8	6.680 046	3.841 566	0.009 8

注：*表示在5%的显著性水平下拒绝原假设，存在协整关系。

6.3.3　VECM模型及其诊断检验

因为检验人力资本投资各个变量与非农就业结构之间存在协整关系，所以引入VECM模型。在根据VECM模型得出Granger因果关系、脉冲响应函数和方差分解的结果之前，需要对该模型进行诊断检验。由于VECM的滞后期是无约束VAR模型一阶差分变量的滞后期，根据无约束VAR模型的最优滞后期数为3，确定VECM的滞后期为2，我们对JG、$\text{Ln}E$、$\text{Ln}H$、$\text{Ln}T$四个变量建立向量误差修正模型（VECM）并进行估计。其显示结果如表6.10所示。

表 6.10　　　　　　向量误差修正模型（VECM）估计结果

Error Correction	D（JG）	D（LnE）	D（LnH）	D（LnT）
CointEq1	-0.200 06	5.227 542	-0.061 068	8.391 026
F 统计量	5.259 068	3.076 401	2.246 074	4.180 229

根据表 6.10 可知，VECM 模型的误差修正项估计系数为负（-0.200 06），调整方向符合误差修正机制。VECM 模型的稳定性检验结果如图 6.3 所示，除了 VECM 模型设定包含的单位根落在单位圆上外，其他均在单位圆以内，因此 VECM 模型的稳定性条件得以满足。同时，LM 自相关检验显示 LM_1 = 19.816 18，P 值 = 0.228 1；LM_2 = 11.406 59，P 值 = 0.782 7，故不存在自相关。White 异方差（无交叉项）检验显示，χ^2 值 = 178.260 8，P 值 = 0.552 4，故不存在异方差。因此，VECM 模型稳定且不存在设定偏差，保证了根据该模型得出 Granger 因果关系、脉冲响应函数和方差分解结果的可靠性。

Inverse Roots of AR Characteristic Polynomial

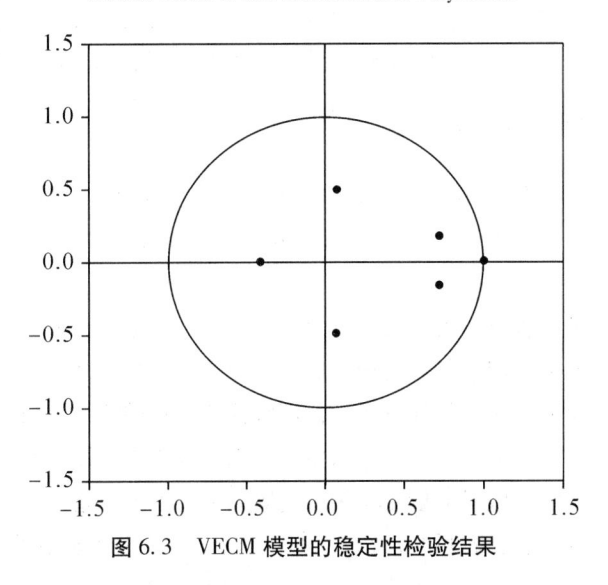

图 6.3　VECM 模型的稳定性检验结果

6.3.4　Granger 因果检验

基于 VECM 模型的 Granger 短期因果关系检验结果如表 6.11 所示。

表 6.11　基于 VECM 模型的 Granger 短期因果关系检验

原因＼结果	D（JG）	D（LnE）	D（LnH）	D（LnT）
D（JG）		9.261 088***	9.785 864***	5.826 523*
D（LnE）	1.011 703		10.425 02***	6.861 205**
D（lnH）	13.667 06***	10.300 72***		4.706 209*
D（LnT）	9.735 206**	0.067 487	1.117 988	
联合检验	32.206 92***	23.577 65***	17.273 92***	18.139 38***

注：表中数值为 χ^2 统计量，***、** 分别表示在 1%、5%显著性水平上显著，D 表示差分算子

由表 6.11 可知，在短期内，健康人力资本投资、迁移人力资本投资与非农就业结构存在双向的 Granger 因果关系。非农就业结构是教育人力资本投资的 Granger 原因，而教育人力资本投资不是非农就业结构的 Granger 原因，两者表现为单向 Granger 因果关系，这说明教育人力资本投资对非农就业结构的影响具有滞后性。在短期内，教育人力资本投资、健康人力资本投资以及迁移人力资本投资整体在 1%的显著水平下是非农就业结构的 Granger 原因。

6.3.5　脉冲响应分析

图 6.4 展示了在 VECM 模型中给教育人力资本投资、健康人力资本投资、迁移人力资本投资一个冲击（乔利斯基分解）后，非农就业结构变化的脉冲响应函数。

从图 6.4 可以看出，当给健康人力资本投资一个正向冲击后，非农就业结构具有比较明显的负向变动，这说明健康人力资本投资的冲击会对非农就业结构带来明显的反向冲击，具体来讲就是医疗保健投资的增加会对农村劳动力非农就业结构产生明显的负向影响。这主要是因为健康人力资本投资指标的选取在某种程度上反映了农民的健康水平，健康人力资本投资增加，表明农民的身体状况欠佳，这会影响农村劳动力非农行业的选择，进而影响非农就业结构。当给迁移人力资本投资一个正向冲击后，非农就业结构在前五期反应不稳定，从第六期开始波动幅度较小，这说明迁移人力资本投资对非农就业结构的影响具有较长的持续效应。当给教育人力资本投资一个正向冲击后，非农就业结构在前三期基本无波动，第四期到第七期波动明显且都为负向变动，从第八期开始波动较小趋于稳定但还表现为负向反应。这主要是因为教育人力资本投资的增加对农村劳动力进行第三产业非农就业选择的影响小于农村劳动力其他行业

就业的影响，进而影响非农就业结构变量的增加。

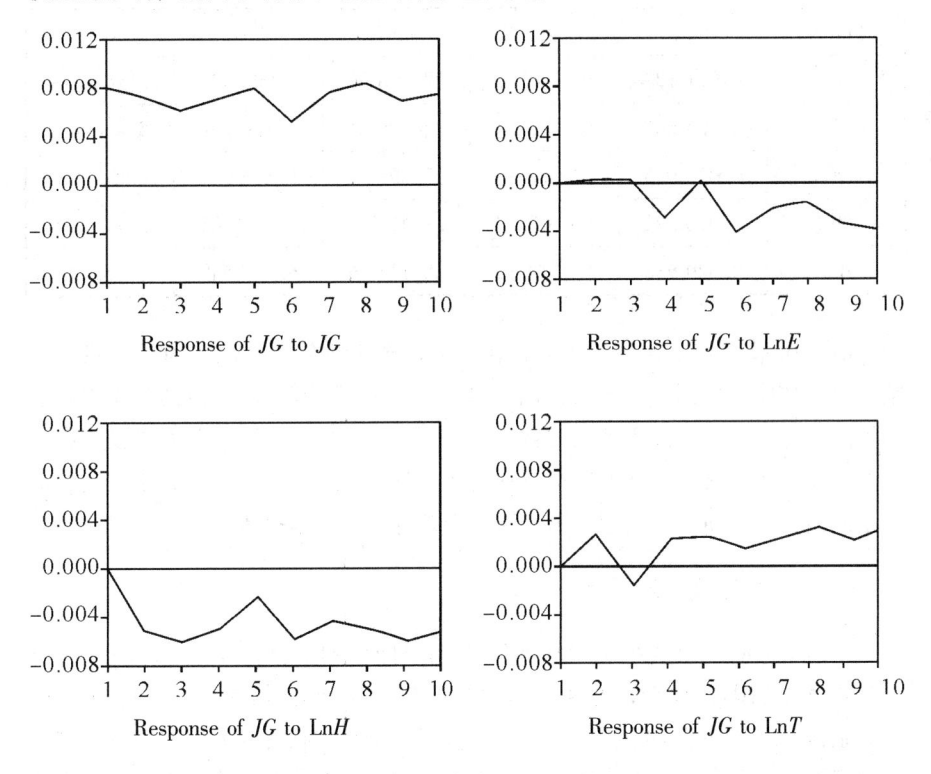

图 6.4　非农就业结构对各个人力资本投资冲击的脉冲响应函数

6.3.6　方差分析

基于 VECM 模型，本书采用乔利斯基（Cholesky）正交分解技术的方差分解的结果如表 6.12 所示。

表 6.12　　　　　　　　　　JG 方差分解结果

Period	S.E.	JG	LnH	LnT	LnE
1	0.007 863	100.000 0	0.000 000	0.000 000	0.000 000
2	0.012 328	76.153 45	18.803 07	4.861 609	0.071 669
3	0.015 132	66.439 33	29.155 06	4.300 466	0.103 848
4	0.017 961	62.963 39	29.434 07	4.797 025	2.783 561
5	0.019 946	66.809 13	25.363 34	5.456 823	2.271 363

表6.12(续)

Period	S.E.	JG	LnH	LnT	LnE
6	0.021 827	61.046 46	28.496 92	4.963 925	5.480 678
7	0.023 667	61.663 04	27.708 01	5.126 259	5.480 483
8	0.026 033	62.004 88	27.195 31	5.826 941	4.972 170
9	0.026 922	60.087 47	28.423 46	5.716 606	5.771 358
10	0.029 688	58.954 32	28.134 56	6.127 549	6.763 267

由表6.12可以看出，除了来自自身的冲击影响外，健康人力资本投资在整个10期中对农村劳动力非农就业结构波动的解释程度最高，其对非农就业结构波动的解释程度最后平均维持在28.13%的水平。迁移人力资本投资在前五期以及第八期对非农就业结构波动的解释程度均大于教育人力资本投资，但在第六期、第七期、第九期、第十期小于教育人力资本投资。

6.3.7 计量结果分析

本书根据湘西南区域1995—2015年的时间序列数据，建立VECM（含有协整约束的VAR）模型，并通过单位根检验、Johansen协整检验、Granger因果关系检验、脉冲响应分析以及方差分析等，研究了教育人力资本投资、健康人力资本投资、迁移人力资本投资与农村劳动力非农就业结构的关系，得出如下结论：

第一，湘西南区域健康人力资本投资、迁移人力资本投资和教育人力资本投资与农村劳动力非农就业结构存在长期稳定的均衡关系，提高农村人力资本投资水平，能够优化非农就业结构。

第二，在短期内，湘西南区域农村人力资本投资总体在1%的显著水平下是农村劳动力非农就业结构的Granger原因；健康人力资本投资、迁移人力资本投资与农村劳动力非农就业结构存在双向的Granger因果关系；教育人力资本投资不是非农就业结构的Granger原因，非农就业结构是教育人力资本投资的Granger原因，两者表现为单向的Granger因果关系，这说明教育人力资本投资对非农就业结构的影响具有滞后性，非农就业结构的优化在一定程度上能够促使农民增加教育人力资本投资。

第三，从人力资本投资各维度对农村劳动力非农就业结构的影响系数来看，迁移人力资本投资对其影响最大，其次为教育人力资本投资，而健康人力资本投资影响最小。

第四，人力资本投资各个维度对最后非农就业规模波动的解释程度最大的是健康人力资本投资，达到 28.13%；其次为教育人力资本投资，为 6.76%；迁移人力资本投资最小，为 6.13%。

6.4 实证分析总结

本章主要通过时间序列数据，运用 Eviews 6.0 软件，通过建立计量模型，实证分析了欠发达地区湘西南区域农村人力资本投资对农村劳动力非农就业的影响，并根据具体的模型估计数值，回答了教育人力资本投资、健康人力资本投资以及迁移人力资本投资对农村劳动力非农就业规模和非农就业结构的影响有何不同的问题。

首先，本章按照人力资本形成的各种方法来衡量农村人力资本投资量，并把农村人力资本投资划分为教育人力资本投资、健康人力资本投资以及迁移人力资本投资三个指标，并探讨了各个指标的构成和数据来源。

其次，本章通过建立向量误差修正模型（VECM），并通过多种统计检验实证分析了人力资本投资对农村劳动力非农就业规模的影响，主要有如下结论：第一，湘西南区域健康人力资本投资、迁移人力资本投资和教育人力资本投资与农村劳动力非农就业规模存在长期稳定的均衡关系，提高农村人力资本投资水平能够有效促进农村劳动力非农就业。第二，从人力资本投资各维度对农村劳动力非农就业规模的影响系数来看，教育人力资本投资对其影响最大，迁移人力资本投资次之，而健康人力资本投资影响最小。其中，健康人力资本投资的系数为负，主要的解释是本书选取农村居民人均医疗保健支出作为健康人力资本投资指标，支出越大，在某种程度上越能反映农民的身体状况欠佳，这明显影响了农村劳动力非农就业的规模。第三，在短期内，湖南省农村人力资本投资总体是农村劳动力非农就业规模的 Granger 原因；健康人力资本投资与非农就业规模互为 Granger 原因；非农就业规模是教育人力资本投资的单向 Granger 原因；迁移人力资本投资与非农就业规模均不是对方的 Granger 原因。这表明在短期内，教育人力资本投资与迁移人力资本投资对非农就业规模的影响具有时滞性。

最后，本章实证分析了人力资本投资对农村劳动力非农就业结构的影响，主要有如下结论：第一，湖南省健康人力资本投资、迁移人力资本投资和教育人力资本投资与农村劳动力非农就业结构存在长期稳定的均衡关系，提高农村人力资本投资水平，能够优化非农就业结构。第二，从人力资本投资各维度对农村劳动力非农就业结构的影响系数来看，迁移人力资本投资对其影响最大，其次为教育人力资本投资，而健康人力资本投资影响最小。其中，健康人力资本投资和教育人力资本投资对农村劳动力非农就业结构的影响系数为负。可能的解释是教育人力资本投资的增加虽然能够促使农村劳动力向第三产业的非农行业部门就业，但是农民在第三产业的非农行业部门就业的速度远远小于他们在第二产业的非农行业部门就业的速度，另外还有部分农民因为某些原因又返回农村从事传统农业，这些因素影响非农就业结构变量，导致影响系数为负。第三，在短期内，湘西南区域农村人力资本投资总体是农村劳动力非农就业结构的Granger原因；健康人力资本投资、迁移人力资本投资与农村劳动力非农就业结构存在双向的Granger因果关系；教育人力资本投资不是非农就业结构的Granger原因，非农就业结构是教育人力资本投资的Granger原因，两者表现为单向的Granger因果关系，这说明教育人力资本投资对非农就业结构的影响具有滞后性，非农就业结构的优化在一定程度上能够促使农民增加教育人力资本投资。

7 国外农村人力资本发展经验及启示

农村人力资本发展研究与实践在国外起步较早,国外政府,特别是发达国家政府对农村人力资本形成和发展十分重视,其在促进农村人力资本形成和发展方面不断探索,采取了许多有效的措施,也积累了丰富的经验。本章从国外农村义务教育、农村职业教育、农村劳动力转移培训以及农村医疗保障等方面对国外人力资本发展的经验进行分析,旨在对我国欠发达地区农村人力资本形成和发展方面给予启示,促进我国欠发达地区农村劳动力非农就业。

7.1 国外农村义务教育财政投入经验及启示

7.1.1 美国农村义务教育财政投入经验分析

7.1.1.1 美国农村义务教育投入概况

在美国,农村义务教育经费投入主体是地方学区。州政府是农村义务教育的最大财源,教育是各州的保留权力。中小学教育行政权属于各州而不是联邦。而在美国的实际教育制度中,州政府又将中小学运行的管理权交给地方学区。因此,在美国,农村义务教育的主要管理责任和经费投入主体为基层地方政府(即学区)。学区拥有独立征税权,财产税一度成为学区义务教育经费的主要来源。在美国家庭中,教育支出占家庭消费支出的比例也较大。二战后,在历史传统和现实发展的相互作用下,美国农村以学区投资为主、过于分散的义务教育财政体制发生了很大变化,其趋势是联邦政府和州政府加大了对地方学区财政拨款的力度。1979年以后,这一趋势进一步发展,州政府对学区基础教育的财政支持开始超过学区征收的财产税,成为农村义务教育的最大财源。

7.1.1.2 美国农村义务教育公共财政投入制度

美国是个联邦制的国家，行政上划分为地方、州、联邦三级。美国的财政体制属于分税制分级财政体制，在财政收入方面，地方、州、联邦政府都拥有税法的立法权，拥有独立的税收体系和主体税种，联邦收入占60%左右，州和地方政府收入占40%左右。由此可见，美国虽然是联邦制国家，但其财政收入还是向中央集中的。在财政支出制度方面，美国的财政实行地方、州、联邦三级预算制度，联邦政府对州和地方政府实施较全面的财政转移支付制度。在美国，对教育公共产品的提供均由各州政府而非联邦政府负责。各州为管理监督学校教育，又划分为不同的学区。美国在19世纪末推行义务教育时，基层地方政府即学区是义务教育的供给主体。但由于财产税和该地区的经济发展程度有较大的相关性，这就必然会造成部分地区尤其是贫困地区的义务教育供给不足，并且不同地区义务教育的供给程度也存在较大差距。二战后，美国农村义务教育的财政供给体制发生了很大的变化，其大体趋势是联邦政府和州政府加大了对地方学区财政转移支付力度，农村义务教育经费逐渐以州政府的供给为主。

美国现行农村义务教育财政投入体制是在经过进一步演变之后形成的。美国农村义务教育的基本管理责任在学区，但农村义务教育经费却主要来自州财政。美国三级政府具体供给责任如下：联邦政府负担对州和学区义务教育进行财政专项投入，对州通过收入分成进行补助；州政府负担对州内各学区义务教育进行基本经费拨款和财政专项投入；学区征收本学区财产税，并统一支配与使用财产税收入和上级政府的财政投入经费。与日本不同的是，美国地方政府在获得上级政府的财政投入资金后，有权统一支配和使用，如对教师工资的确定与分配均由学区决定，使学区成为上述资金的最后分配者。1994年，美国中小学财政教育经费在政府间转移支付前，由联邦政府提供了8%，州政府提供了48%，学区自筹了44%。转移支付后，学区获得了98%的资金的支配权，由联邦和州政府直接支配的资金则仅仅各为1%。美国的农村义务教育既有公立学校，也有私立学校。2002年，美国私立中小学占全部中小学的23%。美国的私立学校大部分为非营利学校，这主要是因为在美国向非营利性学校捐款可以作为抵税项目。美国规定家长有权选择公立学校或私立学校，使二者之间形成了一定的竞争机制。美国政府较重视对私立学校的财政补助，美国政府对私立学校的补助大体上占学校经费的15%，主要有以下几种形式：对非营利学校的免税政策；对学生不分公立私立，实行政府设立的奖学金和贷款制度；向公立学校拨付一定的专项经费，由其向私立学校提供服务。

7.1.1.3 美国的义务教育公共财政结构管理体制

美国是地方、州、联邦政府三级行政,三级政府对教育都有着相应管理权限,是典型的教育财政管理地方分权制。从美国的政治体制看,联邦政府没有直接管理教育的权力,但美国联邦政府各职能部门却影响和决定着联邦政府的教育财政政策,联邦政府对教育的投入主要通过大量的专项拨款来实现。州政府对教育有直接和具体的管理职责和权力,主要通过税收和教育经费分配来实现对公立学校的管理。州政府提供各类教育的办学经费和多项资助,在教育总经费中的比例逐渐加大。同时,州政府对教育经费的分配本着公平性和绩效性的原则。美国绝大多数中小学教育经费的来源是地方的财产税,因此当地经济的发展水平对当地中小学的经费供给有着重要影响。地方教育中最直接的管理机构就是各地的学区,经费上实行学区预算,能更准确地满足地方教育的需求。

7.1.2 日本农村义务教育财政投入经验分析

7.1.2.1 日本的义务教育投入概况

日本保障义务教育经费的法律已经逐步形成了体系。根据这个法律体系,中央财政在义务教育经费分担中占了很大比例,中央负担国立学校所需全部经费和全部教科书经费,负担地方公立学校教职员工资、福利保障费的1/2,校舍新建扩建费的1/2,校舍危房改造经费的1/3,受灾校舍建设费的2/3,偏僻地区公立学校公用经费的1/2,家庭经济困难学生补助费的1/2。都道府县(相当于中国的地方政府)负担公立学校教职员工资、福利保障费的1/2,校舍危房改造费的1/3。市町村(相当于中国的镇、村)负担公立学校校舍新建扩建费的1/2,校舍危房改造费的1/3,家庭经济困难学生补助费的1/2,学校的公用经费。

国家是教育经费的主要负担者。从东京都品川区的财政支出上能看到,品川区只有22平方千米,2005年人口为33万人,区政府收入1 134亿日元(1日元约等于0.06元人民币,下同),支出为1 058亿日元。在支出中,最大的是民生费(311亿日元),教育费为116亿日元(约占11%)。有一点需要指出的是,教师属于公务员,其工资算在职员费(248亿日元)中,教育费就是用来建校舍、购买教育设备的。拿出财政支出近11%的经费用于教育,可以看出日本在培养人才方面是下了功夫的。

7.1.2.2 日本的义务教育公共财政投入制度

日本是个单一制的中央集权型国家,其财政体制由中央、都道府县、市町村三级构成,并按政府间的事权确定划分三级财政的支出范围。日本是实行地方自治基础上的集中型财政体制,在日本1993年的地方税和中央税的收入构成中,地方税占35%,中央税占65%。日本的财政制度在明确划分各级政府间事权范围的同时,通过中央政府对地方政府的各种转移支付,以保证地方政府能够获得必要的财力,从而可以在全国范围内提供统一标准的公共品。日本财政投入制度中的政府间转移支付数额是非常大的,如1992年中央对地方的转移支付资金占中央财政支出比例的43.5%。日本农村义务教育财政供给体制经历了一个全部由市町村财政供给逐步到由中央、都道府县、市町村三级财政共同负担的演变过程。日本于明治维新后开始推行初等义务教育,曾把初等教育的财权和事权全部交付给市町村级的基层地方政府。1885年,日本全国市町村级地方基层政府负担义务教育经费占总经费的比例高达79.3%,如此大规模的义务教育投入导致部分财政收入有限的地方政府义务教育供给不足,并且地区之间义务教育发展也极为不平衡。针对这一问题,日本于1918年制定的《市町村立小学教育经费国库补助法》和1952年制定的《义务教育经费国库负担法》,以法律的形式规定中央以国库负担并直接承担义务教育教师的部分工资。从以上历史演变中可以看出,日本通过立法确立的中央财政对农村町村级地方政府的财政援助制度,为农村义务教育教师工资提供了经费保障,为农村义务教育的全面实施奠定了重要基础。当前日本中央政府对农村义务教育的援助主要有以下两种形式:一是国库支出金,包含国库补助金、国库负担金和国库委托金三类,其中国库补助金主要用于改善学校设施以及对家庭困难学生的补助,国库负担金主要用于教职工的部分工资与长期保险福利费等。二是地方交付税,它属于中央政府对地方政府财政的一般性转移支付,这一条类似于我国的税收返还,不同的是我国的分税制主要采用"基数法"更注重效率,而日本的地方交付税主要以地方财力大小等标准为测定单位,更注重公平。虽然中央政府对地方交付税的使用不规定具体的用途而由地方政府自主决定,但用于教育服务的地方交付税在整个日本财政教育经费中的比例仍比较高,占13%左右。自二战以来,日本中央财政支出的教育经费有50%~60%都是用于对义务教育的补助(平均值约为54%),可见日本的中央财政教育支出主要偏向于义务教育。

7.1.2.3 日本的义务教育公共财政结构管理体制

日本教育的基本法规定日本教育经费由国家、都道府县和市町村三级共同承担,经费的来源是税收和其他收入。日本学校经费来源的基本规定是:国立学校的经费由国家负责,列入国家财政预算安排;公立学校的经费由地方负责，国家根据地方交付税制度等采取相应措施使教育经费保持必要的水平；私立学校的经费由学校法人负责，同时国家和地方政府通过财政补助性拨款，资助私立学校的健康发展。日本中央政府和地方政府在教育财权和事权上有明确的分工。一般认为，分权制的优势在于地方政府有充分的激励去了解本辖区范围内公民的具体需要，力求使政府提供的义务教育服务适合于当地公民的偏好；鼓励不同的地方政府间展开竞争，通过竞争降低教育成本，提高教育质量。分权制的最大缺陷就是义务教育完全由地方政府提供，由于不同地方政府间财力和实际支出成本等方面的差异，会造成义务教育服务水平的非均等化。另外，如果地方政府财权和事权不对称，还会使义务教育经费缺乏保障。与分权制相比较，集权制的优点在于便于全国统一规划和统一使用有限的教育经费，能加强宏观经费使用的调拨，促进教育机会均等。但集权制也有其自身的一些缺陷，如教育财政体制过于集中，影响地方办学的积极性，导致经费来源单一，决策成本太高，资金的使用缺乏效率；迫于政治因素而过于平均使用教育经费，无视地区间生均实际成本差异，造成客观上教育机会的不均等。由于集权制与分权制各有其优缺点，理论上很难分出孰优孰劣。在实际运作过程中，一个国家究竟实行何种制度，集权制或者分权制，往往取决于本国的传统、政治体制以及决策者对公平和效率的取舍等多种因素。

7.1.3 美、日义务教育经验对欠发达地区的启示

美、日义务教育财政体制是由该国的政治体制、历史以及宗教等方面的因素共同作用和塑造而成的。虽然其体制具有独有的特质，但它们面临的一些问题却是全球所有国家和地区义务教育的财政体制所共同面临的，如教育经费的充足供给、教育投入的均等等。总体来说，美国和日本的义务教育管理体制在解决上述问题时，具有一些启发性的意义。

一是美国州政府在义务教育财政中的主导地位有利于解决一些教育财政的根本问题。首先是均衡财政的能力，提供均等的公共服务；其次是保证服务的高效性和决策的透明性。

二是美国和日本都对全国公立义务教育实行不分城市和农村的一体化政策和财政体制。农村学校和城市学校一样，公立义务教育经费全部由政府承担，在教育资源配置上两国政府都以提供大体均等的公共服务为目标，并在全国城乡实行免费的义务教育。这对我国，特别是我国欠发达地区建立统一均衡的义务教育服务提供了很好的借鉴。

三是从美国和日本农村义务教育财政的演变轨迹来看，两国都很明显地经

历了一个几乎全部由农村基层地方政府负担农村义务教育经费到逐步由中央、联邦和高层地方政府共同承担的过程。

四是美国和日本都以公共财政作为国家财政制度的运行模式，政府间财政转移支付制度规范健全，定位明确。为了确保整个国家公共服务的最低标准，弥补地方财政收支上的差额以及实现中央（联邦）和高层地方政府的再分配功能，日本和美国都明确划分了各级政府的事权范围，确立和规范了各级政府间的财政关系，建立了健全的财政转移支付制度。

7.2 国外农村职业教育发展经验分析

7.2.1 国外农村职业教育发展模式

7.2.1.1 双元制模式

双元制模式是指在职业教育中学员以学徒身份在企业接受相关实践技能培训的同时，又以学生的身份在职业学校进行与职业相关专业理论和公共基础课程的学习。企业中的实践与职业学校中的理论学习相互结合，企业的实践技能培训是双元制模式的主体，职业学校的理论教育服务于企业技能培训。在双元制模式下，从多年的培养过程来看，其教学实践考核过程具有和传统教育不同之处，它充分体现了以人为本，取得了更好的效果。双元制模式的四个特点分别是以企业作为重要参与者、具有严格的考评系统、具有完备的职业教育法、由市场需求决定专业设置。

7.2.1.2 产学结合模式

产学结合是日本教育的一个基本思想。在日本，中等农业职业教育过程主要在农业高等学院完成。学校主要对初中毕业生进行为期三年的教育培养。学校在教授学生一定专业知识的基础上，把学生派到实习农场参加生产过程的实际操作，具有既重视理论教学又注重实践教学的特点，以培养学生的实际操作能力和社会发展能力为重点。在学校实习农场的生产安排方面，学校兼顾教学需要和市场需求，学生参加产品生产、流通和消费的全部过程。这样的产学结合模式为日本农业发展提供了应用型人才，促进了日本农业产业化的发展。

7.2.1.3 双沟通模式

双沟通模式指的是普通教育与职业教育沟通。中级应用型人才是法国农村职业教育的主要培养对象，农业职业技术学校接受来自普通初中三年级的学生，经过一年的预备班学习，进行农业职业技术高中教育。在进行为期一年的高中教育后，即可持有"农业职业能力证书"，凭此证书可以获得就业资格。学习两年，即可持有"农业职业学习文凭"，此文凭可以作为熟练农业工人的资格。同样，如果想从事"农业经营者"职业，需要获得"农业技术员凭证"。这种教育模式使农民进行农业职业教育的积极性得到了提升，保证了农村职业教育体系的顺利发展。

7.2.1.4 校企合作模式

校企合作模式最具代表性的国家是韩国，韩国农村职业教育与企业紧密联系，在良好的政策引导和推动下，多种企业学校合作教育的新型模式孕育而出。例如，"2+1"模式、顾客导向模式等。"2+1"模式在中等职业教育阶段采用，即学生在职业学校学习两年、在企业实习一年。在高等职业教育阶段，顾客向导模式占主要地位，即学院将企业作为自己服务的顾客，按照与企业在人力、物力资源上进行合作，改造旧的教育环境，按照需求的数量、规格和具体专业特长去培养适合企业需求的人才。此外，韩国还实行多层次教育，如农渔民后继者教育、专业农民教育和"4-H"教育。作为韩国农民培训最主要方式的农渔民后继者教育，主要是针对农业后辈劳动者的职业技术教育，通过对从事农业的青年农民的技术和能力培养，优化农村劳动者的文化知识结构，由此来缓解老龄化的农业劳动者给韩国农业带来的压力。韩国在农渔民后继者教育的基础上开展更高层次的农民职业技能教育，重点培养国际市场竞争力强、产业化经营管理水平高的专业种养大户。"4-H"教育的目标是使农民具有健康的身体、较强的动手能力、健康的心理和聪明的头脑。

7.2.1.5 理论与实践相结合模式

理论与实践相结合的概念是农村职业教育部门在为学生传授理论知识的同时更加重视学生在实践中对知识的应用。该模式最具代表的国家是俄罗斯，俄罗斯的理论与实践相结合的农村职业教育是俄罗斯农村社会的一个重要组成部分，其与农村社会经济结构、俄罗斯农村丰富多元的传统文化以及俄罗斯农民的休养生息有着紧密联系。俄罗斯现有的6.14万所普通中等学校中有4.8万所农村学校，比城市多2倍。为适应俄罗斯农村经济发展形成的理论与实践双管齐下的农村职业教育模式具有教育公平、教育免费、经费有保证、评估体系合理、教学实践结合、师资力量雄厚的特点。在此基础之上，俄罗斯的农村职业教育模式具有明确的人才培养目标，培养理论与实践相结合的人才，强调理论与实践相结合，并且建立了教育质量监督保障机制。这些为俄罗斯农业的成功发展奠定了良好的农业人才基础。

7.2.1.6 TAFE模式

TAFE模式来源于澳大利亚。澳大利亚是个注重教育的国家，在农村职业教育方面形成了 TAFE 职业教育模式。"TAFE" 是澳大利亚政府领导下的技术和继续教育的简称。TAFE 模式是澳大利亚政府为了解决人才培养与就业市场之间的接口问题而建立的一个教育体系，是建立在终身教育理念基础上的具有鲜明特色的职业教育制度和培养有实际工作能力的人才。TAFE 模式的职业教育和培训种类繁多，为劳动者提供多种所需的技能培训，并严格要求劳动者毕业后持有执业资格证书才能就业。TAFE 模式具有的三个组织机构会为农村职业技术培训院校以及相关领域进行宏观布局，调整市场，满足行业需要，同时会由政府提供相应的资金费用。TAFE 模式的课程以理论与实践相结合为主，以学生为主体，以提高农村职业农民的技能为目标。TAFE 模式具有着重培养学员职业能力、职业教育体系灵活、保证从业资格得到承认、学员年龄不受限制、课程设置灵活多样以及与企业紧密合作的特点。TAFE 模式教育为澳大利亚农业的发展提供了具有保障的农业技术人员。

7.2.2　国外农村职业教育成功的做法

7.2.2.1　健全国家相关法制，为农村职业教育发展提供坚实的法律保障

法制健全对于发展农村职业教育至关重要。纵观世界各国农村职业教育的发展进程，农村职业教育发达国家都极为注重职业教育法制建设，以此为农村职业教育改革提供强有力的法律保障。用教育法规的形式为农村职业教育的发展提供法律保障，这在发达国家已成为一种共识。例如，美国于 1862 年颁布了第一部职业教育法案《莫雷尔法》，于 1914 年颁布了《史密斯—莱维尔法》，于 1917 年颁布了《史密斯—休斯法》，于 1963 年颁布了《职业教育法》；英国于 1889 年颁布了《技术教育法》，于 1947 年颁布了《农业法》，于 1967 年颁布了《农业教育法》；法国于 1960 年颁布了《农业教育法》；德国于 1969 年颁布了《职业教育法》；日本早在 1883 年就颁布了《农学通则》，于 1894 年颁布了《实业教育国库补助法》，于 1977 年颁布了《农业改良促进法》。这些法案对农村职业教育体制、经费、地位和发展形式等做出了比较详细而明确的规定，为农村职业教育的发展奠定了坚实的基础，促进了农村职业教育全面稳定的发展。

7.2.2.2　逐渐转变农村职业教育功能，完善农村职业教育培养目标

发达国家农村现代化的历程，都伴随着农村科技水平、农村商品经济水平的不断提高。从历史上看，发达国家农村职业教育也都经历了一个由单纯注重推广普及功能到强调推广普及、疏导转移、陶冶净化等多功能并重的演变过程。在培养目标上，发达国家都实现了由单纯培养农业技术人员到既培养农业

技术人员又培养非农业技术人员，由培养传统农业技术人员到培养掌握现代生产技术、面向非农产业的应用型人才的转变，更强调农村职业教育的技术推广功能与掌握农业生产技术人才的培养。1824年，美国纽约州由斯德贝创办的恩森赛尔工艺学校就是一个很好的例证。其主要目的是通过培训，帮助农村青年掌握农用机械、化肥等科技成果在农业生产中应用的知识与技术。1862年，美国的《莫雷尔法》将加强农业技术人才的培养视为国家经济繁荣的关键。澳大利亚奥伦杰农学院十分重视实践性教学和学生实际技能的培养。其教育宗旨主要是为农业及与农业有关的产业提供职业教育。

7.2.2.3 加大国家财政支持力度，促进农村职业教育可持续发展

发达国家都普遍重视整合农村职业教育发展资源，其在不断加大政府财政投入的基础上，积极采取各种措施拓宽资金来源渠道，改善办学条件。1914年，美国颁布的《利费—史密斯法》，以法律形式约束国家重视农村职业教育和技术推广工作，规定由联邦政府提供财政补助，帮助各州设立公立学校，以开展相关职业教育。德国农村职业教育经费则全部由各州政府负责，而培训费用则主要由农场雇主负担。为确保农村职业教育经费的稳定来源，日本在《实业教育国库补助法》和《职业训练法》等法律中明确规定了国家与地方政府各自对该项经费的负担比例。法国政府不仅对职业教育进行补助扶持，而且资助职业教育科研活动及其技术推广活动。

7.2.2.4 建立科学高效的管理体制，保证农村职业教育健康发展

建立科学、高效的管理体制已成为各国政府推动农村职业教育健康发展的重要手段。德国的农村职业教育形式多样，层次结构较为复杂，政府从法律和执法监督等方面确立并规范有关各方在农村职业教育中的职责，构建了一个由中央政府实行宏观管理、组织协调，各行业协会、同业工会、州政府以及企业农场围绕《职业教育法》各司其职、紧密合作的领导管理及监督体制。日本的职业教育管理体制也是多元的，各类学校职业教育由文部省领导管理，社会公共职业教育和企业内职业培训由劳动省管辖，还有一部分由相关的省管理，如农业大学归农林省主管。其机构健全，职责明确，已形成各自相对独立、整体协调的格局。

7.2.2.5 深化农村职业教育内部改革，提高农村职业教育办学质量

第一，注重市场需求。例如，在英国，随着社会游览船艇拥有量的不断增加，贝克赛尔农学院就利用农机化专业优势开设了游艇修理专业，将原来的牛舍改成了游艇修理实验室；斯帕索特农学院则依据市场调研开办了家政常识、庭院花卉和火鸡养育等培训班。在美国，佐治亚州布鲁克斯县的一所中学经过

调查发现，由于当地缺少幼托机构，许多年轻的母亲不能出去工作，儿童又得不到应有的教育，于是其便开办了幼教师资培训班。

第二，突出实践教学。美国农村职业教育课程除安排教室教学活动外，还有指导学生家庭农场作业计划、农场机具活动以及参观学习和参与美国未来农民会等实际操作训练或实践活动，十分注重教学内容的实践性。英国农村职业技术学校学生入学后实行"一年学院全日制学习→一年农场实践→一年学院全日制学习"的"夹心面包"式分段教学，保证学生有足够的实践时间，强调教学方式的实践性。荷兰一些农村职业技术学校还建有实际操作及授课大厅，厅内均围绕某一个专题放置先进新颖的仪器设备，如温室大厅中陈列温室的铝合金框架、灌水系统、遮光系统、通风调温系统与电子计算机系统，坚持教学手段的实践性。

第三，改进教学手段。运用现代化教学手段，可以缩短学生与社会信息之间的距离，加深学生对教学内容的理解，扩大学生的知识视野，适应教学与培训多方面需要。因此，随着科技成果在教学领域中的应用，各国都在积极创造条件，改进农村职业教育的教学手段。

第四，开展职业指导。为加强学校与社会用人单位的联系，增进学校的竞争实力，提高育人质量，发达国家都将职业指导纳入农村职业教育体系当中。例如美国、加拿大的"职业指导"或"生计指导"，日本的"职业前途教育"，德国的"职业咨询"以及欧盟一些国家提倡的"创业教育"等。

第五，加强农村职业教育师资队伍建设，促进教学质量和办学水平的提高。发达国家在发展农村职业教育的过程中都将师资队伍建设作为一项重点工作来抓。英国农村职业技术学校聘用教师的基本条件是看学历、看经历、看技能，强调教师的实践技能，被聘用者一般要有6个月的试用期。美国对农业科技教师的要求也比较高，要求他们既要有实际农场经验和很强的动手能力，又要受过专门的农业专业训练，懂得教育理论和方法，并且具有相应的教学能力，特别是要有自拟课程、自编教材和指导学生实际操作的能力。

7.2.2.6 提高农村职业学校学生素质，推行职业资格证书制度

为了促进农村社会经济发展，国外在进一步完善农村职业教育过程中都比较重视提高职业学校学生的素质，普遍推行职业资格认证制度。法国在农村职业教育中实行五种证书制度：农业专业技术证书、农村职业教育证书、BTA证书、BAC文凭、高级农副业技术员证书。英国政府有关文件规定凡年满18岁的农民从业前都必须接受为期一年的技术培训并获得相当于中学程度的合格证书。日本要求农业的后继者高中毕业后到推广站研修一年并获得相关证明才能

从事农业生产。在美国青少年中，农民已经成为一种荣誉极高的称号，美国农场主的子女没有获得农业院校毕业证书和在他人农场受雇而获得实际本领，也不能自然地继承父业。在丹麦，就业要文凭，务农要证书，一个立志务农的青年必须至少经过9年义务教育、6个月的农业基础教育，同时还要具备起码在两个农场的务农实践经验，再加上9个月的农业经营课程学习，经考试合格领到证书才有资格成为合格的"农村职业者"。

7.2.2.7 创建并完善层次不同、类型多样、学制灵活的农村职业教育体系

就层次而言，主要发达国家基本上建立健全了初、中、高三级农村职业教育机构。例如，英国实施正规农村职业教育的学校主要包括农学院、综合性大学附属的农学院（含农、牧、林等系科）以及各类专科学校和农场职业技术中学。法国农村职业技术学校涉及的领域很广，主要有农业、农产品加工、营养和食品应用生物、农业工程、园艺、林业工程、水利和环保、兽医、乡村风景、热带农艺、奶制品工业以及市场等。就学制而言，各国为了充分发挥农村职业教育潜能，全面提高农村劳动者素质，纷纷采取了弹性、灵活的学制。法国农村职业技术学校一般有小学毕业三年制、初中毕业二年制、初中毕业三年制、农校毕业二年制等学制。英国农校则有一年制到六年制的多种学制。为适应不同学生的需要，在具体办学过程中，各国农村职业教育还安排了全日制、半日制、隔日制、夜校制以及工读交替制等多种形式。除了专门性的院校，还有一种跨学校型的联合办学模式，如英国阿伯丁大学农业系与苏格兰北方农学院的合作学校、爱丁堡大学农业系与西苏格兰农学院的合作学校等。

7.2.3 国外农村职业教育发展对欠发达地区的启示

目前，我国欠发达地区农村职业教育存在诸多问题：农村职业教育的观念滞后；发展过程中存在政策、法律、法规执行不严的现象；农村职业教育发展资源投入不足；农村职业教育管理体制存在多头管理问题；农村职业教育体系有待进一步完善，等等。借鉴国外农村职业教育发展经验，寻求适合我国欠发达地区的农村职业教育发展道路，是目前我国欠发达地区进行农村职业教育研究的重中之重，也是提高欠发达地区农村劳动力人力资本的有效方式。通过对国外农村职业教育发展经验的分析，我们可以从中得到以下几点启示：

7.2.3.1 转变农村职业教育发展观念，坚持市场需求办学方向

国外在改革农村职业教育的过程中无不注重地方特色，根据市场需求及农村的实际情况来促进农村职业教育体系的建立及完善。因此，欠发达地区必须转变农村职业教育发展观念，坚持面向市场开放办学；增强农村职业教育服务

区域经济功能；突出农村职业教育特色，提高教育教学质量；坚持以就业市场和社会需求为导向，等等。当前，我国大多数欠发达地区农村职业学校发展方向不够明确，根本原因在于发展理念存在模糊性，因此观念的转变至关重要。

7.2.3.2 完善职业教育法律法规，提高职业教育法律地位

欠发达地区要加强农村职业教育执法力度，提高农村职业教育督导评估水平，并配套出台相关的具体实施措施，走依法办学、依法管理、依法发展的道路，这是欠发达地区规范农村职业学校发展，使其更快、更好地发挥作用的保障。同时，欠发达地区各级政府还要定期对有关部门贯彻《中华人民共和国职业教育法》的情况进行执法检查，提高职业教育法律、法规的地位，有效保障农村职业教育持续健康发展。

7.2.3.3 加大农村职业教育投入，建立多元投入体系

我国欠发达地区农村职业教育的投入偏少，农村职业学校基础设施十分薄弱，同城市职业学校相比存在明显差距。为此，要开拓资金渠道，不断加大各级财政对农村职业教育的支持力度，特别是对中西部贫困地区农村职业教育的支持力度。要加强监管与协调，统筹资源，避免重复投资，逐步建立起以政府投入为主导、社会和企业共同参与的多元投入机制。

7.2.3.4 理顺职业教育管理体制，转变政府相关职能

发展农村职业教育是一项系统工程，涉及众多管理部门，欠发达地区各级政府要统筹规划，统一领导。特别是在目前农村剩余劳动力转移培训日渐成为农村职业教育的中心任务的情况下，相关管理部门必须尽快建立健全相应的统筹协调运行机制，重新定位自己在农村职业教育中的职能，着重于宏观调控和管理，发挥市场机制在教育资源配置中的基础性作用，以实现农村职业教育资源优化组合。

7.2.3.5 整合农村职业教育资源，构建现代农村职业教育体系

欠发达地区要加强"农科教"结合和"三教"统筹，优化县、乡、村三级农村职业教育网络，扩大地方办学的自主权，充分利用农村各类学校及培训机构现有的培训场所、设备、师资等资源，进一步打破职业教育城乡二元分割局面，逐步实现农村职业教育市场化、产业化，使其对我国农村经济的发展起到应有的推动作用。同时，欠发达地区要形成升学与就业并举的格局，加强学历教育与非学历教育、职前教育与职后教育的联系，实行多层次、多形式办学。欠发达地区要实现农村职业教育与职业资格证书制度及就业准入制度的衔接，通过"绿色证书工程""新型农民创业培训工程"和"农业远程培训工程"等，培养出大量懂科技、善经营、会管理并能从事专业化生产和产业化

经营的"新型职业农民",建立现代农村职业教育新体系。

欠发达地区要充分保障农村职业教育师资,依托现有普通高校建立布局合理和相对稳定的师资培养、培训基地,加快农村职业教育所需的"双师型"教师培养与培训。欠发达地区要积极改善办学条件,提高教师待遇,最大限度地调动教师的积极性。欠发达地区要制定优惠政策,鼓励企事业单位的工程师和有特殊技能的人员到农村职业学校担任专职、兼职教师。

7.3 国外农村劳动力转移培训投资机制经验及启示

7.3.1 企业培训投资的促进政策

7.3.1.1 英国的小企业培训贷款

英国工党执政后,为进一步促进经济稳步发展和实现充分就业的目标,采取了一系列扶持中小企业发展的积极政策与措施,使各类中小企业注册后存活三年以上的比率达到了60%,其中教育和就业部小企业培训贷款项目就是扶持政策之一。

英国在"脱欧"之前,作为欧盟的主要成员国,采用欧盟标准,即主要是按企业的雇员人数来划分小企业。雇员人数在9人以下的为微型企业,雇员人数在10~49人的为小企业,雇员人数在50~249人的为中型企业,雇员人数在250人以上的为大企业。按这个标准统计,英国2007年各类注册企业共有400余万个,其中50人以下的小企业占99%。小企业提供的工作岗位占除政府工作岗位以外的所有就业岗位总数的45%,其产值约占英国国内总产值(不包括金融服务业在内)的40%。

小企业培训贷款是通过教育和就业部以及米德兰银行、劳埃德银行、国民威斯敏斯特银行等八家大银行实施的。50人以下的小企业可一次贷款500~125 000英镑(1英镑约等于8.55元人民币)用于其职工的职业培训。贷款期限在半年到一年的贷款,利息全部由教育和就业部支付;贷款期限在1~7年的贷款,企业需要支付固定或调整利息。贷款条件是:必须首先向教育和就业部申请,并表明培训课程确实有利于提高职工技能和实现企业所期望的各项指标。经批准后,银行即可提供贷款。

除了培训贷款外,小企业联系中心和其他社会合作伙伴还为微型企业主和小型企业主及其管理人员与职工提供各种培训服务,主要包括开办和经营小企业的入门培训、企业管理技能培训、企业职工招聘和技能开发培训等。

7.3.1.2 法国就业培训新机制

20世纪90年代以来，法国的失业率一直居高不下，位于欧盟各国前列，连续几年达到13%。为了解决失业问题，法国政府把强化培训作为重要的举措之一，在国家财政预算中，用于就业和培训的费用以每年5%的速度增长。

法国现行职业培训制度的基本形式包括青年培训（待业培训）、工薪人员培训（在职培训）和失业人员培训（再就业培训）。这一制度的基本指导思想包括三个要点：一是要适应企业经济发展和技术进步的需要，二是要适应社会进步和个人发展的需要，三是将职业培训作为与失业做斗争的主要手段。

法国的青年培训对象是18~26岁的青年人。主要的培训方式是学徒培训和合同培训两种形式。这两种形式从内容上来说并没有实质性区别，都是采取一部分时间在培训中心进行学习，一部分时间在企业内进行训练。其主要区别为：一是资金来源不同。学徒培训使用学徒培训税（占工资总额的0.5%），合同培训使用青年培训基金（占工资总额的0.4%）。二是培训的要求不同。学徒培训比较严格，结业时必须获得一种文凭或资格，合同培训则没有严格要求，培训目标以合同方式确定。三是行业的不同。学徒培训一般存在于工业和建筑业中，技术相对比较复杂，培养层次也比较多，甚至一些工程师也是通过学徒培训方式进行。而合同培训一般存在于商业等服务性行业，培养层次一般不高。另外，从传统意义上讲，合同培训的组织实施必须通过劳资双方的对等谈判，必须充分体现雇主和劳动者的利益，而学徒培训是以国家为主。

企业在职培训是法国培训制度的重要组成部分。法律规定企业所有在职人员都要有机会获得培训，保证职工技能的提高。同时，企业要能够增强职工技能的可迁移性，以防止失业和有利于转业。为了实现这些目标，法律规定了每五年劳资双方的磋商制度，以确定企业职工培训的优先发展战略。法国的在职培训主要采取两种形式：第一种形式是企业培训计划。这种形式由企业根据生产经营状况和技术进步的要求来确定培训内容和培训方式，10人以上的企业必须保证将工资总额的0.9%用于培训计划的开发和实施。通常情况下，企业的实际投入要超过这一比例。第二种形式是以培训假方式进行的脱产培训。这种形式的培训时间较长，一般不低于974个小时。在通常情况下，这种形式由职工自主决定，只要申请培训假的职工不超过2%，企业就不能拒绝。企业要将工资总额的0.2%缴付给对等基金机构，用于这种形式的培训，但企业一般不支付培训假期间的工资。近年来，这种形式的培训开始与企业的需要相结合，通过劳资双方的协商，只要培训目标和内容能与企业要求一致，培训者也可在培训假期间获得工资。

7.3.1.3 日本企业培训的补贴政策

日本是一个国土狭小、自然资源贫乏的岛国，其格外重视开发人力资源。因此，努力使全体人民从少年到成人都掌握职业技术能力，是日本的优先战略。日本经济的发展得益于日本长期以来重视职业培训，而且有完善的政策与配套措施。

除了设立公共培训机构并提供经费外，日本政府还以"职业形成促进补助金"的形式支持、激励企业内的职业培训。其主要有6种补贴形式：

第一，政府为企业提供培训补贴。一是政府为企业员工接受职业培训提供1/4的经费补贴（中小企业为1/3），最高为5万日元；二是政府为受训员工提供1/4的工资补贴（中小企业为1/3）。

第二，政府为企业提供员工"职业能力开发休假补贴"。一是政府补贴企业员工休假期间参加教育培训评估应考费（相当于我国企业员工的职业技能鉴定费）的1/4（中小企业为1/3）；二是政府补贴企业员工休假参加培训时工资的1/4（中小企业为1/3）。

第三，政府以"长期教育培训休假制度导入奖励金"的形式，对企业员工在连续一个月以上休假期间参加职业教育培训，给予30万日元的奖励金（只限一次）。

第四，政府为企业提供"职业能力评估推进补贴"。一是政府补贴企业员工3/4的职业能力评估应考费（相当于我国的职业技能鉴定费）；二是政府补贴企业员工在职业能力评估期间工资的1/4（中小企业为1/3）。

第五，政府发放"职业咨询推进补贴"。这笔费用发给专业的职业咨询机构，用于其接收委托的职业咨询服务年度所需费用的50%，以促进职业咨询机构健康有序发展。

第六，政府发放"地区人才高级化能力开发补助金"。这是为了鼓励地方开发高技能人才，积极开展高新技术培训而发放的资助金。一是政府为企业员工补贴参加这类职业所需经费的1/3（中小企业为1/2），最高为5万日元；二是政府对企业员工在工作或休假期间参加这类职业培训时补贴工资的1/3（中小企业为1/2）。

此外，日本政府还鼓励企业对45岁以上的富余人员进行再培训，对中小企业和大型企业分别给予1/3和1/4的培训费用补贴。

7.3.2 政府促进社会公平的培训政策

7.3.2.1 美国政府的培训政策

美国政府根据经济发展的形势和产业结构的变化，紧密结合就业市场劳动力供求关系变化和失业人口的结构与特点,在实践中积极探索,构建起多样化的人力培训与就业政策,体现了美国政府和社会各界重视人力资源的有效利用与开发、关注弱势群体、积极解决社会就业问题的理念。美国政府实施的人力培训与就业政策在提高参与者的就业能力,促进其就业的稳定性、收入的增加和职业技能的提升,减少其对福利的依赖性,促进社会公平方面均有着显著的成效。

从20世纪30年代开始,美国联邦政府就开始实施一些零星的培训项目与政策,如20世纪30年代的平民保护团项目、工作进程管理项目,20世纪40年代的《退伍军人权利法案》(1944年)、《就业法案》(1964年)。进入20世纪60年代后,美国政府的培训政策更是进入到一个快速发展的时期,面向全社会的、致力于解决失业与贫困问题、开发与利用人力资源的培训法案相继问世。其中,影响较大的主要有《人力发展和培训法案(MDTA)》(1962年)、《经济机会法案(EOA)》、《全面就业与培训法案(CETA)》(1973年)、《岗位培训合作法案(JTPA)》(1982年)和《劳动力投资法案(WIA)》(1998年)五个培训法案。

《人力发展和培训法案(MDTA)》(1962年)的目标主要是为成千上万的因自动化和技术进步而失业的工人提供培训或再培训。该法案第二条规定,劳工部长与各州政府签订协议,提前支付培训费用或在培训后实报实销。劳工参加培训期间可享受一年的生活和交通补助,补助金额不能超过同期失业补偿金额,每名劳工每周可享受不超过35美元的交通补贴。申请生活补助的劳工须有三年以上工作经验。年龄在19~22岁的劳工每个星期的生活补助不超过20美元。关于岗位培训,该法案第二条规定,劳工部长将与企业和劳工组织签订协议,明确双方的权益和义务、培训期间的技术和安全设施。受训劳工按照实报实销的原则,享受交通和生活补助。受训劳工结业后,应该就近安置就业。对于所有就业的受训劳工,各地应跟踪调查,确定培训计划的有效性。但是,凡参加培训时间不超过两星期的劳工,如果就业市场上有其能胜任的待聘职业而中途放弃培训,或因缺乏上进心等主观原因,在培训单位出示证明后,劳工部长可中止其培训和生活补助,并禁止其申请下一年度的计划。

《经济机会法案(EOA)》(1964年)的目标是通过给每个人提供平等的教育培训机会、工作机会和过上体面生活的机会,来消除"富裕中的贫穷"这一矛盾现象。为了实现这一目标,该法案主要建立了两个制度,一个是由经济机会管理办公室负责实施11个新项目,另一个是由经济机会办公室主任负责整合各州资源,领导各州的相关机构实施反贫困活动,同时成立由经济机会管理办公室主任任主席和总统内阁成员共同组成的经济机会委员会，共同制定决策。该法案的 11 个项目包括：就业服务团、社区青年就业服务团、半工半读计划、城市和农村社区行动计划、成年基础教育计划、对贫困儿童的援助计划、农村家庭贷款计划、农村劳动力转移就业援助计划、就业和投资激励计划、工作经验计划、服务美国志愿者计划。其中，就业服务团是经济机会法案中最为著名的培训项目，在《经济机会法案》（1964 年）废止后仍在新的培训法案中继续实施。该项目主要针对 14~22 岁的处于经济不利地位的青年人，在 110 个城乡住宅区对失业和失学青年提供综合性的服务，主要包括心理咨询、培训、工作实习和身体保健。因为就业服务团提供的服务较多，因此成本相对高昂。在 1966 年，该项目为 40 600 人提供了服务，每个参与者每年的费用达 37 900 美元（按 1994 年价格）。就业服务团项目目前仍在实施，每年为 104 000 人提供资助。但是从 20 世纪 60 年代以后，该项目的成本被缩减至大约每人 16 000 美元。

《全面就业与培训法案（CETA）》（1973 年）合并了很多已实施的培训项目，主要帮助失业者、未充分就业者以及经济处境不利者。在该法案实施以前，联邦政府实施的职业培训十分分散和混乱，对同一个目标人群有多个培训项目，项目重叠，并且由于每个项目的管理是独立的，因此合作十分困难。《全面就业与培训法案》（1973 年）通过联邦政府发给地方的固定拨款改变了这种分散的状况，主办者在联邦政府的指导下主要负责确定培训需求和提供培训。该法案提供的服务包括岗位培训、教育机构培训和公共就业服务。

《岗位培训合作法案（JTPA）》（1982 年）的目标是为就业困难的青年及成年人提供岗位培训和其他服务，以提高其就业率和收入水平，提升其教育和职业技能，降低其对福利的依赖性，从而促进劳动力质量的提高，提升劳动生产率和整个国家的竞争力。该法案最突出的特点是在联邦、州和地方政府之间以及政府与私人企业之间建立伙伴关系，企业由过去的被动参与政府的培训项目变为积极主动参与。该法案的第二条规定了对处境不利者的培训服务。处境不利者主要是指在该法案颁布前 6 个月内收入低于政府贫困线者、接受救济或食品券者、残疾人和贫困人口。条款（A）主要实施成年人机会项目，目的在于通过提高他们的职业技能以提高其长期的就业率和收入，降低其对福利的依赖程度。参与者必须大于 22 岁且属于经济处境不利者，提供的培训项目主要为基础技能培训、职业技能培训和支持性服务。各州所得拨款中的 77% 直接拨给各州长批准的项目服务区，13% 用于州教育和培训，10% 用于项目管理，各州所得资金不少于上一年度的 90%。条款（B）实施夏季青年就业和培训项目，目的在于提高青年人的基础教育技能、提高学校毕业率、为劳动力市场提供合格的劳动力和提高青年人的个人素质，拨款方法与条款（A）相同。条款（C）实施青年培训项目，参与者包括16～21岁的经济处境不利的在校学生和辍学青年。实施的培训项目包括基础技能培训、职业技能培训、职前培训和在职技能提升培训、工作经验与技能结合培训和支持性服务。该法案的第三条主要对错位失业工人提供就业和培训援助。错位失业工人包括四种情况：一是指已经被解雇或已收到解雇通知，具备或不具备领取失业救济金资格且不可能在以前的行业或职业重新就业的工人；二是因企业倒闭或裁员而失业的工人；三是长期的失业者和因年龄大等原因在同一职业就业困难者；四是因自然灾害或整体经济状况导致失业的自我雇佣者。实施的培训项目包括学校培训、职业技能培训、岗位培训、外出求职、再分配、基础和补偿教育、对不说英语者提供识字和英语培训、企业家培训和其他的一些适合的培训。在资金分配和使用上，劳工部长可将20%的资金储存在全国储备基金账户下，其余80%的资金中，按照地区的失业劳工数量确定，1/3根据各州失业15个星期以上的劳工数量确定；1/3根据各州失业劳工数量分配。为调动各地的资金，扩大受益劳工范围，美国国会要求各州和地方政府按照1∶1的比例提供等额配套资金，州长可支付其中的60%，其余40%按照规则直接分配给各服务交付区。该法案第四条规定的是联邦政府直接管理的项目，包括美国土著项目、移民和季节性农场工人项目、就业服务团、退伍军人服务计划。同时，美国政府成立了全国劳务市场信息局和全国就业政策咨询委员会，提供劳动力市场信息和技术援助，以不断提高培训质量。

《劳动力投资法案（WIA）》（1998年）是对《岗位培训合作法案（JTPA）》（1982年）的取代。该法案提供了全面的劳动发展项目，正在求职者、失业工人、青年人、在岗工人、新生劳动力、退伍军人、残疾人和企业均能从这些项目中获益。实施这些项目的目标在于促进参与者的就业率、就业时间、收入的增加和职业技能的提升。也就是通过提高劳动力的质量，降低其对福利的依赖程度，促进劳动生产率及国家竞争力的提高。该法案第一条详细规定了劳动力投资制度。条款（A）对项目参加者的资格进行了规定，参加项目的青年人是14～21岁的低收入者，或是下列人员中的一种：缺乏基础文化知识者，辍学者，无家可归、离家出走或被收养者，怀孕者或有子女者，少年犯，为了完成一项教育项目或保证就业需要提供额外援助者。成年人项目的参与者须在18岁以上，那些错位失业工人、想重新就业的家庭主妇和自我雇佣失业者均可以参加。该法案实施的培训项目主要有青年培训项目、成年人及错位失业工人就业和培训项目、就业服务团和国家项目，其中国家项目包括美国土著项目、移民和季节性农场工人项目、退伍军人劳动力投资项目、青年机会权利项目、技术援助、引导性项目等。

美国政府在实施培训的过程中，并非由政府直接开展培训，而是充分利用市场机制的作用，凡政府认可的公立或私立职业技术学校、社区学院、普通大学和私人培训中心等都可以申请承办培训的资格，政府对参加培训者分类实施补贴，结业后帮助其就业。培训机构有完整的档案记录，并向有关管理部门提交阶段性和终期报告。

7.3.2.2 英国政府的培训政策

20世纪70年代中期以来，英国政府为了解决日益严重的失业问题，采取主动的劳动力市场政策，为失业者实施"新政"。

"新政"是英国政府采取的一项重要的就业措施，其重点是强调就业而非失业救济，主要是向失业人员提供补习教育、职业培训、继续教育和工作体验等服务项目，以帮助他们重返劳动力市场。参加对象被划分为以下群体：18~24岁的失业青年、25岁以上的长期失业者和50岁以上的长期失业者。就业中心负责项目的实施。

针对18~24岁失业青年的"新政"项目开始于1998年4月，参加对象为失业6个月以上者。项目分三个阶段实施：第一阶段为4个月，帮助有就业可能的人在项目结束时立即就业。第二阶段主要针对难以找到工作的人，向他们提供四种选择：一是到雇主那里工作，在开始的6个月里雇主每月可获得60英镑的补贴，或是自我创业；二是参加1年时间的全日制教育或培训，主要针对那些未达到2级国家职业资格的失业者；三是在志愿部门工作6个月，这些失业者每月可以领取工资或相当于1周的找工作补助，同时还可以获得400英镑的补贴；四是做6个月的环卫工作，并可以获得相应的补助。后3种选择均提供找工作技巧上的帮助。除了提供全日制教育与培训外，其他3种选择都包括每周要接受1天时间的教育和培训，教育或培训的提供者可获得750英镑的补贴。失业者如果不接受以上4种选择，那么政府就不向其发放失业救济金。在这几种有选择的项目结束后，仍然找不到工作的失业青年就进入到第三阶段。服务内容包括协助找工作、提供就业建议和指导。必要的话，失业青年还可接受单独的职业指导与咨询，另外也可参加其他的就业与培训项目。

针对25岁以上的长期失业者的"新政"项目于1998年6月实施，参加对象为2年以上的失业者。项目的主要内容有：一是失业者到雇主那里工作，在开始的6个月里雇主每周可获得75英镑的补贴；二是失业者一方面可领取找工作补贴,另一方面还能接受为期 1 年的全日制教育或培训。1998 年 11 月,英国政府又开始为失业 1 年至 18 个月的成人进行了这类项目的试点,首次提供了 9 万个这种教育机会。这个试点项目被看成是帮助长期失业者就业的一种新尝试,很具创新性和灵活性,并与当地劳动力市场的需要充分结合。

针对 50 岁以上的长期失业者的"新政",该项目于 2000 年 4 月在全国各地正式实施,参加对象为 50 岁以上并至少领取了 6 个月失业救济金的失业者。项目所提供的服务内容有个人咨询,750 英镑的培训补助,向收入低于 1.5 万英镑的人提供为期 1 年、每周 60 英镑的就业贷款。此外,失业 6 个月以上的人还能获得其他方面的帮助,如参加工作俱乐部、就业计划学习班、工作尝试和培训等。

英国再就业培训的经费主要来自于政府的普通税,通过教育与就业部下拨。1998 年开始,英国政府对私有化的企业征收 52 亿英镑的额外税,从中抽出 35 亿英镑作为 18~24 岁、失业 6 个月的青年的再就业培训经费。欧洲社会基金是英国再就业培训的另一项重要经费来源,它与地方政府、培训与企业委员会、高等教育及继续教育机构进行合作,向再就业培训项目提供一定的配套资金。

7.3.2.3 法国政府的培训政策

20 世纪 80 年代以来,法国的失业率持续上升,多数年份失业率都维持在两位数。解决失业问题是法国各届政府的头等大事,再就业培训已成为法国再就业战略的重要组成部分。

法国政府的培训政策主要体现在《1994—1999 年就业、培训与劳动力五年计划》和《国家就业行动计划》中。

《1994—1999 年就业、培训与劳动力五年计划》(以下简称《五年计划》)提出了以下战略目标:一是创造就业岗位,尤其是降低劳动力成本,采用服务支票来开展个性化的就业服务,改进和简化创业的资助手续。二是鼓励青年到企业里接受培训和就业,尤其要加强、改革学徒制,并使之多样化。为顺利完成五年计划,在青年就业与培训方面,向地方下放权力(从 1994 年 7 月开始,技能培训权由中央转至地方)。三是采用综合的方式来帮助社会弱势群体。主要措施包括简化就业合同的手续、承认在非商业部门的就业合同、开发就业培训课程。四是减少工作时间并提供补助。

《五年计划》规定要进一步简化现有的就业培训项目,使其更富有成效。《五年计划》还制定了就业方面的四个优先目标:一是通过工作安置包括培训强化就业合同和培训课程,帮助长期失业者获得就业岗位,向青年提供学徒制培训，使失业者获得职业资格并重新就业；二是为长期失业者开展创造就业提供方便，向青年手工艺者和青年农民提供资助，资助为失业者开展的社区服务工作；三是实施有效的培训并提高培训质量，辅之以指导、评估、个性化咨询、工作安置、个性化的就业服务，对培训者进行培训和教育投资；四是开展预备培训，如实施技能培训、培训与工作相结合、开设家庭学习课程、扫除文盲等。

《五年计划》还规定要让所有青年接受职业培训，促进企业增加就业岗位，开辟新的就业渠道，改进再就业培训项目，使学徒制及就业培训项目更加多样化，把青年、失业者以及处于劳动力市场之外的其他人员作为优先考虑的目标群体。

从1998年起，法国政府每年都制定《国家就业行动计划》。该计划与再就业培训相关的指导纲领包括向失业6个月的青年及失业12个月的成人提供"新开始"的机会，采取的措施包括培训与再培训、参加工作实践或提供工作，同时还开展个性化的职业指导；鼓励自我雇佣和发展中小企业，加强创业培训；通过主动的劳动力政策使更多的失业者提高就业能力，增加再就业培训的人数。

法国再就业培训经费主要来自于税收和社会保险金。在再就业培训经费方面，中央政府主要有两个资金渠道：一是全国就业基金和职业培训与社会促进基金，地方政府给予一定的经费补充；二是工商业就业联合会提供再就业培训救济金。社会各界之间、中央政府与地方政府之间进行合作，协同实施再就业培训项目。中央政府集中解决长期失业者、文盲、罪犯、移民和妇女及残疾者的再就业培训。地方政府负责实施登记的失业者的再就业培训项目。工商界就业联合会负责下岗人员的就业培训。

欧洲社会基金（ESF）的资助是法国再就业培训经费的又一来源。1990—1993年，法国收到了欧盟委员会100亿法郎（约合140亿元人民币）的再就业经费资助，其中一半左右（47%）被用来解决长期失业问题，其余部分被用来解决青年人的失业问题。欧盟委员会还于1994年1月向法国政府拨出了26亿欧元（约合190亿元人民币）的再就业经费（1994—1999年项目）。

7.3.3　国外农村劳动力转移培训投资机制经验对欠发达地区的启示

从各国的主要经验来看，无论是企业培训投资的促进政策还是促进社会公平的培训政策，政府均发挥着关键性的推动作用。各国政府根据经济发展的形势和产业结构的变化，紧密结合就业市场劳动力供求关系变化和失业人口的结构与特点，在实践中积极探索，构建起多样化的人力培训与就业政策，并且经历了一个在实践中不断探索、不断修正、不断完善的过程。

从各国培训政策的产生与发展历程来看，反映了经济发展过程中的必然性。随着技术的进步、产业结构的调整和国际竞争的加剧，就业市场的不稳定性明显增强，对劳动力的技能要求越来越高且更新换代的时间越来越短，人力资源成为一个国家保持持续竞争力的最关键因素，而劳动力的个人特征及拥有资源的差异使其在劳动力市场上的就业竞争力相差极大，劳动力市场上的弱势群体极易被市场淘汰。因此，旨在提高劳动力的整体质量、增强国家竞争力、关注弱势群体、解决失业问题的培训政策的出台也就成为必然。

从各国政策制定的思路来看，主要有三条：一是根据劳动力市场上供求关系的变化来设计政府培训政策的内容、方式及目标群体；二是根据目标群体的特点分类实施培训项目；三是在实施培训过程中，并非由政府直接开展培训，而是充分利用市场机制的作用，制定激励政策，鼓励企业与社团积极参与。

7.4 国外农村医疗保障制度经验及启示

7.4.1 国外农村医疗保障制度经验分析

7.4.1.1 日本农村的国民健康保险制度

从20世纪60年代起，日本建立了覆盖全体国民的医疗保险制度，凡年满20岁的日本国民，都要加入医疗保险体系，这是一种强制性的保险制度。日本的医疗保险体系由雇员健康保险和国民健康保险两大支柱构成。前者的主要对象是打工者，是指拥有5人以上的企事业单位的雇员及其家属；后者的服务对象比较广泛，包括农民、个体经营者、无业者、不能享受雇员健康保险的退休人员以及这些人员的家属。

日本国民健康保险的医疗保险基金的主要来源是被保险人缴纳的保险费、国家和地方政府的财政补助和保险费在资本市场的投资收益。保险费根据每个被保险人的标准年收入的百分比缴纳，每年核定一次。日本国民健康保险的支付水平较高。日本医疗保险给付的主要是医疗费用，国民健康保险的保险是以家庭为单位，其给付范围包括诊疗费及特定诊疗费的70%、高额诊疗费、助产费、丧葬费和育儿补助等。

日本国民健康保险有以下特点：一是法制健全。日本的国民健康保险在整个经营管理监督过程的每个环节都有法律的制约，法律制约效应远大于权力制约效应，保证了机构运行畅通无阻。二是管理层次清晰。日本国民健康保险的管理机构职责划分明确、层次清晰，由指挥中心、行政执行机构、业务执行机构、协调机关等部门负责督导和执行，各机构配合默契，使复杂的医疗保险体系运行有序。三是监督机构健全。审查机构是一种自下而上、具有反馈性质的审查机构，使运行过程的监督能及时纠正偏差，避免失误进入下一次循环。为了避免失控，审查官及审查委员会被赋予绝对独立的职权，受法律保护。审查委员会是由同属的被保险人代表及企业主代表、有经验和资历的委员组成（三方制），各自代表一方利益，避免出现监督过程的利益偏向。四是国民健康保险与雇员健康保险之间相互独立，具有排他性。日本国民健康保险与雇员健康保险之间的保险收入构成是不同的，保险费在其财源中所占的比重也有较大的不同。政府对国民健康保险的投入比较大，约占医疗保险费用总支出的32%~52%。

日本各医疗保险制度的支付水平也不同。农民参加的国民健康保险，其支付水平低于本国的雇员健康保险的支付水平。日本医疗保险制度的这种分立不利于国家加强宏观管理和财政费用的控制，难以实现医疗保险一体化和医疗纵向合理化。而且，它们之间支付水平存在差异，存在不公平之处，使被保险人带上了等级属性。

7.4.1.2 韩国覆盖全体农民的医疗保险制度

1963年，韩国通过第一部《医疗保险法》。由于当时韩国社会和经济状况较困难，国家健康保险计划只能实行自愿性保险，参保人数不多。20世纪70年代后期，韩国经济发展较快，国家健康保险计划开始实行强制性保险。该计划于1977年在企业强制实施，于1979年对政府职员和私立学校教师强制实施，于1981年在农村第一批试点地区强制实施，于1988年在全国农村强制实施，覆盖90%的农民，10%的贫困农民由政府提供医疗费用救济。

医疗保险经费筹集：入保农民家庭支付50%，政府支付50%。

医疗服务：实行逐级转诊制度。

医疗服务费用分担形式有三种：一是起付线，每诊次病人付4美元；二是自付费用比例，在诊所看门诊病人自付30%费用，在医院看门诊病人自付50%费用；三是住院封顶，保险部门每年最多付180天的住院费，其余自理。

7.4.1.3 马来西亚覆盖全体农民的免费医疗制度

马来西亚实行国家卫生服务计划，卫生事业由国家预算安排，卫生防疫、妇幼事业等公共卫生开支由国家负担。其医疗保健实行低收费：每次门诊包括药品只收1林吉特（马来西亚货币，1林吉特约等于1.54元人民币，下同），住院一天包括治疗、用药与伙食费只收 3 林吉特。政府在农村地区提供的医疗服务全部免费，住院病人交很少费用（就餐费），贫困地区和医疗条件差的地区可以减免，但医疗服务技术一般、药品种类少。

7.4.1.4 泰国农村的健康卡制度

泰国农村的医疗保险实行健康卡制度。对贫困农民，政府出资发给其免费健康卡；对一般农民，在农户自愿的基础上，个人缴费 500 泰铢（1 泰铢约等于 0.20 元人民币，下同），政府补助 500 泰铢，由政府发给统一印制的健康卡，全家都可凭卡免费享受医疗保健服务。一户一卡，超过 5 人者再购一卡，50 岁以上者和 12 岁以下儿童享受免费医疗。为了推动健康卡的发行，政府规定只有当全村 35% 以上家庭参加时，政府才给予补贴健康卡所筹资金，由省管理委员会统筹（泰国全国分为 76 个省），90% 用于支付医疗保健费用，10% 用于支付管理费用。健康卡可用于医疗、母婴保健和计划免疫。健康卡持有者持卡到健康中心或社区医院就诊，当健康中心或社区医院认为需要转诊时，可转往省医院或地区医院，直至中央级医院就诊。

为了配合健康卡制度的实施，泰国政府承担了公共卫生服务建设的责任。泰国的乡村卫生服务由政府投资兴建机构及配备卫生人员和装备，提供大部分维持费用以及必需的扩大规模的固定资产投入和开展预防工作的业务经费，其余部分由政府组织村民集资解决。在管理方面，泰国的乡村卫生服务由卫生中心管理，其基本职能是在政府领导下负责组织实施全乡的预防保健工作。卫生中心定期深入各村指导村级卫生组织开展健康教育、妇幼卫生等初级卫生保健。乡级卫生中心主任是政府官员，代表政府负责全乡群众的健康工作。

泰国农村健康卡制度的特点在于泰国最基本的卫生健康保障除公共卫生医疗服务外，是用消费金额限制得到的医疗保障，在操作上方便易行，运作成本低，有利于医疗卫生费用的控制。泰国农村实行的健康卡制度，为农民提供最基本的保障，使一个区域的资金筹集、因病造成经济损失的分担及医疗保健集于一体，能够在基层单位提供较好的医疗和预防保健服务，对于保障基层百姓的身体健康有很好的作用。其局限性是资金有限、覆盖人群少、抗御风险能力较差。

7.4.1.5 墨西哥的农村医疗保险制度

墨西哥全国共有两大医疗保险系统：一个名为全国职工社会保险协会，主要对象是企业工人和农业工人；另一个名为国家职工社会保险协会，主要对象是政府工作人员和文教科研人员。此外还有一种对穷人的免费医疗救济，对象是城市和偏僻地区的贫困居民，受益对象大多数为农民。

农业工人及其家属参加全国职工社会保险协会。该协会成立于1944年，最初只为城市企业工人提供医疗保险，1954年扩大到农业工人。对得到免费医疗救济的农民，其医疗服务也由全国职工社会保险协会管理。该协会的管理机构是理事会，由政府、雇主（含农场主）和雇员代表组成。协会主任由总统任命，协会代表大会是最高权力机构，由三方各派10名代表参加，每年1月和10月召开代表大会。1月份的会议主要通过经费预算和项目计划，10月份的会议主要审核执行情况。全国职工社会保险协会还设有10名副主任和1名秘书长，分管各项具体业务，并向全国各州、地区派驻代表，负责协调工作。全国职工社会保险协会在墨西哥全国31个州和联邦区设相应的组织，具体执行协会制定的各项政策。

因为农业工人和产业工人都属雇员，经济收入有保障，所以两者在医疗保险基金的筹集与支付方式上都一样。保险基金来自雇主和雇员缴纳的资金以及政府的少量补贴。全国职工社会保险协会医疗保险基金的主要支出项目是医疗保险机构的管理费用、所属医疗机构的建设和设备更新费用、所属医疗机构医务人员的工资及投保者的医药费用。农村贫困居民的医疗服务由全国职工社会保险协会的农村事务部总协调员负责管理，由政府和协会签订协议，利用协会的人才和物力为没有能力支付医疗费用的贫困农民提供免费医疗救济，费用全部由政府负担。农业工人的医疗保健服务由保险协会下属的医院提供，全国各级社会保险协会下设医疗机构1 500多所，为保险协会的参加者提供免费医疗。这些医疗机构分一级、二级和三级。一级为诊所，只看门诊，设少量床位；二级为综合医院；三级为医疗中心，是最高水平的医疗机构。对协会成员的医疗实行划区逐级转诊的办法，约85%的病人都能在门诊得到医疗。贫困农民则到由政府开办的医院就医，也可到政府与协会签订合同的诊所和医院医治。墨西哥农村医疗保险制度的特点是各级政府参与，医疗保险组织开办医院。

7.4.1.6 巴西农村的医疗保险制度

巴西的医疗保险制度建立于20世纪20年代，并逐渐发展到对全国城乡居民实行全民医疗保险。巴西医疗保险制度的特点是不论贫富都享有医疗保障的权利，医疗保险覆盖面广，发展速度快，待遇水平较高，处于发展中国家的前列。巴西的医疗保险事业由社会福利部管理，下设国家医疗保险协会，由该协会自办保险医疗机构。保险医院分为高、中、初三个层次，除自办保险医疗机构外，还有一些合同制私人医院和医生。居民患病后，必须首先在当地初级医疗机构就诊，经初级医疗机构医生同意，才能转到中级或高级医疗机构诊治。

患者随意找医院或医生就医时，一切费用自理。

巴西农民医疗保险费用是以税收附加的形式缴纳保险金，再加国家财政适当补贴。医疗保险基金采用集中收缴、分散包干使用的办法，即中央社会福利部通过银行和财政筹集，根据各州和地区按接诊人次上报的实际需要，经社会福利部审查和综合平衡，将经费下拨到州，各州再根据预算，经州长批准，下拨经费。

7.4.2 国外农村医疗保障制度对欠发达地区的启示

无论是发展中国家还是发达国家，他们建立农村医疗保障制度的经验和做法对解决我国欠发达地区农村的医疗保障问题都具有一定参考与借鉴的价值。

7.4.2.1 关于政府的作用

无论是发展中国家还是发达国家，在解决农村医疗保障制度问题上的共同点都是充分发挥政府的作用，而不是单纯依靠市场的作用。

以上几个国家对农村卫生机构的维持费用，包括编制人员的工资、房屋修建与维修、设备购置等都是坚持国家投入的政策，并且每年按适当比例增加投入，目的是减轻农民的负担。我国在卫生资源配置上，还存在严重的城乡不均现象。卫生经费的投入占政府财政支出的比例逐年下降，农民负担有所加重。

可见，政府对农村卫生事业投入的领域和导向作用是其他经费来源所不能代替的，更不是市场所能完成的。因此，解决农村卫生医疗保障制度问题的指导方针必须明确政府的责任。

7.4.2.2 关于立法强制手段的作用问题

以上几个国家在推行农村医疗保障的过程中，大部分都带有强制性的色彩，表现比较明显的是韩国和日本。所谓"强制"，一是通过立法规定所有国民都必须加入医疗保险，并按时缴纳保险金。否则所有伤病都将自己负担，得不到任何补贴。二是在工薪阶层发工资时先扣除应缴纳保险金的数额部分。

实际上，我国目前推行的城镇职工医疗保险制度改革和在集体经济时期先留出用于合作医疗的资金后再进行分配的做法，也不同程度地体现了"强制"的特征。目前实行的合作医疗在以自愿为原则的政策下，其资金不能代缴代扣，很多试点地区在筹集资金时，往往要组织大量的人力，挨家挨户动员，管理成本很高，又容易产生逆向选择，降低参保率。

立法强制手段可以保证筹资渠道的稳定性。一是减少管理成本。二是符合卫生筹资的支付能力原则和公平性原则。例如，日本保险金的缴纳差别很大，有的人每月缴纳 1 000 多日元就可以，而高收入者则要缴纳数万日元。我国目前的有些做法恰恰相反，相当一部分高收入者仍和普通居民一样，享受国家财政补贴下的较低缴费标准，即使参加社会医疗保险，也是按相同缴费比例缴纳的。三是可以避免逆向选择和免费搭车的现象发生，提高参保率，减少资金流失和浪费现象。资金问题是农村医疗保障的瓶颈，只要筹资渠道畅通，其他问题就能找到合理的解决办法。强制实行要有过渡时间，现在时机尚不成熟，但这是最终发展的必然趋势。

7.4.2.3 关于筹资范围与方式

筹资必须要有足够大的范围，才能有比较强的抗风险能力。传统的以乡等为筹资单位，范围不足够大，而以县为单位，与前者相比，可以体现出一定规模。

筹资要多渠道。以上几个国家的医疗保险基金都是由政府、个人还有雇主多方出资。只有多方筹资，扩大基金来源和数量，才有足够的支付能力。

保险金的筹集和使用上，都应以户为单位，应参照城镇医疗保险的设计思路，统筹部用于大额费用，将"个人账户"改为"家庭账户"，允许有效积累，实行小病家庭账户付费，大病社会统筹共济的新机制。这种约束并激励的双重机制，可以不违背"坚持自愿"的原则，又可以扩大参保人群，提高保障的抗风险能力。

此外，欠发达地区可以考虑建立贫困农民医疗救助制度，减少农村贫困户的医疗压力。例如，泰国对贫困农民免费发放健康卡，墨西哥对贫困农民提供免费医疗，费用全部由政府负担，这项制度对维持社会公平和促进社会稳定具有重要的作用。

8 国外农村劳动力转移和非农就业的经验借鉴

农村劳动力向非农产业转移是世界各国工业化进程中面临的共同问题，各国受本国经济、历史、文化、制度、环境等因素的影响，其农村劳动力转移的具体模式各具特色，其成功经验值得我们借鉴。本章选取有代表性的国家和地区，对其农村劳动力转移过程及政策、农村劳动力非农就业经验进行总结分析，旨在为我国欠发达地区农村劳动力非农就业提供借鉴。

8.1 国外农村劳动力转移过程及政策

8.1.1 英国农村劳动力转移过程及政策

英国是最早的工业化国家，其农村劳动力转移涵盖了从15世纪末到20世纪中期，贯穿英国工业化和现代化的全过程。

第一阶段为农村劳动力转移的起步阶段，从圈地运动开始到工业革命前夕。这一时期，英国经济社会急剧变动，资本主义特征的工场手工业和大农场迅速发展，农业变革与农村进步逐步推进，现代企业制度、市场体系、市场法制化等市场化进程不断推进。农村劳动力转移的动力主要来自暴力的强制转移，表现为圈地运动引发的农民失地导致其被迫离开家园，以流民的形式进入城市。由于城市部门还不能提供大量就业机会，部分群体只能成为城市游民、失业者和贫民。大部分失地农民成为自由职业者，并逐渐转变为产业工人和城市市民。

整体性变革时期尚未到来，但是经济社会进步逐渐改变文明形态，引发农村劳动力转移就业。13~14世纪，随着养羊业的发展，部分领主开始抢占农村的公共地，从而出现圈地现象。14世纪，英国人民经历了饥荒、"黑死病"、战乱等危机，人口下降，经济萧条，促成了经济社会的结构性变化，这成为英国大变革时代的重要起点。15世纪末，地理大发现后，为了获得更大的收益，英国贵族不顾农民反抗，掀起大规模的圈地运动，导致农业生产资料与劳动者相分离，从而为经济发展创造了环境条件。

农村进步和农业发展是农村劳动力转移的物质后盾。18~19世纪，英国每个农业工人的产量提高了约100%，这主要是众多小改进累积的结果，并与农场的合并和圈地运动以及对土地开发的投资同时进行，技术的扩散提升了以土地生产率为核心的农业生产率。这一时期，作物种植和牲畜饲养相结合的诺福克作物轮作体系推动了农业变革和发展，改变了传统农村发展状况。同时，农村土地产权关系进行了重大调整，领主制的土地关系被农场制的土地关系取代，土地产权逐渐清晰和稳定。这一时期失地农民的数量还比较有限，农业仍是英国的经济基础，农业生产仍需要大量劳动力，农业就业人口和农村总人口也仍在增长。

这一时期是英国农村制度大变革的开端，是城乡之间以及农村内部经济社会关系变迁的基础阶段。国家法律体系框架逐渐确立，具有现代意义的制度体系逐渐演化。英国推行保护国内农业发展的谷物政策，维护国内市场粮食价格稳定。由圈地运动产生的农村剩余劳动力问题并没有引起英国政府的过多关注，政府甚至出台了一系列镇压和惩罚政策，以此维持经济社会秩序。国家多次把贵族和教会通过圈地运动所占领的土地合法化，促使土地产权制度变革。17世纪，英国政府通过《济贫法》和《定居法》限制人口长期流动，只允许其季节性流动。后来，英国政府意识到流浪农民问题不是失地农民自身造成的，而是经济社会转型带来的必然现象，并与政府治理机制密切相关。由此，英国政府采取了恩威并施的措施，并逐步过渡到以救济为主的政策，还通过海外移民等方式，减轻失地农民带来的社会压力，维持社会稳定。

第二阶段为农村劳动力转移的发展阶段，从18世纪30年代工业革命开始并持续到19世纪中期。这一时期，英国社会生产力获得巨大发展，经济效率和社会效率持续改善，产业结构发生剧烈变化，居民生活水平不断提高，民众的文化教育水平得到改善，开始了现代意义的农村剩余劳动力转移，即农村劳动力自发向工业和其他非农产业转移。在工业革命的推动下，社会物质财富不断增加，人民的生活水平不断改善，农业生产率大幅度提高，劳动分工和专业化拓宽了劳动者就业空间，殖民地持续拓展。随着经济社会的发展，农村劳动力转移成为转型向纵深演化的重要力量，构成资源配置结构调整的重要媒介。

经济社会发展带来人口增长，虽然农业人口占总就业人口的比重大幅度下降,但是农业人口总规模仍在增加,农业生产率的提升并没有引发大规模的农业人口急剧转移。借助于农村劳动力的隔代转移,通过人口自然增长实现工业化和城市化,是英国工业革命时期农村劳动力转移的显著特点。1788年,农业在英国国民生产总值中所占比例为40%以上,工业和建筑业所占比例不到21%;1850年,农业在英国国民生产总值中所占比例下降到21%,工业和建筑业所占比例上升到35%。1780—1850年,工人实际工资每年平均增长0.8%。工业和城市劳动力需求对农业劳动力转移的影响力相对较轻,农村劳动力转移就业以兼业化、季节性转移、就地就近转移和最低工资为主要特征。转型时期,农村劳动力转移是一个渐进的过程,劳动力对城市的生产生活方式需要一个适应和调整过程,是从兼业化、季节性就业为初始转移起点,并随着在城市生计来源的稳定和对城市生活方式的习惯而完成转移。

经济社会的急剧变革引起了社会混乱和动荡,英国逐渐完成了国内经济社会治理机制的再造。政府采取了一系列政策维护社会稳定,促进经济社会稳定发展。中央政府和地方政府通过建设城市礼堂、学校、医院、济贫院、监狱、教堂以及下水道、污水处理工程等,推动了公共卫生条件的改善(在长期的转型时期,用于住宅、公共建筑和工程上的资本支出超过20%,部分时期甚至超过30%)。1850年,英国议会颁布《贫民迁移法》,放宽了人口流动限制,并不断修改限制人口流动的法律。1834年,英国议会修改了《定居法》,使居民在原定居地之外获得居住权更加容易。1846年,英国议会修订的《贫民迁移法》禁止对在某一教区居住5年以上者遣返原籍。1795年以后英国各地盛行斯宾汉姆兰制的济贫法,使工资收入者得到某种最低程度的生活保障。1834年,英国以"新济贫法"取代原来的济贫法,废除斯宾汉姆兰制,新设济贫院,废除院外救济制,不再向有劳动能力的穷人提供救济;改进济贫管理,由国家济贫管理机构统一管理。这些政策契合英国农村劳动力转移的基本国情,也符合其政府治理理念,并随着转型的发展而不断变迁,构成转型的重要内容。

第三阶段为农村劳动力深化转移阶段,从19世纪中期到二战时期。随着第二次工业革命的开展,工业化和城市化深入发展,农村劳动力转移向纵深方向发展。由于世界市场的扩大、科技的进步和农业生产率的提高,英国农村剩余劳动力进一步增加。这一时期,农村劳动力转移发生了实质性变化,农业和农村人口规模持续下降,农村劳动力的实际工资水平不断提高,工作时间缩短,工作环境改善,生产生活条件不断改善,农村劳动力基本完成市民化过程。转型中后期,农村劳动力成为实现经济社会变迁的重要纽带。农村劳动转移主要体现在逐渐适应工业化和城市化的生产生活方式，并由兼业、季节性就业、迁徙就业转变为依靠非农产业和城市经济稳定就业，城市文明向全社会扩展，成为农村居民的主要生活形态。

为保障劳动力就业和维护社会稳定，英国政府建立并完善与就业相衔接的保障系统，废除《谷物法》《航海法》等过度的行政干预措施，有效改善了市场竞争环境。面对来自外国粮食的竞争，英国农业成功转变为有效率的大规模现代农业，企业家租佃农业体系的建立，促使农业根据不断变化的经济环境进行合理的调整。随着经济社会进步，知识和技能的重要性不断提高，如何提高农村劳动力素质成为政府政策的重要出发点。英国政府通过逐步普及中学教育、改善就业环境等保障劳动者工作积极性，提高劳动效率。同时，失业问题、劳资关系成为更重要的社会问题，英国政府以解决失业问题和完善社会福利为突破口，创造就业机会，培训"游民"和农村转移劳动力，逐渐把创造就业机会、保障社会基层群体基本生活水平作为重要的调节手段，最终建立社会福利制度，保障最低收入群体生活，并通过拓宽就业渠道、方便失业者自主创业、建立劳动移居地、帮助失业者再就业等方式缓解失业问题调整劳资关系，提高劳动者的谈判地位，逐步提高劳动者的收入水平。

8.1.2 日本农村劳动力转移过程及政策

第一阶段是从明治维新开始到二战结束，是日本实现工业化阶段，构成日本经济社会转型的早期和中期。明治维新前，日本经济社会出现了变革迹象，传统制度趋于解体。19世纪末到20世纪20年代，日本政府改革了农村土地制度，精耕细作、品种改良等传统农业技术得到进一步普及和发展，农业生产率不断提高，农村剩余劳动力由隐性逐渐变为显性，日本农业经济经历了快速增长时期。之后，由于传统农业技术的改良已经达到较高的水平，传统农村制度根深蒂固，西方国家现代农业技术构筑的农业现代化路径不适应日本国情，日本国内也没有发展形成适应国情的现代农业技术体系，造成农业增长率下降。

明治维新之后，通过借鉴西方国家发展经验和先进技术，日本政府强力推动国内工业化进程，借助于发展现代工业，城市现代经济迅速发展。1920年，日本完成了工业革命。但是，由于日本城市化进程较为缓慢，乡村工业不断发展，农村非农业部门在吸引农村劳动力方面具有较大优势，农村劳动力只是稳定向城市转移，没有形成很大的转移浪潮。1920年以后，日本农业生产技术改进缓慢，加上战争的影响，农村劳动力转移基本处于停滞状态。

这一时期，明治政府废除了身份制度，部分消除了农村剩余劳动力向城市转移的制度障碍，加速了农村中小自耕农的破产和土地集中经营，逐步瓦解了传统农村制度。明治政府积极引进西方现代工业技术和生产方式，并通过采取建立现代金融货币制度、引进公司制度、投资社会基础设施、建立官营工厂、扶持私人企业对新兴产业的投资等现代化经济社会政策，推动工业化进程，逐步以现代工业改造传统工业，也推动了家庭工业的发展，极大改变了日本经济社会结构。为适应变革和推动转型，明治政府制定了《帝国宪法》《民法》和《商法》等，并不断完善这些法律制度，逐渐建立了现代社会制度框架，不断塑造资本主义生产关系，推动了农村劳动力转移。

第二阶段是从二战结束到20世纪80年代，是日本实现城市化和现代化阶段，构成日本转型的中后期。二战后，日本出现了两次生育高峰，推动了其经济社会快速发展。这一时期，日本农村劳动力实现了向城市转移，完成了向现代市民的转变，1950—1980年，日本城市人口比例从37%上升到90%，迅速实现了城市化和现代化。1960年，日本完全从事农业的农户占全部农户数的1/3，1978年这一比例降到1/8，以农业为兼职的农户数量从占全部农户数的30%跃升至70%。

农业技术进步促进了农业现代化，推动了农村劳动力实质性转移。"拖拉机小型化"，即低于10马力的小型拖拉机的迅速采用，提高了农业机械化水平；同时，生物农业技术不断进步，农业逐渐实现现代化，极大地减少了农业对劳动力的需求。二战后，日本进行了根本性的体制变革，推进了国内平等化和经济民主化进程，彻底瓦解限制农村劳动力转移的传统障碍；打破世袭土地制度的法律得以通过，改革了农村土地制度，推动了农业集约化进程，增强了农村释放劳动力的能力，推进了农村劳动力向城市的根本性转移。

城乡一体化进程构成农村劳动力快速城镇化的重要机制。日本通过"造村运动"，合并村镇，建设新城，广大农村人口就地转化为城市人口，导致城市人口迅速上升。同时，日本借助大力加强农村教育，提升农村人口素质，完善农村劳动力就业体制，实现了劳动力生计来源的顺利转变。20世纪60年代，日本农业家庭的人均收入大约比城市工薪家庭的人均收入少30%，到1975年，农业家庭的人均收入已比城市工薪家庭的人均收入高出近15%。农业家庭收入迅速增加的主要来源是非农业所得，非农业收入从1960年约占农业家庭全部收入的50%上升到1980年的80%以上，基本完成了城乡收入趋同的过程。

8.1.3 韩国农村劳动力转移过程及政策

韩国是二战后迅速实现城市化、工业化和农村现代化的典范。在短短

30多年，韩国由一个濒临崩溃的国家，迅速成长为新兴工业化国家，创造了人类发展史上的奇迹。1962—1995年，韩国国民生产总值从23亿美元增加到4 560亿美元，增长了约197倍；人均国民生产总值从87美元增加到10 076美元，增长了约115倍。转型时期，韩国人口快速增长，从1949年的2 019万人，增加到1967年的3 000万人，1984年超过4 000万人，2007年达到4 845万人，这为经济社会发展提供了充足的劳动力资源。

总体来看，韩国农村劳动力转移大体能够以20世纪70年代中期为界线分为两个阶段。前一阶段，城市化率迅速攀升，城乡差距急剧扩大；后一阶段，现代乡村建设快速推进，城市化与现代乡村互动发展，形成城乡一体化格局。1960年，韩国城市化为28%；1975年，韩国城市化率上升到50.9%；1980年，韩国城市化率上升到57.2%；2002年，韩国城市化率进一步上升到83%。

第一阶段为朝鲜战争结束后至20世纪70年代中期，农村劳动力步入快速转移通道。朝鲜战争结束后，在美国的援助下，韩国进行重建，并实行进口替代政策，为后来的经济高速发展打下了一定的基础。20世纪50年代末，韩国整个就业人口中，从事农林水产业的占63%，从事工矿业的占8.7%；韩国产业结构仍然很落后，农林水产产值占国民生产总值的45%，工业产值仅占国民生产总值的12%。1961年，朴正熙政府提出了政府主导型经济开发战略，推行强有力的产业政策，调动广大企业和国民的积极性，取得巨大成功。1962—1971年，韩国政府实施了第一个五年计划和第二个五年计划，确立了出口导向战略，扶持重点产业发展，工业化、城镇化进程明显加快。但是，农业发展缓慢，导致韩国工农业发展及城乡之间、区域之间的发展严重失衡，城乡居民收入差距急剧扩大，大批农村人口涌入城市，不仅增加了城市就业压力，带来城市贫民问题，而且导致广大农村和农业的荒废。农村劳动力老龄化严重、农业机械化发展滞后，这种局面严重阻碍了经济社会的持续发展。在此背景下，20世纪70年代，韩国政府开始把"工农业均衡发展"和"农水产经济的开发"放在经济发展首位，并倡导"新村运动"，推动了国民经济的平衡发展。"新村运动"不仅改变了韩国农村的面貌，更改变了韩国民众的精神面貌，推动了工业文明的深入发展。

20世纪60年代到70年代是韩国农村劳动力转移的高峰，转移规模很大，转移速度大大超过发达国家早期经济发展农村劳动力转移的速度。据统计，韩国农村人口曾经由1955年的1 330万人上升到1967年的1 610万人，之后农村人口总规模持续下降，1975年农村人口下降到1 320万人。1960—1966年，每年有24.3万人从农业实现净转移；1966—1970年，每年从农业净转移的人数上升到56.8万人。包括林业和渔业在内的农业部门就业人口占全国就业总人口的比例由1963年的63.1%，下降到1974年的48.2%。从20世纪60年代中期开始，韩国一些地区开始呈现缺少熟练劳动力的迹象。到20世纪70年代中期，韩国已面临劳动力的全面短缺。

第二阶段为20世纪70年代后期到20世纪末，韩国完成了农村劳动力转移，实现了经济社会转型。韩国第四个五年计划开始对开发计划进行调整，提出了要确立自主增长结构，促进社会开发，推进技术革新，提高效率。这一时期的"新村运动"重视发展农产品加工业、特色农业、流通业和金融业等现代农村经济，积极推动农村社会事业发展，建设现代农村市场制度，推动了城乡一体化进程。这一时期，韩国农村居民收入显著提高，1993年已达到城市居民的95.5%，城乡收入差距基本消除。同时，韩国政府更加重视社会发展，并逐渐建立先进的经济社会制度和秩序，推进区域社会均衡发展，增进国民福利。1988年，韩国开始推进新城市建设和200万套住宅建设计划，住宅普及率明显提升。1989年，韩国实行全国国民医疗保险，全国国民成为医疗保障的受惠者。另外，这一时期，韩国开启了实质意义上的民主化进程，逐渐实现了由权威主义政权向现代民主政权的转变。

20世纪70年代后期，韩国政府意识到人口过于集中在大城市将促使集聚效应走向反面，于是在1977年制订的计划中，设计了以形成多个增长中心为理念的城市发展规划。韩国政府制止大量人口从乡村向汉城（首尔）迁徙，促使其向大田、大邱、马山、光州、金州等中等城市流动。从20世纪70年代末开始，韩国人口城市化率迅速上升。同期，韩国农业人口持续向非农产业和城市经济转移。1972—1978年，韩国农户减少22.8万户，其中耕地面积不足0.5万平方米的农户减少了14.7万户，占总减少农户的64.5%。1978年，韩国农户的副业和兼业平均收入在农户收入中所占比重为20.6%，耕地面积在0.5万平方米以下的农户的副业和兼业平均收入在农户收入中所占比重只有8%，耕地规模较小的农户逐渐脱离了农业生产，主要依靠农业外收入。20世纪80年代末到20世纪末，由于农村青壮年劳动力大量流失，农村劳动力的老龄化、妇女化现象日趋严重，恶化了韩国农业农村发展环境。2003年，韩国65岁以上的人口所占比重达到8.1%，农村老龄人口所占比重达15%，明显高于城市的6.3%。为此，韩国政府适时调整了"新村运动"的内容，大力扶持农业农村经济发展，实现了现代农村和现代城市的互动发展。

韩国的经济发展、城市化进程、工业化进程和农村劳动力转移等转型进程，不仅远超过发展中国家，而且即使与发达国家早期阶段经济发展相比，也是独一无二的。这一方面可以归功于美国的援助，另一方面韩国政府也采取了行之有效的政策。其具体表现如下：

一是韩国政府迅速推进工业化、城市化与农业现代化、新农村建设协同促进，加快了农村劳动力转移步伐。韩国政府通过行政指令和计划框架对城市建设、经济开发区的规划进行指导，促进了韩国区域经济平衡发展，推动了城乡协同发展。这不仅推动了人口、资金、技术等生产要素向某些指定区位快速集聚，也成为促进新兴工业城市迅速兴起的重要机制。外向型的经济发展战略推动了沿海港口城市产业、人口迅速高度集中，同时轻工业、重工业有序发展的工业化进程扩大了对农村劳动力的需求。改良种子、化肥以及农业技术进步等农业现代化变迁持续推进，保证了农民生活生产水平的不断提高，农业生产率在工业化过程中也得到了极大改善，吸纳了部分农村剩余劳动力。另外，韩国的城市化经历了首位城市优先发展——地方中心和中等城市优先发展——小城市优先发展的城市化历程，政府采取工业选址、税收优惠、基础设施和公共服务等措施，优化国土发展结构，推动农村劳动力区域均衡转移、流动就业。

二是韩国政府推行了一系列有利于农业发展、农村劳动力转移的政策，包括土地改革、对农产品实行价格支持、农业生物技术的研发和推广、农业信贷政策、农村基础设施建设、新村运动等，这些政策不仅增加了农民收入，提供了有效的农村公共产品和服务，改善了农业生产环境，还为农村劳动力先兼业化后完全脱离农业生产的有序转移创造了条件。1949年，韩国制定了《农地改革法》，其基本目标是改变农地所有制关系，实现"耕者有其田"，提高农业生产率。1945年韩国自耕农占16.5%，佃农和半自耕农占83.5%。到1964年，韩国自耕农占比增加到71.6%，半自耕农和佃户占比减少到28.4%，其中佃户从1945年的占比48.9%减少到1964年的占比5.2%，这为推动农村经济社会变革创造了制度基础。韩国政府适时推动"新村运动"，并不断调整其内容，着力改造农民的小农意识，培养其公民意识，推动农村教育、科技等社会事业的发展，为农村劳动力市民化、农村现代化转变创造了条件。

8.1.4 巴西农村劳动力转移过程及政策

巴西是一个发展中大国，也是发展中国家中经济比较发达、社会制度比较成熟的国家之一，其综合国力排在世界前列。总体来看，巴西农村劳动力转移过程分为三个阶段：

第一阶段是1822—1929年的经济危机，为农村劳动力初步转移时期。这一时期，巴西经济处于初步发展时期，外国移民和国内人口增长对于推动劳动力流动产生重要影响。1822年，巴西通过和平方式获得政治独立之后，并没有真正实现独立，其政策选择仍受到宗主国的影响，并继承了殖民地时期经济发展的主要特征，仍然实行大庄园的土地制度。在殖民时期，葡萄牙将其城市发展模式移植到巴西，大量的外国移民使从事农业、商业或军事用途的城镇逐渐发展为重要城市。这一时期，巴西主要依赖出口初级产品实现经济增长，其城市发展也随着初级产品产业的变化而变化，初级产品产业发展具有周期性、区域性。因此，巴西劳动力的流动和城市化发展也具有区域性、自发性等特征，加剧了巴西国内中心—外围关系的形成。

第二阶段是从1929年的经济危机到1973年的经济危机，为农村劳动力加速转移时期。这一时期，巴西实行进口替代工业化的经济发展战略，城市化进程不断加速，并在20世纪70年代逐渐稳定。进口替代战略推动了工业的持续发展，加快了巴西经济由以农业为主转变为以城市工业为主的过程。同时，不断改善的通信、交通等基础设施，也便利了巴西国内人口的流动。从20世纪初开始，巴西人口大规模流向圣保罗等中心城市，尤其是向中心城市的中心区域集中。20世纪40年代，大约有300万乡村人口（占乡村总人口的10%）流向城市，使巴西的城市化率从31%提高到36%；20世纪50年代，大约有700万乡村人口（约占乡村总人口的21%）进入城市，巴西的城市化率上升到45%。20世纪60年代，巴西政府更大规模地推行进口替代工业化战略，促使人口和资源进一步向大城市集中，进一步助长了少数大城市的过度城市化倾向。20世纪60年代，约有1 300万乡村人口（约占乡村人口的33%）涌向城市，巴西的城市化率上升到56%；20世纪70年代，约有1 500万乡村人口（约占乡村人口的38%）涌向城市，城市化率达到68%，接近同期发达国家城市化水平。

第三阶段是从20世纪70年代至今，为农村劳动力稳定转移时期。由于进口替代工业化模式的固有缺陷越来越明显，劳动生产率低下，无法发挥本国劳动力资源的比较优势，过度城市化模式也造成诸多经济社会问题，城市化水平与经济发展水平严重脱节，城市病问题越发突出。巴西政府有意识地采取了促使工业布局和城市区位分散化的经济社会政策，重视农业发展和农村建设，如进行土地改革，给无地农民分配土地，建立农民社会保障制度等，促进巴西城乡经济、区域经济、经济与社会协调发展。这些政策对于缓解过度城市化造成的各种矛盾收到了一定成效，巴西北部、中西部等内陆地区出现了一些新城市，东部、东北部等沿海地区城市人口有所下降。但是由于过度城市化发展的惯性以及长期形成的政策和制度，分散城市化政策效果并不十分明显。1990

年，巴西城市人口占总人口的比重为78.1%，2003年，这一比重上升到82.7%，2010年这一比重进一步攀升到84%。2010年，巴西总人口达到1.9亿人，东南部沿海地区仍是全国人口最密集的地区，人口最多的圣保罗州有4 100多万人。

8.2 国外农村劳动力非农就业的经验分析

8.2.1 英国农村劳动力非农就业的经验分析

英国是世界上劳动力转移最早的国家，其劳动力转移始于15世纪末，转移历程大概经历了4个世纪的时间。从转移模式看，英国政府是采取圈地运动的方式强迫农村劳动力向非农产业转移，强制性是英国农村劳动力转移的一个显著特点。失去了土地的农民受到生存的压力，被迫涌入城市。而城市由于制造业的机械化和工厂化使其生产规模急剧扩大，正遇到劳动力严重短缺的难题，众多无地农民的流入，正好充当了廉价的劳动力，机器、劳动力、纺织业原料自然地结合在一起，造就出机器化大生产制度下新的生产力，解决了工业发展中的劳动力供给不足的矛盾。

8.2.1.1 农村劳动力转移以牺牲农业为代价

随着农村劳动力的转移、工业化的实现，英国逐步从一个以农业为基础产业的传统国家转变为一个以工业为基础产业的现代国家，农业在国民经济中的基础性地位逐渐让位于工业。18世纪60年代，英国生产的粮食不但可以满足城市人口日益增长的需要，而且还可以出口。但随着英国农村剩余劳动力的转移和城镇化的推进，大量的农业劳动力转向非农产业，英国的农产品供给受到了严重的影响，粮食、肉类和农业原料越来越依赖从外国进口。

8.2.1.2 政府采取措施解决非农化带来的社会问题

由于当时英国还没有开始工业革命，工业部门吸纳农村劳动力的能力有限，而圈地运动迫使大量农民离开土地涌向了城市，给英国城市发展带来了一系列的问题。英国政府不得不采取了一系列国家干预措施，摸索出从"惩罚、济民"到"济身"、创造就业机会和福利国家的一套做法，成功地解决了英国农村剩余劳动力转移问题。

8.2.1.3 农村劳动力进入第三产业的比重逐步加大

国家的经济发展状况是劳动力流动的决定性因素。随着工业革命的向前推进，工业劳动生产率远超农业，工业和第三产业的发展为流动人口提供了更多的就业机会，吸引了更多的农村劳动力向城市转移，英国的农村劳动力转移也步入了正轨。特别是在20世纪初期以后，农村剩余劳动力持续、缓慢地向工业和第三产业转移。1901—1975年，英国农业劳动人口在全部就业人口中的比重由8.9%下降到2.7%。减少的农业劳动力于20世纪50年代后主要转入第三产业。1955—1978年，农业劳动力减少了42万人，工业劳动力减少了50万人，而第三产业劳动力增加了360万人，农业部门转移出来的劳动力主要进入了第三产业。

8.2.2 美国农村劳动力非农就业的经验分析

8.2.2.1 工业化、城市化与农村劳动力转移相互推动

美国是个移民国家，由于具有较好的工业化基础，农村劳动力在大规模工业条件下自发转向非农产业。由于美国人少地多，因此在工业化初期并未出现大量农村剩余劳动力；相反，在城镇化和工业化进程中却面临劳动力短缺的问题。美国农村劳动力非农化转移时间是从19世纪20年代到20世纪70年代，非农化模式属于自由转移模式。

19世纪70年代以后，随着英国大量移民把第二次产业革命的成果带到了美国，使得美国工业化得到了迅猛发展，工业化的发展促进了城镇化发展的进程，城市的高速发展，吸引了大量的农村劳动力流向城市，为城市工厂提供了廉价劳动力，促进了城市的兴起，有利于后续劳动力的非农化。同时，工业化发展也推动了美国交通系统的迅速发展，交通现代化是美国农村劳动力加速转移的重要因素。1828年，美国开始修建铁路，到1916年，美国铁路营业里程达到历史上的最高峰，共40.9万千米，铁路已经遍布全国的小城镇。交通运输业的发展不仅可以吸纳劳动力，也有利于降低劳动力转移的成本，同时还满足了工业化的发展需求。美国的工业化、城市化与农村劳动力转移就是这样相互依赖、互为推动，最终向现代社会的目标演进的。

8.2.2.2 注重发展第三产业

从转移方向来看，农村劳动力非农就业部门基本为大城市的工业部门和包括商业和服务业在内的第三产业部门，由于第三产业的许多部门，如商业、服务业、金融业以及公用事业等，大部分属于劳动密集型行业，因而吸收劳动力的能力特别强。美国20世纪20年代以来第三产业的发展无疑为这一时期大批脱离土地的农业劳动力打开了一扇新的就业大门。20世纪20年代以后，第三产业是美国吸收劳动力最多的产业。1920—1975年，美国全部劳动力总计增加4 188.2万人，其中农业部门就业劳动力净减少802万人；第二产业和第三

产业共增加劳动力4 990.2万人。其中，第三产业净增加3 995.4万人，占比达80%。由此可见，20世纪20年代以后美国第三产业的发展在吸收农业劳动力方面起到了不可估量的作用。

8.2.2.3 工业发展和农业发展相互促进

与英国不同的是，美国的农村劳动力转移并不是以牺牲农业为代价的，相反，美国在工业化的同时实现了农业现代化。1870—1900年，美国农业产值增长了1.4倍，而工业产值增长了3倍。工业的快速发展提高了农业的机械化水平，提高了农业劳动生产率，解决了地多人少的矛盾，也使得由于机械化而分离出来的部分农村剩余劳动力被快速的工业化所消化，使美国经济得以走上良性发展的轨道。

8.2.2.4 大力发展农村工业

美国在19世纪末基本实现工业化以后，工业化开始沿着既定的轨道向纵深方向发展。这一时期的新特点集中反映在美国农村工业在20世纪60、70年代的快速发展上。农村工业化使各类农村工业中就业的人数迅速增加，到20世纪70年代末，美国农村工业化的程度已经很高，几乎找不到没有任何工厂的农村。美国农村工业的发展改变了传统的城乡人口转移格局和农村劳动力就业布局。农村各种工业部门成了农业劳动力甚至是城市劳动力就业的主要部门。由于农村工业的扩张，带动了农村服务产业的相应发展，产生了产业关联的就业创造效应，农村工业的就业增值功能十分明显。

在农业剩余劳动力转移的过程中，美国政府的引导和推动起了很大作用。美国政府于20世纪50年代推行了农村工业化的同时重视推行农业教育，使农村劳动力接受包括农场管理、农村流通以及农村服务和涉农企业在内的教育内容，为农业劳动力迅速转变为农村工业劳动力奠定了基础。

8.2.3 日本农村劳动力非农就业的经验分析

日本是一个山地多、耕地少、土地贫瘠、资源匮乏，但劳动力资源十分丰富的国家。日本的农村劳动力转移用了近一个世纪的时间，从20世纪初开始到20世纪末基本完成。二战后，日本政府针对本国人多地少、资源匮乏的现实问题，提出了"跳跃式转移"与"农村非农化转移"相结合的模式。"跳跃式转移"是指跨越了一般的国家发展模式，即第一产业、第二产业、第三产业的顺序发展，而是迅速推进工业化和发展城市第三产业，大量吸收从农业中分离出来的剩余劳动力。

8.2.3.1 政府发挥重要的作用

1961年，日本颁布了《农业基本法》和《农业现代化资金筹措法》，规定在10年内要将农村中农户总数的60%转移到非农领域。1971年,日本通过了一项法案,要求在政府指导下,促进工业和农业、城市和农村协调发展,并制定了一项国家和地区相结合的指导性的发展计划,规定从1971—1975年,在城市郊区建立销售总额为90 000亿日元的各类工业区,吸纳100万人就业,其中60%来自农村。同时,日本政府大力促进农业现代化,改变原有农业结构,使农业人口占全国总人口的比重由1960年的37.1%下降到1970年的25.6%。

8.2.3.2 注重发展劳动密集型产业

日本政府十分重视节约资本,充分利用劳动力丰富的优势和劳动密集型产业具有非常强的劳动力吸纳能力的特点,注重发展劳动力密集型工业,重视发展灵活机动、就业能力强的中小企业,为农村剩余劳动力顺利转移创造了条件。在吸纳的劳动力的总数中,由劳动替代资本的创新吸纳的劳动力所占比重为80%,而由资本积累吸纳的劳动力所占比重仅为20%。

在二战后恢复时期内,由于经济萧条、投资过少,工业部门很难在短期内恢复,而相对于工业部门,多属劳动密集型行业的第三产业只要投入很少资金便可吸收大量的劳动力,也就是在二战后,农村大批剩余劳动力涌进城市,这些人大部分为第三产业所吸收。

8.2.3.3 大力发展农村城镇化

日本农村城镇化建设是在城市工业向农村扩散、城市资源日益枯竭的背景下展开的。1950年,日本城市人口的比率为37.5%,大大低于农村人口所占比率。为此,日本政府在扩大原有城市规模的同时,采取了推进农村城镇化建设、合并村镇、建立新城镇的方法。日本《町村合并促进法》(1955年)的颁布和实施使日本的市町村数从1950年的10 411个减少到1975年的3 275个,城市从214个增加到641个;城镇人口占全国人口的比重也逐年提高,1955年为56.3%,1965年为68.1%,1975年为75.9%,1997年达到90.8%,城乡差别基本消失。

日本农村城镇化、工业化同步发展模式是城市高度工业化作用的结果,不论是建立在传统农副产品加工、农具制造基础上的新兴农村工业,还是因城市资源枯竭而向农村疏散的城市工厂和与之相伴而生的分厂、卫星厂以至更小规模的承包厂、家庭工厂,都为促进农村经济发展、就近安置农村剩余劳动力非农就业起到了不可估量的作用。

8.2.3.4 重视人力资源教育和培训

依据人力资本理论,人力资源的质量取决于人力资本存量的多少,而教育和培训是人力资本形成的主要形式。

早在1947年，日本就颁布了《基本教育法》和《学校教育法》，规定所有适龄人口的义务教育从6年延长至9年。随后，日本政府不断加大对教育的投入。1965—1973年，日本的公共教育投资年均增长17.6%，超过了同期经济增长率。高中的升学率从1955年的50%上升到1970年的82%，1990年几乎达到100%，20世纪90年代就普及了高中教育，使40%的农村适龄青年跨进了大学校园，毕业后不再返归农村就业。日本在国家经济发展过程中，牢牢树立科教兴国的理念，多次进行教育改革，不断调整教育结构，充实教育内容，从而增强教育对经济结构变化的适应能力，从数量上和质量上培养经济发展所需要的劳动者和专门人才，不断提高劳动生产率，促使经济的高速增长。

同时，日本还在农村推行了一套职业培训制度，对农民进行职业技能培训，与此相适应，国家鼓励各企业和社会团体积极开展岗位培训工作，为农村劳动力提供各种学习机会，从而使其更加适应非农岗位需要，掌握更多的就业技能。日本于1949年颁布的《社会教育法》规定，利用公民馆、图书馆等设施对农村成人进行教育。日本于1953年颁布的《青年振兴法》规定，由政府资助青年农民进行培训，从而使农村职业技术教育正规化和制度化。

8.2.4 印度农村劳动力非农就业的经验分析

印度是一个典型的农业人口大国，是世界上城市化水平较低的国家之一，其城市化步伐比较缓慢。在过去的几十年中印度农劳动力向非农业部门的转移进行得极为缓慢，农业劳动力比重一直居高不下，贫困人口数量庞大，失业率长期保持高位。贫困和失业成为印度城市化面临的两大难题。为解决上述问题，加速城市化的进程，印度政府采取了以就业为导向的模式，减少农业劳动力，促进农村劳动力向非农部门转移。

8.2.4.1 大力发展农村工业

由于印度经济发展水平低，第二产业、第三产业不发达，缺乏吸收农业剩余劳动力的能力而阻碍了农村劳动力向非农部门转移。在这种背景下，印度选择了通过发展农村工业来吸纳剩余劳动力的农村工业化道路，把发展农村工业、家庭工业和小工业作为其工业化政策的核心，采用大力鼓励家庭工业和小工业的发展，并使其广为分布到集镇和乡村中去的工业政策。

8.2.4.2 实行农业新战略"绿色革命"

20世纪年60年代中期，印度政府实施了"绿色革命"：政府选择农业生产条件较好的地区进行重点扶持，优先投入，推广农业新技术。这些地区很快发展起来，吸引着落后地区农村劳动力向这里转移。农村地区之间的劳动力流动补充了劳动力由农村向城市转移的不足。到了20世纪70年代中期，农村地区间的劳动力转移进入蓬勃发展的阶段，"绿色革命"在促进发达地区农业发展的基础上，也带动了这些地区农业产前产后以及非农产业的发展，从而开拓了新的就业领域，农业的加速发展，增加了对劳动密集型商品和服务的需求，对农业劳动力的非农就业转移产生了重大影响。

8.2.4.3 保障农民工权益

为了规范农民工的就业和服务条件，保障其合法权益，印度政府于1979年制定了《邦之间流动农民（就业规定和服务条件）法案》。该法案主要受益人是有组织行业中的农民工。该法案对农民工的最低工资标准、工资采用现金支付的方式、假期、工作时间和加班工资等服务条件做出了明确规定，还要求雇主为农民工提供合适、足够的医疗条件，雇主应该采取保护性措施，确保农民工不受疫情影响或病毒感染。

8.2.4.4 大力发展职业技术教育

20世纪80年代后期，印度政府制定了1985—1990年的五年教育职业化计划。1992年，印度政府修改了《国家教育政策》，制定了新的职业化目标，把中等教育的职业化作为一个很重要的新战略。目前，印度专门从事中等程度职业教育的机构有很多，主要包括技术中学、综合技术学校和工业培训学校等。据相关统计资料显示，印度的工业培训学校中的受训者有70%以上来自农村地区。与此同时，印度政府还有计划、有目的地将农业学校、林业学校和渔业学校等设在农村，以促进农村劳动力转移就业。

8.2.5 韩国农村劳动力非农就业的经验分析

8.2.5.1 农村劳动力非农就业的特点

韩国农村剩余劳动力转移有这样几个特点：一是高速度的工业化造成城市工业对劳动力的需求膨胀，而且韩国工业化初期重点实行优先发展劳动密集型工业策略，从而使农村劳动力离农就业形成高潮。青壮年农村劳动力的离农，造成了农业劳动力不足和老龄化的后果，使农业生产和农业发展受到影响。二是离农的农村劳动力大多流向大城市，流向过于集中，导致地区发展不平衡的加剧，呈现一定的"城市病"。三是农村劳动力离农就业行为使韩国的产业布局和产业结构严重失衡。在工业化初期，由于大量农村劳动力涌向城市，而工业的发展滞后，不足以完全吸纳这些劳动力，结果大部分离农劳动力一般是先进入劳动力需求较大、对就业者素质要求较低的各种服务业和商业等第三产业。随着工业化的深入，许多离农劳动力才由第三产业转到工业部门。由此不难看出，在此期间，第三产业成了剩余劳动力的"蓄水池"。

8.2.5.2 非农化与城市化密不可分

韩国城市化始于20世纪60年代，大量农村人口流向大城市，城市人口迅速增加，导致转移过分集中，经济发展不平衡加剧，甚至带来了一定程度上的"城市病"。韩国城市化的超速发展和城市优先发展战略，促进了韩国经济的腾飞，但也带来了地区发展的不均衡性、大城市中"城市病"日益严重等问题。针对这些问题，韩国政府从20世纪70年代开始至今，根据韩国城市化不同阶段的特征采取了相应的解决措施。最为重要的举措是立法先行，规划在前。无论是在解决环境污染、住房缺乏还是城市空间规划方面的问题，韩国政府都是在制定或是修正相关法律法规的基础上，针对不同的问题提出具体的解决方案。同时，在解决城市化过程中的问题方面，韩国政府始终坚持综合管理和协调发展。

8.2.5.3 重视农民的教育培训

韩国政府于20世纪70年代初开始在全国开展"新村运动"，目的是动员农民共同建设"安乐窝"。韩国农民的教育培训是"新村运动"的核心项目之一，其主要分为两个内容，分别是精神启蒙、科技培训与职业教育。精神启蒙目的在于改造韩国农民的小农意识，培养和激发农民勤勉、自助、协作的精神，弘扬民族的传统美德，弥补政府工作的疏漏和社会发展的盲区，疏解民众的不良情绪，以促进社会和谐；科技培训与职业教育的目的在于提高农民的文化技能水平，着重强调向农民传授生产技术，为农民非农就业提供技能培训。

韩国的教育培训特色鲜明，实行生产和学习的合同体制，注重学习和实践的结合。韩国政府创办了新村中央研修院等培训机构，并从各个村庄选拔出具有培养前途的人，通过对他们培训与训练，把这些人培养成群众领袖，承担起农村变革的重任。创立并推行具有韩国特色的农业科研和推广体制，通过创立集多种农林科研教育推广组织为一体的组织体系，有效解决了农业、科技、教育脱节的制度性障碍，真正实现了农科教结合。

8.3 国外农村劳动力非农就业的经验借鉴

8.3.1 工业化和城市化是非农就业的推动力

农村劳动力转移是工业化的产物，是伴随着一个国家的工业化而启动的，工业化的推进构成了农业劳动力转移的需求拉动，城市化是加速农村剩余劳动力转移的主要载体，为农村剩余劳动力的转移提供充分的空间。伴随着工业化进程的不断向前推进，大量农村剩余劳动力才能被高速发展的工业部门所吸收，从而在根本上保证了产业的发展和人口的良性流动，带动了经济的循环发展。

劳动力由乡村向城市流动的一个必然结果就是城市化。伴随着城市化的发展，城乡二元社会经济结构逐步被打破，加之城市户籍制度、劳动用工制度的改革以及劳动力市场的开放，使农民获得了一定限度的自由和解放。同时，城市化加速是以大规模的基础设施开发为先导的，而这些大规模基础设施的建设，必然给农业剩余劳动力转移提供先决条件。发展城市要对交通运输、住宅、水电供应、教育服务、信息咨询、物业管理等进行巨大的投资，这些行业吸收劳动力成本低，可以创造大量的就业岗位，有利于解决农业剩余劳动力转移问题。

目前在我国，特别是欠发达地区的工业化和城市化水平与发达国家和地区相比还有很大的差距。从横向的国际比较来看，我国总体的城市化率比已经完成城市化的发达国家，如美国、英国、日本和新兴工业国，如韩国低30个百分点以上，欠发达地区与发达国家和地区差距更大。城市化水平决定了消化和吸收劳动力的能力，因此加快工业化和城市化既是国家发展战略的重要部分，也是劳动力转移必不可少的基础。

8.3.2 第三产业发展拓展了非农就业的空间

库兹涅茨（1999）的研究表明，任何一个国家和地区的经济增长过程都是产业结构和就业结构的转变过程。钱纳里标准结构模型也表明，在经济发展的不同阶段，有着不同的经济结构和就业结构与之相对应。日本在工业化早期重视节约资本，英国在工业化后期大力发展农工综合体，都是通过发展劳动密集型产业，以适应吸收更多农村劳动力的需要，美国也是采用发展第三产业的方式来吸收农村劳动力的。目前发达国家第三产业增加值占国民生产总值的比重和第三产业就业人数占总就业人数的比重均在50%以上，有的高达60%~70%。在经济发展的早期阶段，发达国家主要通过工业的高速发展来解决农村剩余劳动力问题，而在经济发展的后期，发达国家则主要依靠第三产业的发展来吸纳农村剩余劳动力。第三产业主要是一些为生产和人民生活服务的部门，其优势在于第三产业门类多、劳动密集程度较高、装备水平要求相对较低，因此在等量投资额的情况下与其他产业相比，能够创造更多的就业机会，吸收更多的劳动力。第三产业有些部门对劳动力素质和技能要求不高，符合中国农村剩余劳动力素质的现状和特点。因此，我们可以充分利用第三产业对劳动力素质要求弹性大、吸收安置能力强的优势，大力兴办各种服务行业。一方面，把农业内部多余的劳动力转移到急速成长的第三产业中来，进一步提高工业和农业的劳动生产率；另一方面，为待业人员创造更多的工作岗位，缓解社会就业压力。

8.3.3 提高农民素质是实现非农就业的重要前提

教育的发展意味着人力资本投资的加大和劳动力素质的提高，无论是发达国家还是发展中国家，在农村劳动力非农就业过程中都非常重视人力资源素质的提升，注重教育与培训。日本在20世纪70年代中期已基本普及高中教育，国民素质尤其是农村劳动力素质的提高使得其具备了良好的就业能力，对其寻找并把握就业机会起了关键的作用。美国在完成工业化的同时也实现了农业的现代化，这与其政府重视高质量的教育水平和劳动力素质的提升息息相关。韩国和印度也是为了促进农村人力资源的转移，大力发展职业教育，注重农民的技能培训，通过提升农村劳动力的素质实现其转移战略。在我国，由于长期以来国家对农村教育和培训没有给予足够的重视，人力资本投资严重不足，导致我国农村教育总体上落后，农村人口素质普通偏低。而现代的许多非农部门对劳动力提出了相对较高的要求，大量的农业剩余劳动力要从农业部门转移到非农部门就业，就必须具备与非农部门相适应的文化水平和职业素质。因此，现阶段我国可以借鉴发达国家重视教育和培训的理念和做法，采取措施加大对农村人力资本投资的力度，提高农村人力资本存量，只有提高农村人口的素质，才能实现真正意义上的农村劳动力转移。

8.3.4 政府主导是农村劳动力顺利就业的保证

国外农村劳动力转移就业的经验表明，政府的作用至关重要。在政策上，英国政府从社会保障和社会福利的角度给予支持，积极制定并及时调整一系列政策方针，破除劳动力转移中的制度性障碍，并积极创造就业岗位，这是英国劳动力成功转移的保障；韩国通过"立法先行，规划在前"的政策解决城市化过程中的一系列问题；印度规范立法，保障农民工合法权益，解决农民工转移就业过程中的后顾之忧，这些做法都值得我们借鉴。我国农业转移劳动力过程中，政府要建立相对完善的社会保障体系，让农户进城后享受到与当地居民同等的待遇，从而提高城镇对农业转移劳动力的吸引力。同时，我们要把农村养老社会化明确纳入国家社会保障体系中去，使之能够得到法律的保障和监督，从而保障和促进农村养老社会化制度稳定运行和持续发展。

8.3.5 农业生产力的发展是实现非农就业的基础

农业的生产力水平决定着一定时期内农业部门可以释放出的劳动力数量，同时农业生产力水平的提高可以提高农业劳动生产率，改变了旧的生产模式，从而减少了农业部门对劳动力的需求。美国在经济发展之初便确立了优先发展农业的战略，制定了一系列支持农业的政策，促进了农业的迅速发展，这使得农业部门在经济发展初期有效地发挥了剩余劳动力转移的"蓄水池"作用。韩国是在农业发展不足的条件下实现农业劳动力转移的。在发展战略上，韩国实行先工后农、重工轻农，甚至是牺牲农业来发展工业的政策，农业生产始终处于落后状态，导致城乡发展失衡，多年来农产品来源一直依靠进口，这点值得我们反思并吸取教训。

可以说，一个国家和地区只有首先成功地发展农业，才能保证农村劳动力向非农产业的转移顺利进行，发展农业，促进农村产业化经营，对于保证农村劳动力转移顺利进行起着至关重要的作用。目前我国的农业科技水平与西方发达国家相比还有很大的差距，因此提高农业科技创新能力、加快农业产业结构优化升级、提高农业生产率是解决农业问题和促进农村劳动力转移的重点。

8.3.6 国外非农就业经验给我国欠发达地区的启示

众所周知，我国欠发达地区工业化和城市化发展都比较落后，欠发达地区要想实现工业化和城市化战略，必须把大量的农村剩余劳动力转移到非农部门。如前所述，无论是发达国家、新兴工业化国家还是发展中国家，都经历了或正在经历农村劳动力转移的历程，但由于各国经济、历史、文化、制度、环境等因素不同，一国或地区在农村剩余劳动力转移过程中要遵循本国国情或地区区情，在农村劳动力转移就业上采取的措施不尽相同。我国（特别是欠发达地区）不能照搬照抄他国或地区的模式，但其成功的经验与失败的教训值得我们吸收与借鉴。农村劳动力转移与一国或地区的工业化和城市化相辅相成，工业化与城市化是农村劳动力转移的推动力。由于第三产业自身特点决定了劳动密集型产业等第三产业发展会为农村劳动力转移提供无限的就业空间，因此我们要注重劳动力吸纳能力强的第三产业的发展。在某种程度上，农村人力资源的素质决定了其转移就业的规模和质量。当前我国农民，特别是欠发达地区的农民综合素质低的现状已经严重阻碍了其非农就业的进程，因此提高农村人力资源素质是实现农村剩余劳动力转移的重要前提。在任何国家，如果想实现农村劳动力的快速转移，政府一定要发挥主导作用，这是农村劳动力顺利转移的保证。在重视城市化与工业化的同时，我们也不能偏废了农业和农村非农产业的发展，农村劳动力的农业生产力的发展是农村剩余劳动力转移的基础。

9 人力资本视角下欠发达地区农村劳动力非农就业对策与建议

从前面的分析我们可以得出这样的结论:其一,湘西南区域有着数量庞大的人口和丰富的人力资源,但目前看来,其现实人力资源仍是低质量的。也就是说,人力资本存量在现实人力资源存量中所占比重还不高,高量低质是湘西南区域人力资本的突出特点。其二,人力资本积累不足是目前湘西南区域社会经济的重要障碍之一,因为这直接影响了企业管理水平的提高,影响了先进技术的开发和推广,影响了农民的增收。其三,湘西南区域存在人力资本投资不足问题,从而影响了该区域医疗服务设施和教育设施的改善,影响了人均医疗卫生资源和教育资源占有量的提高,影响了非农就业职业技能培训的数量和质量,从而进一步影响农村劳动力非农就业竞争力。

湘西南区域农村劳动力非农就业现状及人力资本投入状况折射出我国欠发达地区农村劳动力非农就业的一般现象。结合前述分析和上述结论,我们要提高欠发达地区人口素质,增加欠发达地区农村劳动力人力资本积累,促进欠发达地区农村劳动力非农就业,进而推动欠发达地区社会生产力进步和经济发展。本章将从农村教育、农村劳动力培训、农村劳动力转移以及农村医疗等方面提出相关对策与建议。

9.1 农村教育相关对策与建议

9.1.1 加大对农村教育事业的投入

发展教育是欠发达地区人口素质提高和人力资本积累的前提和基础。教育是立国之本、强国之本,教育投资是教育事业得以发展、人口质量得以提高的先决条件。要使教育得以超前而迅速地发展,首先就需要地方各级领导切实把教育放在超前发展的位置上，进一步加大教育投资力度，提高教育经费占地方政府财政支出的比重，提高教育经费的人均占有水平。其次，政府通过精简现行政府机构冗员，缩减不必要的人员和行政开支，以支持地方教育事业发展。再次，政府可以建立地方性教育发展基金制度，为教育发展奠定雄厚的基金基础，以满足地方教育不断扩张的需要。教育发展基金的筹集可采取政府财政拨款、企业出资、个人捐资相结合的办法，并本着"谁受益，谁付费"的原则进行。解决教育资金不足问题还可以走中外合作办学道路，制定一系列优惠政策，以吸引外商投资教育，这也是解决目前欠发达地区乃至全国教育资金不足的可行途径之一。最后，政府应进一步加强教育资金管理工作，真正做到专款专用，同时努力挖掘现有教育资源的潜力，不断提高教育资源的利用效率。

9.1.2 加强教师队伍建设和管理

目前，欠发达地区农村中小学教师匮乏、骨干教师流失严重、教师队伍老龄化明显、知识层次不高。因此，欠发达地区要想切实提高教育教学质量，必须采取有效措施，加强对教师的培训，进行知识更新，逐步提高教师队伍整体素质。同时，政府应建立和完善教师工资保障机制，给农村教师以实际的优惠，如实行农村教育津贴等，确保农村教师的收入，以稳定农村教师队伍。

9.1.3 改革现有教育体制和教学内容

我们应改革现有的农村教育体制，使教育资源向职业教育倾斜，在普及九年义务教育的基础上，紧紧围绕着农村劳动力的就业需求，采取灵活多样的方式大力发展农业中等和高等职业教育和农村职业技术教育，大规模举办各种短期专业培训，形成高等专业教育、中等职业教育和短期专业培训有机结合的完整的农村教育体系，以迅速改变农村人力资本现状。我们应鼓励社会各方面办学，以市场经济运行模式为指导，理顺教育投资的成本—收益关系。同时，我们应灵活采用半工半读、函授以及广播等多种方式办学，形成一个全方位的学习环境，建立终身学习制度，使更多的农民接受科普教育和技能培训，掌握一门或数门生产致富技术，最重要的是要提高农民接受农业新技术的能力。

我们应加强农业中等学校建设，扩大招收有实践经验的回乡初中、高中毕业生为主的农民，着重综合知识和能力的培养，使一部分农民达到中等农业职业教育或大专以上文化程度。同时，我们应调整农村教育的课程结构，对农村人力资源实行分层次、有重点的开发和培养；改革现有的农村职业学校教学内容，根据市场需要和社会经济发展的需求调整专业设置和课程内容，使学校教育与实际应用相结合，将理论教学和生产、科研、服务相结合，逐步实现课堂教学、实践操作、科技推广、社会服务、经营管理一体化，力图做到贴近农村现实，加强农民的维持性学习能力与时俱进地掌握实用知识，培养农民的创业精神和致富能力。

9.1.4　提高农民教育投资的收益

欠发达地区要从根本上提高农民教育投资的积极性，提高农民的教育收益率，必须在以下两方面下功夫：第一，切实转变现有的以升学为目的的教育观念，在高中阶段教育尚未普及的现实情况下，对农村初中生进行必要的职业教育。一方面，在日常教学中尽量贴近农村现实，拓宽其视野，传授学生利用现代化手段获取农业信息的能力，保证学生在学习知识的同时，获得继续学习、终身学习的能力，让其毕业后能够有效利用各方面的资源，增强致富能力；另一方面，安排专门的农技课，传授实用的农业技术技能，让没有机会接受高中阶段教育的农村青年能够在初中毕业后具有劳动创收的能力。此外，还要培养农民的创业精神，拓宽农民就业创收渠道，提高其致富能力。第二，政府应该从政治、社会和经济体制的安排上消除一切阻碍人力资本合理流动的障碍，打破城乡、地区、行业、所有制等方面的壁垒，使人力资本自由流动，建立统一的人力资本市场，使劳动力得到合理配置。

9.1.5　建立和完善农村义务教育保障体系

欠发达地区要将农村义务教育全面纳入公共财政保障范围，全面提高农村义务教育阶段中小学公用经费保障水平，切实改善农村义务教育学校的办学条件和师资队伍水平，加大对贫困家庭学生的资助力度。统筹城乡之间、区域之间以及各类教育之间的协调发展。政府应建立和完善农村义务教育办学条件保障体系，依法合理配置公共教育资源，切实改善提高农村学校和城镇薄弱学校的办学条件。欠发达地区要做好与经济发达地区的有效沟通，争取获得发达地区教育的对口帮助，充分发挥发达地区教育的牵引带动作用，努力缩小欠发达地区与发达地区的教育差距。欠发达地区应加快实施农村中小学远程教育网络工程，推进实现城乡优质教育资源共享。

9.2 农村劳动力培训的对策与建议

9.2.1 加大政府投入力度

欠发达地区各级政府应把加大财政支持农村劳动力转移就业培训的强度作为义不容辞的责任，逐步建立起以政府投入为主导，社会和企业共同参与的多元化投入机制。针对培训资金投入不足的问题，欠发达地区应强化政府责任，加大财政投入力度。欠发达地区应将农村劳动力就业培训纳入政府的工作日程，切实加强领导。政府牵头进行统筹规划，明确责任，完善组织领导体系，加强部门协调沟通，通过政策引导与服务，建立政府牵头抓总、部门相互配合、社会各方参与的农村劳动力就业工作机制，推动农村剩余劳动力合理有序地向非农产业转移就业。政府应切实保证农村劳动力培训的有序进行，设立农村劳动力转移培训专项扶持资金，并纳入财政预算，建立专项经费，及时划拨，保证专款专用。政府应利用财政资金，扶持劳动力市场建设，搭建农村劳动力转移的工作平台。政府应大力做好对农村劳动力的职业培训和职业介绍工作，加大农村劳动力转移培训补贴的实施力度，促使农村劳动力自觉接受职业技能培训，增强农村劳动力的市场竞争力和岗位适应能力，提高农村劳动力转移的质量和效果。政府应实行农村劳动力转移职业介绍补贴制度，扶持中介机构的发展，减轻职业介绍机构的压力，降低职业介绍开支，建设好农村劳动力转移的中转站，畅通农村劳动力转移的信息渠道和安置渠道。

政府在加大资金投入的同时还应进一步明确筹资渠道，应当从城乡统筹的角度，在市一级多渠道筹集农村劳动力培训资金，然后根据农村劳动力培训规模的差异转移支付各县（区）。具体可以从下面这几种渠道筹集农村劳动力培训专项资金：分别从现有城市再就业基金、现有土地出让金、中央财政扶贫资金等，提取一定比例用于发展职业教育；将这一政策覆盖面扩大至农民工培训领域，雇用农民工的企业按照农民工工资总额的一定比例提取培训经费，计入成本在税前列支，按企业属地原则由政府统筹使用；完善多种形式的培训补贴政策，安排扶持农民工培训的国债项目和政策性贷款，增加培训基金，继续推行招投标和培训券制度，鼓励农民工参加培训；加大投入，改善贫困地区培训条件，发放进城农民工个人助学助培贷款；简化行政审批程序，引导民间资本投资农民工培训。政府要建立财政资金约束机制，进一步探索和完善招标等农村劳动力培训专项资金使用办法，更充分地发挥市场机制配置资源的效率；建立由非政府组织或专门研究机构独立参与的财政性资金项目评估体系,科学评审培训项目绩效,保障财政资金使用效率的最大限度提高。

9.2.2 建立高效的管理体制

农村劳动力培训工程对全面建设小康社会、建设社会主义新农村具有重大的战略意义,作为建设社会主义和谐社会的重要组成部分,应切实抓紧、抓好。欠发达地区各级党委政府都应该高度重视,把这项工作纳入国民经济和社会发展总体规划之中,列入人民群众最关心、最直接、最现实的民心工程。此外,做好农村劳动力培训工作牵涉加快农村劳动力转移就业、维权、教育等方方面面的工作,是一项系统工程,涉及劳动、教育、工会、农业、建委等各个职能部门的工作。因此,要进一步树立大局意识,积极主动地与有关部门加强联系、协调和沟通,健全党委领导、政府统筹、部门合作、社会参与的管理体制,将农村劳动力培训工作置于城乡就业工作和职业培训工作的大盘子中统筹考虑,建立在政府统一领导下部门联动、各司其职、各负其责、齐抓共管的工作格局。在部门内形成统筹协调的运行机制,做到规划统筹制定,资源统筹整合,经费统筹安排,工程统筹联动。坚决杜绝多头管理和无人管理的现象。各级政府应成立农村劳动力培训领导小组,建立联席会议制度,制定培训工作规划,明确各有关部门职责,并把做好农村劳动力培训工作作为考核各级党政部门的重要内容,加强督查考核。

9.2.3 提高农村劳动力对参加培训的重视程度

农民作为技能培训的主体,还应进一步解放思想,提高认识,打破原有的保守观念。当今社会飞速发展,科学技术的更新速度更是惊人,竞争日益激烈,仅靠原有的知识已经难以应对社会发展的需要,如果不及时认识到自身的不足,尽快投入到武装自己就业和择业技能的队伍中去,很快就会被社会淘汰,被排挤到社会的边缘。在这种情况下,如何疏导农民的思想,使其端正对培训的认识显得极为重要。一方面,这需要对培训工作进行得力的宣传,使农民认识到参加培训的紧迫性和必要性,虽然短期的技能培训给农民带来的收益不一定能马上体现出来,而且科技培训的回报更是一个细水长流的过程,但是这对提高农民整体素质都是必不可少的。可通过典型示范、"一帮一"、电视及网络综合宣传等形式不断改变农民的思想意识。另一方面,农民也应该从自身实际出发,尽快转变落后的观念,加强对培训的认识,从身边成功的典型案例中汲取动力,转变小富即安的小农主义思想,多多接触新的知识和技术,克服困难,不断挖掘自身潜力,为以后的工作和生活储备知识资本,提高在劳动力市场的竞争力。

9.2.4 采取多元化培训模式

欠发达地区在现有的培训模式下,要不断创新,开拓思路,探索富有成效的农民培训方式,走长训与短训相结合、学历教育与技能教育相结合、培训与就业相结合的路子。拓展培训内容,使培训涵盖法律法规、现代企业管理知识、就业形势教育、职业道德教育、创业知识教育和专业技能培训等各个方面。培训要适应市场需要,多开展订单培训、定向培训,做到以培训促就业,以就业促培训。欠发达地区要推进"绿色证书""双提培训""新世纪青年农民培训工程""科技下乡""技能扶贫"等一系列针对农村劳动力的培训活动,通过实行校企联合、产教结合、举办技能培训班等形式,积极对农民工开展就业指导培训、定向培训、岗前培训和科技培训,并引导其参加职业技能鉴定,取得职业资格证书,促使农民工早上岗、快上岗。

针对不同农民工群体不同的需求,培训应设立不同的项目:一是实施农村劳动者技能就业计划。以提高农村劳动者就业技能、促进其向非农产业转移和在城镇稳定就业为目标,紧紧围绕企业用工需要和劳动力市场需求,综合运用职业培训补贴、职业介绍补贴等相关扶持政策,动员并组织社会各类职业教育培训机构、就业服务机构为农村劳动者提供有效服务,使其掌握就业技能、实现转移和稳定就业。二是实行农民工职业技能提升项目。针对培训项目的要求,组织技工学校及有关行业、企业,大力加强培训设施建设,开发高质量的培训课件和教材,广泛推广使用,从整体上解决培训内容不对路、培训质量不高的问题。建立的农民工职业技能培训基地可以面向已经转移进城的农民工中没有职业技能、未经专门职业培训的中青年人员,进行职业技能提升培训。三是设立面向农户的电视(远程)培训项目。通过在各地电视台开辟专门频道,配合部分远程培训站点,为准备外出的农民提供进城务工常识引导性培训、就业热门行业基本技能培训等课程以及城市就业信息,使广大农民足不出户就能免费获得基础培训。四是继续搞好转移培训阳光工程国家项目。强化培训与劳务输出结合,针对企业急需大量一线熟练工的需求,面向各类准备外出就业的农民,通过培训补贴的方式,鼓励农民参加短期实用技术培训,结业后直接输送到用人单位。五是设立面向农村初高中毕业生和贫困地区青年的技术工人培训项目。针对企业对技术工人的迫切需求,强化技术工人订单培训。扩大技工学校招生规模,建立助学贷款和奖学金制度,鼓励优秀初中毕业生接受技校正规职业教育。充分利用技校和其他培训机构的优质培训资源，对有一定文化水平的农村青年进行3~12个月的短期职业技术培训，使其达到初级工或中级工的国家职业标准。在此项目中，对贫困农户的青年，应设立技能扶贫的专门项目，提供全额奖学金，送其上技校或参加半年以上的职业培训，帮助其实现稳定就业。六是组织实施农村妇女科技素质提升工程。总结推广在农民培训中的经验，组织动员妇女、教育引导妇女、培养开发妇女人才，对农村妇女进行科技文化培训，推进广大农村妇女整体素质的提高。

9.2.5 加强培训立法工作

如前所述，为了切实加强农村劳动力培训工作，国外发达国家或发展中国家都采取立法措施，明确农村劳动力培训的地位、经费投入以及实施培训的内容，对培训利益相关者的行为依据法律规定进行规范，从而达到支持农村劳动力培训工作的目的。当前，在我国，特别是欠发达地区农村劳动力培训工作处在多元化起步阶段，培训工作具有艰巨性、复杂性和长期性，国家应当加快培训立法工作的进度，制定专门的农村劳动力培训法规来规范各方面的行为，确保农村劳动力培训工作的有序、有效。

9.3 农村劳动力转移的对策与建议

9.3.1 加快农村城市化、农业产业化和工业化进程

加快农村城市化、农业产业化和工业化进程是解决欠发达地区农村劳动力转移的根本途径。实施城市化发展战略，可使农村剩余劳动力打破城乡二元结构，脱离土地，转移到第二产业和第三产业中去，使土地、劳动力、资金等生产要素能够在更大的范围内重新组合，并且通过城市的扩散效应，提升农村人口的生活质量。各级政府在制定各项经济社会发展政策时，必须把握契机，认真贯彻落实科学发展观和城市支持农村、工业反哺农业以及构建和谐社会的发展思路，确立就业优先的原则，加快工业化、城市化进程，为农村劳动力进城就业提供更多的机会，为农民工开拓更广阔的生活和生产空间。一是大力推进农村城市化建设。构筑农村劳动力转移载体，搞好乡镇建设规划，加快县城和小城镇建设，以增强城镇承载和吸纳劳动力的能力。二是大力发展农业产业化，继续推进农产品加工和流通业。以发展食品加工业拉长产业链条为出发点，把生产、运输、销售等环节作为吸纳农村劳动力的重要空间。三是加快第

三产业发展。四是加大政府组织劳务输出的力度。

9.3.2 根据实际情况选择合适的转移模式

各欠发达地区政府要结合本地实际，有针对性地开展农村劳动力转移工作。一是经济基础较好、发展后劲较足、具备较好统筹城乡就业条件的地区，应该逐步建立城乡一体化的人力资源市场运行机制，为农村劳动力转移提供完善的劳动管理体系、技能培训体系、就业服务体系以及社会保障制度，促进农村劳动力就地转移。二是经济基础较差、农村剩余劳动力较多的地区，要找准突破口，发挥社会各方面的作用，大力发展劳务输出，以有组织的劳务输出带动多元化的输出，从而推动输出规模的扩大。

9.3.3 构建就业信息网络服务体系

构建信息网络，建立覆盖面广的城乡一体化的就业服务体系是欠发达地区加快农村劳动力转移，确保农村劳动力转移渠道畅通，使愿意外出务工的农民都能及时外出就业的关键。当前，各欠发达地区具体要做好以下几个方面的工作：一要建立统一、开放、竞争、有序的劳动力市场，构建多层次、多形式的劳动力市场体系，把市场机制作为城乡劳动力就业的主要调节手段。二是积极鼓励发展各类中介机构，搞好公共就业服务组织，大力加强多种形式的劳动就业中介组织建设。各级公共职业介绍机构应全部向农民免费开放，免费提供就业信息和政策咨询，免费进行求职登记、职业指导和提供中介服务，形成以市、县、区就业服务机构为统领，以乡镇劳动保障所为主体，以民办劳务中介机构为补充的多元化的中介服务体系，确保农村劳动力有序转移。三要加强劳动力就业市场信息平台建设，建立覆盖城乡的劳动力供需网络，互通信息，共享资源，降低农村劳动力转移的成本和就业风险。

9.3.4 制定引导有序转移的政策保障体系

毋庸置疑，农村土地制度、户籍制度、社会保障制度是农村剩余劳动力转移就业的主要体制性障碍。因此，欠发达地区各级政府应积极创新制度，制定优惠扶持政策，为农村劳动力转移就业提供良好的发展环境，使转移就业长期化、稳定化，从而使农民工的利益得到根本保障。政府应尽快建立城乡统一的就业制度，实行城乡统一的就业、失业登记制度。政府应用市场机制配备城乡劳动力资源，农民工应与城镇居民一样享受平等的就业和社会保障政策。一是鼓励引导农村劳动力自主创业，发展民营经济，并给予一定的税费减免政策。

对家庭困难的农村劳动力到市外就业或到境外就业建立小额贷款制度,解决他们的暂时性资金困难问题。对家庭困难的农民工子女,通过设立助学金,减免收费等,帮助家庭经济困难的进城务工就业农民工子女入学。二是进一步完善社会保障制度,建立城乡统一的社会化保险体系,招用农民工和城镇人员一样都要签订劳动合同,都要纳入社会保险范围,使其享受同样的社会保险待遇。对自谋职业的农民工,劳动保障部门要积极为其开展劳动保障事务代理服务,解除他们的后顾之忧。三要深化农村劳动力转移就业制度,建立完善的有利于促进农村劳动力转移的土地承包经营权流转机制,允许土地承包经营权采取转包、出租、互换、转让、入股或其他方式流转,为农村劳动力转移就业创造条件。四要尽快消除农村劳动力转移就业的二元户籍政策影响,取消各种不合理的限制条件,使农民工与城镇人员享受同样的权利。全面实施城乡就业统筹制度,把农村劳动力转移就业与城镇就业放在同等重要位置,逐步取消限制招用农村劳动力等不合理政策,取消企业用工身份界限,建立城乡劳动者公平竞争就业机制。

9.4 农村医疗的对策与建议

9.4.1 加强完善农村医疗卫生体系建设

加强完善农村医疗卫生体系建设,增强农村基层医疗和公共卫生服务供给是欠发达地区农村医疗保障的基础性工程,投资公共卫生和基本医疗服务不仅有助于克服或弥补市场缺陷,而且可以保证农村居民获得基本医疗服务,增强低收入人群的卫生服务可及性,促进健康公平。一是大力改善农村医疗卫生条件。乡镇卫生院和村卫生室是农村居民就诊和住院的主要选择,因此首先应该加强乡镇卫生院和村卫生室建设,实现农村医疗资源布局的合理化。未来几年,欠发达地区要争取实现一个乡镇一个卫生院、一个行政村一个卫生室、平均每万人一个社区医疗服务中心的目标。其次应加快乡镇卫生院和村卫生室基础设施建设,采取由县、乡镇财政出资,相关卫生院及村卫生室配套出资的模式,分期分批地对所有乡镇卫生院、村卫生室的基础设施进行全面改造。通过改造房屋设施条件,购置必要的医疗设备,提高医疗水平,使农村医疗卫生条件得到明显改善,提高卫生资源利用效率。二是加强农村公共卫生预防保健,做好重点疾病预防控制工作。卫生事业要向预防保健型转变,重点是改善贫困地区农村的医疗条件,加强保健措施,形成地区预防、保健、医疗的配套服务，对本地区的多发病、高发病做到早期发现、早期治疗，提高贫困地区广大人民群众的平均健康水平。健全县、乡、村三级医疗卫生网络，最大限度地发挥其作用。三是加快落实城市对口支持农村的政策，全面实施城市卫生支农工作。建议实施城市医院医师在晋升主治医师、副主任医师之前，必须在农村医疗机构累计工作1年的制度。进一步加大乡镇卫生院的人才培养力度，加强对村卫生室人员的培训，提高农村卫生人员队伍的整体素质。逐步解决乡村医生的补助问题，稳定乡村医生队伍，调动他们的积极性。建立培训中心和进修基地，定期培训乡、村两级医务人员，实行行业准入制度和退出机制等。四是加强监督管理，确保农村医疗卫生体系健康运行。首先要加大执法力度，坚决整顿、治理好农村医疗卫生秩序。由政府统一组织卫生、工商、公安、药检、技术监督等有关部门组成农村医疗卫生秩序治理领导小组，在分口把关的同时，协调行动，整顿、治理农村医疗卫生秩序，坚决取缔无证经营，严厉打击江湖骗子、假冒伪劣药品及医疗器械的制造与销售，严肃查处索要红包行为，使农村医疗卫生秩序从根本上得到好转。其次要建立健全针对政府有关部门及人员医疗监管行为的各种规章制度，以强化对政府有关部门及人员的监督约束机制。

9.4.2 稳步推进新型农村合作医疗工作

一是认真贯彻农民自愿参加原则，强化信任基础。大力加强宣传引导，让参合农民真正受益，从而提高广大群众参与新型农村合作医疗的积极性。二是创新筹资手段和机制。建立群众自愿、方便、安全、低耗并且是多层次、多渠道、相对稳定的筹资征收机制。新农合筹资手段主要以政府出资为主，有条件的乡村集体经济组织进行适当扶持，农民个人根据自己的经济实力适当承担。同时，鼓励社会团体和个人资助。三是创新农民受益方式。可以采取降低住院补助门槛费基数，改变住院补助方式，探索一种使农民参加新农合年份越长，受益额度和比例也相应提高的新机制等。四是切实加强基金监管，保障基金安全。对定点医疗机构、经办机构和合作医疗基金等进行有效监管。加强对新型农村合作医疗经办机构和定点医疗机构工作人员的教育，使其树立正确的价值观，强化服务意识和廉政意识，自觉抵制违规行为。建立健全农民监督、审计监督、行政监督等综合性监督机制。五是加强立法，规范管理，建立健全新型农村合作医疗正常运行的机制。新农合制度要建立长效的运行机制就必须纳入法制化建设进程，通过立法和法律实施推行。国家应尽快出台农村合作医疗保健方面的法规，以指导新农合制度的改革和建设。六是建立合作医疗绩效评估体系，包括抗风险能力指标、卫生服务利用指标、医疗费用控制指标、健康效果指标、供需双方满意度指标、基金管理与安全指标等。

9.4.3 建立健全农村医疗救助制度

医疗救助制度作为农村医疗保障的兜底工程，欠发达地区应尽快普遍建立完善起来，要帮助农村居民特别是贫困、脆弱人群提高抵御疾病风险的能力，防止因病致贫、因病返贫。目前，政府应该把经济扶贫与卫生扶贫有机结合起来，重点抓好卫生扶贫工作和对贫困人群进行医疗救助，为农村特殊群体和弱势群体建立医疗救助制度。一是欠发达地区各级政府应进一步提高对农村医疗救助重要性的认识，制定科学合理、切实可行的实施方案或管理办法，特别是要明确救助范围、救助标准及运行模式，实现制度化、规范化。二是欠发达地区各级政府要加大财政的投入力度，建立专门的救助基金，逐步加大对卫生扶贫的投入。建议中央、省级财政要适当向欠发达地区倾斜，解决贫困地区的基础卫生设施建设与"缺医少药"问题。三是结合各欠发达地区具体实际，合理确定起付线、报销比例及报销封顶额，使之确能起到有效缓解因病致贫、因病返贫的作用。四是欠发达地区要把卫生扶贫纳入社会救助体系，把医疗救助计划与整个社会保障体系有机结合起来，适当扩大救助面。五是积极探索包括财政拨款、彩票公益金、社会捐助、利息收入等多元化医疗救助基金的来源途径等。

9.4.4 鼓励商业医疗保险在农村发展

商业医疗保险是补充性医疗保险中比较规范的一种，被许多国家采用。当前，欠发达地区应积极探索农村商业医疗保险的路径，鼓励商业医疗保险在农村发展。一是加强政府部门同商业保险公司合作开发农村商业医疗保险市场。二是政府应在税收、信贷以及保险基金证券市场准入等方面扶持商业保险公司开拓农村医疗保险业务。三是鼓励农业保险公司开展包含医疗保险在内的农业农村综合险业务。四是积极探索农村商业医疗保险公司参与新农合的路径，如将合作医疗基金的管理、运作委托给擅长这项业务的商业保险公司等。五是政府应着力于制定保险公司的进入条件和运行规则，在保险公司的竞争中确立公共利益代言人的角色，加强对保险公司的监管，防止其侵害保户的利益等。

9.4.5 加大政府作为的力度

当前，欠发达地区政府在提高农村医疗水平时要充分发挥自己的主体作用。一是加大政府对农村医疗卫生保障的投入。政府应通过建立专项资金对贫困地区农村卫生机构基础设施建设和设备购置等经费给予补助，逐步减少公共卫生服务收费项目。二是加强管理，提高农村医疗保障机构的组织和制度效率。政府应实行分类管理，同时加强全行业管理。乡村卫生机构以非营利性为主，政府对非营利性机构予以财政支持及税费优惠，确保公共卫生服务。卫生行政部门以管理为主，在竞争中提高行业服务质量，降低运营成本，确保人人享有初级卫生保健。乡镇卫生院是农村卫生服务网的中枢环节，应变乡办乡管为县乡共管、以县为主。乡村卫生服务机构与乡村卫生服务站实行两网合一，资源共享。加大县级政府对农村卫生服务运行的支持和督导力度，以利于卫生资源的统筹调配。三是政府部门要强化健康教育的力度，充分利用现代宣传媒体向群众宣传防治疾病的知识，普及健康常识，开展农民健身活动，增强农村群众的自我健康保护意识。

　　以上主要从农村教育、农村劳动力培训、农村劳动力转移以及农村医疗等方面针对欠发达地区农村人力资本基本现状提出相关对策与建议。当然，提高欠发达地区农村人力资本，促进欠发达地区农村劳动力非农就业是一项系统工程，除去要加强农村教育、劳动力培训及农村医疗等形成人力资本的基本要素以外，还要深化就业体制改革，形成以人力资本能力为核心的市场化就业机制。市场经济条件下，规范有效的就业机制应是建立在以人力资本能力为核心、以劳动效率为导向，强调劳动者之间基于能力差异的职位和收益竞争，进而形成一种人力资本能力导向型的市场化就业机制。人力资本能力强的劳动者在就业市场具有较强的竞争能力，占据较高的就业层次，获取与其人力资本能力相适应的较高工资水平，而对于人力资本能力差的劳动者则恰好相反，在市场化就业体制下，其择业竞争能力弱，就业层次水平低，仅能获取较低收益。可见，人力资本能力构成了劳动力在就业市场中的"自然"分割因素，而这种分割机制反过来又能进一步提供人力资本投资的激励，促进劳动者人力资本的持续改善，因而具有帕累托效应。

参考文献

[1] Hollis Chenery, Study in Development Planning [M]. Boston: Harvard University Press, 1971.

[2] Lewis W A. Economic Development with Unlimited Supply of Labor [J]. The Manchester School of Economic and Social Studies, 1954, 47 (3).

[3] Todaro M P. A Model of Labor Migration and Urban Unemployment in Less Developed Countries [J]. The American Economic Review, 1969, 59 (1).

[4] Benham L, A Benham. Employment, Earnings and Psychiatric Diagnosis [M]. Chicago: Economic Aspects of Health University of Chicago Press, 1982.

[5] C Scott, Lewis H Smith. Labor Force Participation in Southern Rural Labor Markets [J]. American Journal of Agricultural Economics, 1988, 10 (1).

[6] Becker, Gary S. Human Capital: a Theoretical and Empirical Analysis, with Special Reference to Education [M]. 3rd. Chicago: The University of Chicago Press, 1993.

[7] J Temple, A Positive Effect of Human Capital on Growth [J]. Economics Letters, 1999, 65.

[8] O Stark. The Migration of Labor [M]. Cambridge: Blackwell, 1990.

[9] Hare D. The Determinants of Job Location and Its Effect on Migrant's Wage: Evidence from Rural China [J]. Economic Development and Cultural Change, 2002, 50 (3).

[10] Huffinan W E. Farm and Oil Farm Work Decisions: the Role of Human Capital [J]. The Review of Economics and Statistics, 1980, 62 (1).

[11] Huffman W E. Discussion: Off-farm Employment, Government Policy, and the Structure of Agriculture: An International Perspective [J]. American Journal of Agricultural Economics, 2004, 86 (4).

[12] Jolliffe D. The Impact of Education in Rural Ghana: Examining Household

Labor Allocation and Returns on and off the Farm [J]. Journal of Development Economics, 2004, 73 (1).

[13] Matshe I, Young T. Off-farm Labor Allocation Decisions in Small-scale Rural Households in Zimbabwe [J]. Agricultural Economics, 2004, 30 (3).

[14] Yang D T, An M Y. Human Capital, Entrepreneurship, and Farm Household Earnings [J]. Journal of Development Economics, 2002, 68 (1).

[15] 范志权. 人力资本积累、非农就业与收入结构变动研究 [D]. 成都: 四川大学, 2004.

[16] 姚先国, 易君健. 中国人力资本投资与区域经济发展 [J]. 科技经纬, 2006 (5).

[17] 刘文. 农村劳动力流动过程中的人力资本效应研究 [J]. 农业现代化研究, 2004 (3).

[18] 朱贵云, 郑贵廷, 武治国. 我国农村人力资本投资与非农就业关系的实证研究 [J]. 华南农业大学学报 (社会科学版), 2009 (3).

[19] 谢燕阵, 刘萍. 农村人力资本结构对其非农就业影响的实证研究 [J]. 商业文化, 2012 (9).

[20] 钱雪亚, 张小蒂. 农村人力资本积累及其收益特征 [J]. 中国农村经济, 2000 (3).

[21] 黄昱婷. 人力资本影响农村剩余劳动力转移的宏观分析 [J]. 中国证券期货, 2013 (3).

[22] 牟少岩, 陈秀, 等. 受教育程度对农民非农就业的影响分析——以青岛市为例 [J]. 新疆农垦经济, 2008 (2).

[23] 王周火. 人力资本视角下欠发达地区农村劳动力非农就业问题研究——以湘西南为例 [J]. 新疆农垦经济, 2012 (1).

[24] 李运萍. 中部地区农村劳动力就业及收入与学历关系分析 [J]. 江苏技术师范学院学报, 2004 (5).

[25] 王周火. 欠发达地区农村劳动力非农就业实证分析——以湘西南为例 [J]. 邵阳学院学报 (社会科学版), 2016 (6).

[26] 任国强. 人力资本对农民非农就业与非农收入的影响研究 [J]. 南开经济研究, 2004 (3).

[27] 蔡荣生, 赵亚平, 等. 中国贫困地区的剩余劳动力转移研究 [J]. 北京工商大学学报 (社会科学版), 2005 (1).

[28] 李德洗, 等. 产业发展、人力资本与农村劳动力非农就业 [J]. 经

济经纬，2011（6）.

[29] 魏众. 健康对非农就业及其工资决定的影响 [J]. 经济研究，2004（2）.

[30] 李建民. 人力资本通论 [M]. 上海：上海三联出版社，1999.

[31] 李忠民. 人力资本 [M]. 北京：经济科学出版社，1999.

[32] 朱舟. 人力资本投资的成本收益分析 [M]. 上海：上海财经大学出版社，1999.

[33] 常远. 区域人力资本投资效率评价与提升策略研究 [D]. 济南：山东财经大学，2012.

[34] 孙晓明，刘晓均，等. 中国农村劳动力非农就业 [M]. 北京：中国农业出版社，2005.

[35] 盛来运. 国外劳动力迁移理论的发展 [J]. 统计研究，2005（8）.

[36] 西奥多·舒尔茨. 论人力资本投资 [M]. 吴珠华，等，译. 北京：北京经济学院出版社，1990.

[37] 胡阿丽. 人力资本投资对农民非农就业的影响研究 [D]. 西安：西北农林科技大学，2012.

[38] 陆慧. 人力资本投资与农民收入增长 [D]. 南京：南京农业大学，2004.

[39] 陈浩. 人力资本与农村劳动力非农就业问题研究 [D]. 南京：南京农业大学，2007.

[40] 侯风云，张凤兵. 农村人力资本投资及外溢与城乡差距实证研究 [J]. 财经研究，2007（8）.

[41] 张烨. 试论农村人力资本投资与农民收入增长 [J]. 农业经济，2013（9）.

[42] 赵军芳. 我国农村人力资本投资与剩余劳动力转移研究 [D]. 太原：山西财经大学，2010.

[43] 陈玉宇，邢春冰. 农村工业化以及人力资本在农村劳动力市场中的角色 [J]. 经济研究，2004（8）.

[44] 曹明贵. 农村人力资源开发与人力资本流动的研究 [M]. 北京：经济科学出版社，2006.

[45] 陈正. 我国农村人力投资与社会保障研究 [J]. 经济纵横，2007（4）.

[46] 成长群. 中国农村地区教育私人收益率低的制度归因 [J]. 乡镇经济，2007（8）.

[47] 党玉洁. 论健康投资与农村基本健康保障制度 [J]. 西安财经学院学报，2007（5）.

[48] 傅国华，许能锐. 海南农村居民收入与农村人力资本实证分析 [J]. 中国农村经济，2005（9）.

[49] 高建勋. 农村人力资本流失对农业经济发展的影响及对策 [J]. 安徽农业科学，2004（6）.

[50] 高强，朱启臻. 关于新型农民分类培训的思考 [J]. 教育与职业，2005（9）.

[51] 郭志仪，常晔. 农户人力资本投资与农民收入增长 [J]. 经济科学，2007（3）.

[52] 侯风云. 中国农村人力资本收益率研究 [J]. 经济研究，2004（12）.

[53] 黄金辉，张衍，邓翔，等. 中国西部农村人力资本投资与农民增收问题研究 [M]. 成都：西南财经大学出版社，2005.

[54] 纪宝成，杨瑞龙. 中国人民大学中国经济发展研究报告 2005——城乡统筹发展中的中国"三农"问题 [M]. 北京：中国人民大学出版社，2005.

[55] 蒋太才. 人力资本投资构成分析 [J]. 改革与战略，2005（9）.

[56] 姜长云. 我国农民培训的现状及政策调整趋向 [J]. 经济研究参考，2005（35）.

[57] 旷爱萍. 我国农村人力资本投资存在的问题、原因及对策 [J]. 农业经济，2005（3）.

[58] 乐君杰. 中国农村劳动市场的经济学分析 [M]. 杭州：浙江大学出版社，2006.

[59] 李德孝. 农村人力资本投资与剩余劳动力转移 [J]. 安徽农业科学，2007（3）.

[60] 李实. 中国农村人力资本的形成及其影响因素 [J]. 农村经济与社会，1994（2）.

[61] 李卫平. 中国农村健康保障的选择 [M]. 北京：中国财政经济出版社，2002

[62] 仙娥，王春艳. 国内外农村剩余劳动力转移模式的比较 [J]. 中国农村经济，2004（5）.

[63] 廖楚晖. 中国人力资本和物质资本的结构及政府教育投入 [J]. 中国社会科学，2006（1）.

[64] 廖小官，陈东红. 农民人力资本投资收益实现的制约因素分析 [J]. 农业经济，2007（1）.

[65] 令伟锋. 农户人力资本投资的作用与现状 [J]. 延安大学学报（社

会科学版），2006（6）.

[66] 刘文. 我国农村人力资本的基本特征及投资战略研究 [J]. 南开经济研究，2004（3）.

[67] 刘玉来. 农村劳动力培训的经济分析 [J]. 农村经济，2003（9）.

[68] 柳娥，蒋爱群，李菁. 农民工培训现状及培训需求调查报告分析 [J]. 中国农学通报，2005（10）.

[69] 卢继宏，廖桂蓉. 农村劳动力迁移行为的人力资本效应探析 [J]. 农村经济，2006（9）.

[70] 陆华新. 中国农村人力资本问题研究 [D]. 武汉：华中科技大学，2004.

[71] 罗明忠. 基于劳动力转移的农村人力建设思考 [J]. 农业经济，2006（2）.

[72] 闵维方. 2005—2006中国教育与人力资源发展报告 [M]. 北京：北京大学出版社，2006.

[73] 潘泰萍. 中国人力资本投资状况及其政策选择 [J]. 中国劳动关系学院学报，2007（4）.

[74] 秦伟平，陈思明. 浅议人力资本理论及其发展 [J]. 经济研究导刊，2006（6）.

[75] 任国强. 人力资本对农民非农就业与非农收入的影响研究——基于天津的考察 [J]. 南开经济研究，2004（3）.

[76] 孙志军. 中国农村的教育成本、收益与家庭教育决策——以甘肃省为基础的研究 [M]. 北京：北京师范大学出版社，2004.

[77] 孙爱琳. 中国农村医疗保险：现状分析与对策构想 [J]. 江西财经大学学报，2003（2）.

[78] 俊华，李寒，等. 我国农村人力资本投资的主要途径 [J]. 农业经济，2004（9）.

[79] 谭永生. 人力资本与经济增长——基于中国数据的实证研究 [M]. 北京：中国财政经济出版社，2007（1）.

[80] 王彦军，李丽静. 人力资本投资中的政府的作用——对我国人力资本投资的反思 [J]. 人口学刊，2007（1）.

[81] 王德文. 中国农村义务教育：现状、问题和出路 [J]. 中国农村经济，2003（11）.

[82] 王美艳. 劳动力迁移对中国农村经济影响的研究综述 [J]. 中国农村观察，2006（3）.

[83] 魏下海. 试析中国农村人力资本投资 [J]. 经济与管理，2007（2）.

[84] 魏成龙,等. 我国农村的人力资本投资研究 [J]. 经济学动态, 2006 (12).

[85] 吴健辉,等. 农村人力资本投资效益实证分析的模型选择与结论综述 [J]. 商业研究, 2007 (5).

[86] 吴江,肖寄斌. 劳动力流动对人力资本投资的双重影响分析 [J]. 南方农村, 2006 (5).

[87] 徐庆国,黄丰. 关于新型农民培训工作的思考 [J]. 湖南农业大学学报, 2007 (1).

[88] 许昆鹏,等,农村劳动力转移培训的市场机制分析及政策启示 [J]. 中国人口科学, 2007 (2).

[89] 杨国勇. 城乡二元结构格局下的农村人力资本投资分析 [J]. 农业经济问题, 2007 (1).

[90] 余祖光. 农村进城劳动力转移培训问题的调查报告 [J]. 国家教育行政学院学报, 2006 (4).

[91] 赵玉霞,杨明洪. 我国农村人力资本现状分析及策略思考 [J]. 农村经济, 2006 (1).

[92] 张晓梅. 中国农村人力资源开发与利用研究 [M]. 北京: 中国农业出版社, 2005.

[93] 张艳. 加大农村人力资本投资推动城乡和谐发展 [J]. 农业经济, 2006 (1).

[94] 于蕾. 刍议农村人力资本非农就业投资效应的制度因素 [J]. 商业时代, 2009 (31).

[95] 文魁. 中国农村劳动力非农就业机制的经济学分析 [J]. 首都经济贸易大学学报, 2010 (1).

[96] 张焕英. 城乡统筹发展背景下的重庆市农村劳动力转移研究 [D]. 重庆: 西南大学, 2011.

[97] 黄宁阳. 中国新时期农村劳动力转移研究 [M]. 北京: 科学出版社, 2012.

[98] 夏芳. 农村进城务工人员人力资源能力研究 [D]. 哈尔滨: 哈尔滨工业大学, 2009.

[99] 陈晓华,张红宇. 农村劳动力培训与农村劳动力非农就业相关性的实证研究 [M]. 北京: 中国农业出版社, 2005.

[100] 朱农. 农村家庭参与非农活动的"推力"与"拉力"分析——湖北省西部山区的一项个案研究 [J]. 中国人口科学, 2007 (3).

[101] 梁茂信. 美国人力培训与就业政策 [M]. 北京: 人民出版社,

2006.

[102] 黄荣忆. 德国"双元制"教育经验与启示 [J]. 职场观察, 2006 (7).

[103] 张凤华, 叶初升. 经济增长、产业结构和农村减贫——基于省际面板数据的实证分析 [J]. 当代财经, 2011 (12).

[104] 赵海. 人力资本与农村劳动力非农就业研究 [D]. 武汉：华中科技大学, 2009.

[105] 杨卫军. 人力资本视角的农民增收 [D]. 西安：西北大学, 2006.

[106] 王引, 尹志超. 健康人力资本积累与农民收入增长 [J]. 中国农村经济, 2009 (12).

[107] 王海港, 黄少安, 李琴, 等. 职业技能培训对农村居民非农收入的影响 [J]. 经济研究, 2009 (9).

[108] 赵炳起. 欠发达地区农村经济发展中的人力资本投资问题研究 [J]. 经济纵横, 2007 (11).

[109] 胡炜. 欠发达地区农村义务教育财政政策研究 [D]. 南昌：江西财经大学, 2009.

[110] 王周火. 欠发达地区农村剩余劳动力转移实证分析——以湖南省怀化市为例 [J]. 安徽农业科学, 2007 (12).

[111] 王周火. 欠发达地区农村剩余劳动力转移就业实证研究——以湖南省邵阳市为例 [J]. 安徽农业科学, 2008 (3).

[112] 李亚群, 等. 欠发达地区人力资本投资主要影响因素的辨识与分析 [J]. 软科学, 2013 (6).

[113] 徐静. 欠发达地区农村人力资本投资动力缺失致因及其弥合 [J]. 现代经济, 2009 (4).

[114] 熊婵娟. 欠发达地区农村人力资本投资中政府失灵研究 [D]. 南昌：南昌大学, 2010.

[115] 许妍谢. 欠发达地区人力资本对产业结构优化升级贡献的实证研究——以浙江省衢州市为例 [J]. 改革与战略, 2015 (7).

[116] 黄瑛. 欠发达地区教育消费对人力资本积累的作用及途径分析 [J]. 学术论坛, 2007 (6).

[117] 刘宇辉. 人力资本理论对欠发达地区职业教育发展的启示 [J]. 职业时空, 2010 (7).

[118] 石志奇. 经济欠发达地区人力资本开发研究——以邵阳市为例 [J]. 热带地理, 2001 (12).

[119] 雷清. 经济欠发达地区区域经济发展不平衡的原因及对策分析——以陕西省商洛市为例 [J]. 陕西农业科学, 2016 (6).

[120] 仲委, 张前德. 经济欠发达地区全科医生团队职业满意度现状分析与研究——以连云港市海州区为例 [J]. 江苏卫生事业管理, 2016 (6).

[121] 王周火, 谢江红. 欠发达地区农村劳动力转移就业研究 [J]. 合作经济与科技, 2016 (9).

[122] 董海娜, 等. 浙江省经济欠发达地区村卫生室人力资源状况 [J]. 包头医学院学报, 2016 (9).

[123] 常永兰. 欠发达地区建设富民教育基地存在的问题及对策 [J]. 职教通讯, 2015 (6).

[124] 彭长生, 钟钰. 教育、流动与欠发达地区农民的收入分化——基于安徽省的农户调查数据 [J]. 农村经济, 2014 (5).

[125] 钟双喜, 张珉. 欠发达地区农村合作医疗政策选择 [J]. 科技信息, 2013 (1).

[126] 王以非. 欠发达地区农村三级医疗机构医务人员培训现状与需求的调查 [J]. 解放军护理杂志, 2013 (1).

[127] 李敏. 欠发达地区人力资源开发的现状及对策研究 [J]. 理论参考, 2013 (7).

[128] 张艳娥. 西部欠发达地区农村人力资源开发的现状与对策——以陕北S县为例 [J]. 学理论, 2012 (7).

[129] 雷鹏. 人力资本、资本存量与区域差异——基于东西部地区经济增长的实证研究 [J]. 社会科学, 2011 (3).

[130] 辜筠芳, 周波. 英、美国家农村劳动力转移中的培训经验对我国的启示——从政府作用的角度 [J]. 宁波教育学院学报, 2009 (2).

[131] 刘艳珍. 国外农村剩余劳动力转移培训的基本经验及其启示 [J]. 华北水利水电学院学报（社科版）, 2010 (4).

[132] 徐辉. 国外农村教育发展与改革的历史经验及启示 [J]. 西南师范大学学报（人文社会科学版）, 2005 (11).

[133] 周丽华. 国外农村劳动力职业技能培训的经验及启示 [J]. 经济研究导刊, 2016 (24).

[134] 李少元. 国外农村劳动力转移教育培训的经验借鉴 [J]. 比较教育研究, 2005 (7).

[135] 石裕东. 国外农村医疗保险制度对我国农村医疗保障制度的启示

[J].当代经理人,2006(2).

[136] 谢龙建.国外农村职业教育发展经验分析及借鉴[J].湖北职业技术学院学报,2009(3).

[137] 湖南省统计局编.湖南统计年鉴(2011—2016)[M].北京:中国统计出版社,2011—2016.

[138] 邵阳市统计局编.邵阳统计年鉴(2011—2016)[Z].邵阳:邵阳市统计局,2011—2016.

[139] 永州市统计局编.永州统计年鉴(2011—2016)[Z].永州:永州市统计局,2011—2016.

[140] 怀化市统计局编.怀化统计年鉴(2011—2016)[M].怀化:怀化市统计局,2011—2016.

[141] 张晓嗣.Eviews 6.0使用指南与案例[M].北京:机械工业出版社,2011.